权威·前沿·原创

皮书系列为
"十二五""十三五"国家重点图书出版规划项目

BLUE BOOK

智 库 成 果 出 版 与 传 播 平 台

甘肃蓝皮书
BLUE BOOK OF GANSU

甘肃县域和农村发展报告（2021）

ANNUAL REPORT ON THE DEVELOPMENT
OF COUNTY AND RURAL AREA OF GANSU (2021)

主　编／陈　波　安文华　王建兵

社会科学文献出版社
SOCIAL SCIENCES ACADEMIC PRESS (CHINA)

图书在版编目（CIP）数据

甘肃县域和农村发展报告. 2021 / 陈波，安文华，
王建兵主编. -- 北京：社会科学文献出版社，2021.1
（甘肃蓝皮书）
ISBN 978 - 7 - 5201 - 7729 - 0

Ⅰ. ①甘… Ⅱ. ①陈… ②安… ③王… Ⅲ. ①县级经
济 - 经济发展 - 研究报告 - 甘肃 - 2021 ②农村经济发展 -
研究报告 - 甘肃 - 2021 Ⅳ. ①F127.42

中国版本图书馆 CIP 数据核字（2020）第 255364 号

甘肃蓝皮书
甘肃县域和农村发展报告（2021）

主　　编／陈　波　安文华　王建兵

出 版 人／王利民
组稿编辑／邓泳红
责任编辑／吴　敏
文稿编辑／吴云苓

出　　版／社会科学文献出版社·皮书出版分社 （010）59367127
　　　　　地址：北京市北三环中路甲 29 号院华龙大厦　邮编：100029
　　　　　网址：www.ssap.com.cn
发　　行／市场营销中心 （010）59367081　59367083
印　　装／三河市东方印刷有限公司

规　　格／开 本：787mm × 1092mm　1/16
　　　　　印 张：17.75　字 数：261 千字
版　　次／2021 年 1 月第 1 版　2021 年 1 月第 1 次印刷
书　　号／ISBN 978 - 7 - 5201 - 7729 - 0
定　　价／158.00 元

主要编撰者简介

陈　波　甘肃省统计局党组书记、局长，经济学博士，高级统计师，甘肃省政府参事室特约研究员，甘肃省社会科学院特聘研究员。长期从事统计工作和宏观经济领域研究，为甘肃省经济运行提出精准对策建议，为省委省政府决策提供参考，主导规划并建立了甘肃省十大生态产业统计监测和核算体系。在任职甘肃省发展改革委副主任、甘肃省西部地区开发领导小组办公室主任期间，深度参与了省委省政府"三重""三一"工作方案等的制定。专著有《甘肃城乡一体化的演变和发展模式研究》等，先后主编《跨世纪的中国人口（甘肃卷）》《甘肃藏族人口》《当代甘肃人口问题研究》《甘肃人口与可持续发展》《甘肃人口生活质量研究》《世纪之交的中国人口（甘肃卷）》《迈向小康社会的中国人口（甘肃卷）》等著作。

安文华　甘肃省社会科学院副院长。主要研究领域为社会科学总论、科研管理等。主要专著有《中国社会科学论纲》《丝绸之路三千里》《华夏文明八千年》《反贫困之路》《中国国情丛书——百县市经济社会调查：静宁卷》《传统农业县的变迁》《全国社会科学院年鉴（2016）》等。主要论文有《试论领导干部的"参用"思想》《敦煌艺术哲学论要》《中国美学的新起点》《社科管理的性质及对管理者的素质要求》《科学、社会科学的由来与发展》《自然科学与社会科学的融合是中国科学体系健康发展的必然》《中国社会科学的历史追寻》《传承优秀文化，构建中国特色社会主义话语体系》《当代中国哲学社会科学话语体系研究》等。主编出版了《甘肃经济发展分析与预测》（2017～2020 共四卷）、《甘肃社会发展分析与预测》（2012～2018 共七卷）、《甘肃文化发展分析与预测》（2014～2016 共三卷）。成果获省部级社科优秀成果一等奖 1 项、二等奖 2 项、三等奖 4 项。

王建兵 农学博士，甘肃省社会科学院农村发展研究所所长、研究员，主要从事县域经济、农村发展和贫困问题领域的研究工作。社会主要兼职有甘肃省政协农业委委员、甘肃农业大学硕士生导师、中国城郊经济学会常务理事、中国劳动经济学会理事、中国社科农经协作网络理事、甘肃省委讲师团成员、甘肃省政协智库专家、甘肃省"四个一批"理论人才、甘肃省参事室特约研究员。主持完成国家社会科学基金项目 2 项，主持或参与完成国家自然科学基金、美国国立健康研究项目、世界银行项目、联合国环境署项目、甘肃省科技厅软科学项目、省级部门规划和专题调研近百项。出版专著 10 余部。在国家级、省级刊物上发表学术论文数十篇。连续六年作为首席专家主编县域蓝皮书；编著完成《与农民朋友谈旱作农业》，获 2010 年西部优秀科技图书二等奖和甘肃省社科优秀成果二等奖。专著《甘肃省水利与经济社会协同发展研究》2018 年获甘肃省社科优秀成果三等奖。

总　序

　　"甘肃蓝皮书"是甘肃省社会科学院倾力打造的全面反映甘肃经济、政治、社会、文化、生态等各领域发展最新情况的智库研究成果转化平台。多年来,在省委省政府及有关部门、单位的支持下,经过全院科研人员的合力攻坚,"甘肃蓝皮书"研究成果日益丰富,社会影响力日益扩大,已由最初的院内科研平台,发展成为如今的甘肃省内智库服务党委政府决策和全省经济社会发展的重要品牌、社会科学的学术品牌、思想文化领域的标志品牌,甘肃有关部门、行业和地方工作成就的展示品牌。

　　"甘肃蓝皮书"的诞生与发展,生动记录了甘肃省经济社会的巨大变迁和人民群众关注点的时代变化,充分展现了传统社会科学研究机构向现代特色智库、高端智库、数字智库转型的发展历程。2006 年《甘肃经济社会发展分析与预测》《甘肃舆情分析与预测》面世,标志着"甘肃蓝皮书"正式诞生。至"十一五"末,《甘肃社会发展分析与预测》《甘肃县域和农村发展报告》《甘肃文化发展分析与预测》相继面世,"甘肃蓝皮书"由原来 2 种增加到 5 种。2011 年首倡甘肃、陕西、宁夏、青海、新疆西北五省区社科院联合编研出版《中国西北发展报告》。从 2014 年起,加强与省内重要部门和市(州)合作,先后与省住房和城乡建设厅、省民族事务委员会、省商务厅、省统计局、酒泉市共同编研出版《甘肃住房和城乡建设发展分析与预测》《甘肃民族发展报告》《甘肃商贸流通发展报告》《甘肃酒泉经济社会发展报告》。2018年与省精神文明办、平凉市合作编研出版《甘肃精神文明发展报告》《甘肃平凉经济社会发展报告》。2019年与省文化和旅游厅、临夏州合作编研出版《甘肃旅游业发展报告》《临夏回族自治州经济社会发展形势分析与预测》。2020年与兰州市合作编研出版《兰州市经济社会发展形势分析与预测》，与宁夏、青海、内蒙古、陕西、山西、河南、山东等省区社科院合作编研《黄河流域蓝皮书——黄河流域生态保护和高质量发展报告》。至此"甘肃蓝皮书"的编研出版规模发展到16本，涵盖了经济、政治、社会、文化、县域、住建、商贸、旅游、民族等领域，地域范围从省内市（州）拓展到"丝绸之路经济带"、黄河流域的国内主要相关区域。

2020年"甘肃蓝皮书"继续秉持稳定规模、完善机制，提升质量、扩大影响的编研理念，在选题和框架设计方面，紧密结合世情、国情、党情及省情实际，围绕中心、服务大局，紧跟时代、反映当下。"甘肃蓝皮书"始终坚持追踪前沿、创新驱动、服务党委政府宗旨，坚定不移走高质量发展之路。一是密切跟踪学术前沿，持续拓宽研究视野，及时掌握新思想、新观点、新论断，坚持基础研究和应用研究并重，突出"甘肃蓝皮书"优势、特色。二是坚定开放合作，更好利用省内外创新资源，提升创新能力，大力促进大数据、云平台、人工智能等技术与社科研究渗透融合，建构数字化时代蓝皮书编研体系，驱动"甘肃蓝皮书"向更高质量、更高水平发展。三是面向全省发展需求，聚焦全局性、战略性和前瞻性的重大理论与现实问题，向党委政府决策和社会提供事实依据充分、分析深入准确、结论科学可靠、对策具体可行的研究成果，促使"甘肃蓝皮书"更加"接地气"。

在"十四五"时期，甘肃省社会科学院作为省属综合性社会科学研究机构和智库，将坚持以习近平新时代中国特色社会主义思想为指导，认真贯彻党的十九大及十九届二中、三中、四中、五中全会精神，全面落实习近平总书记对甘肃重要讲话和指示精神，立足新发展阶段，贯彻新发展理念，进一步聚焦甘肃"十四五"时期经济社会发展的重大问题，开展应用研究、战略研究、对策研究，切实发挥好决策咨询、资政建言、服务党委政府作用，沿着打造西部最具国内外影响力的现代特色智库、高端智库、数字智库的方向扎实迈进。

凝心聚力著华章，守正创新谱新篇。站在"两个一百年"历史交汇点上，相信在各方共同努力下，"甘肃蓝皮书"将继续提升学术影响力和品牌知名度，展现"甘肃风格"，彰显"陇原品质"，成为服务党委政府科学决策更有价值的参考书，成为深度了解和认识甘肃省情的重要窗口，从而为加快建设幸福美好新甘肃、不断开创富民兴陇新局面提供智力支持和理论支撑。

此为序。

王福生

2020 年 12 月 6 日

摘　要

本书是甘肃省社会科学院和甘肃省统计局共同合作编写的甘肃县域经济社会分析的年度报告，由社会科学文献出版社出版。

本书由三部分组成。总报告分析甘肃省86个县（市、区）经济社会发展情况，结合构建的县域竞争力评价指标体系进行比较分析，总结县域发展的现状与特点，并提出相应的对策与建议。县域篇首先构建了2019年甘肃省县域竞争力评价指标体系，该评价指标体系共包括宏观经济竞争力、产业发展竞争力、基础设施竞争力、社会保障竞争力、公共服务竞争力、人居环境竞争力、社会结构竞争力和科学教育竞争力8个一级指标，以及21个二级指标和65个三级指标。其次是使用2019年甘肃省86个县（市、区）经济社会发展的县卡数据和财政统计数据，对县域经济社会发展情况进行数据计算和统计分析，并对县域发展水平进行打分、分类和排序。农村篇选择当前甘肃农村发展的相关专题和热点进行研究，主要有甘肃农村解决相对贫困的长效机制、甘肃农村全面建成小康社会的问题与难点、甘肃省农村人居环境整治进展及问题、"一带一路"背景下甘肃农业"走出去"问题、甘肃主要农产品供给保障体系等，以期为"十四五"时期甘肃县域和农村发展提出可参考的建议与对策。

通过对甘肃省86个县（市、区）经济社会发展数据的处理分析，本书总结出2019年甘肃省县域竞争力发展特征和存在的问题：一是县域经济整体呈低速增长，但区域间差距进一步拉大；二是县域综合竞争力不断提升，但发展不平衡不充分问题依旧突出；三是县域公共服务短板明显，人口出现

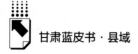
回流趋势；四是农业现代化程度低，农业发展目前尚未达到高质量的标准；五是推进农村人居环境改善，生态宜居成为发展亮点；六是县域教育投入持续增加，但科技投入明显不足。针对出现的问题，结合甘肃省省情从坚决贯彻新发展理念、充分发挥特色优势、大力弘扬担当实干精神、着力优化营商环境、巩固脱贫攻坚成果和补齐城镇化发展的短板六个方面，提出了甘肃省县域经济社会发展的对策与建议。

今明两年既是全面建成小康社会和"十三五"规划收官之年，也是"十四五"规划发展的开局之年，更是甘肃省深入贯彻习近平总书记对甘肃重要讲话和指示精神，努力谱写加快建设幸福美好新甘肃、不断开创富民兴陇新局面时代篇章的关键之年。各县域要把握机遇谋划好具体工作，最大限度把中央关怀、政策机遇转化为实实在在的发展红利和成果，努力走出一条城乡统筹、产城融合、各具特色的富民强县之路。

关键词： 县域经济　竞争力评价　农村发展

Abstract

The Book is an annual report on the economic and social analysis of Gansu county regions, jointly compiled by Gansu Academy of Social Sciences and Gansu Bureau of Statistics, and published by China Social Sciences Academic Press.

This book consists of three parts. The General Report analyzes the economic and social development of 86 counties (cities and districts) in Gansu province, compares and analyzes the evaluation index system of county competitiveness, summarizes the current situation and characteristics of county development, and puts forward corresponding countermeasures and suggestions; the second is the county. Built in 2019 in Gansu province county competitiveness evaluation index system, the evaluation index system including macroeconomic competitiveness, industry competitiveness, competitiveness of infrastructure, social security, competitiveness, competitiveness of public service, environment competition, social structure, competition and scientific education competition 8 first-level indicators, and 21 secondary indicators and 65 tertiary indicators. Secondly, the county card data and financial statistics of the economic and social development of 86 counties (cities and districts) in Gansu province in 2019, are used for data calculation and statistical analysis of the economic and social development of counties, and the development level of counties is scored, classified and ranked. Third, the countryside. Choose the related project and focus in the current rural development in Gansu province, there are mainly research on long-term mechanism of solving relative poverty in rural areas of Gansu province、 the problems and difficulties of building a well-off society in Gansu countryside、 research on progress and problems of rural living environment renovation in Gansu province、 research on problems of Gansu agriculture "Going Global" under the

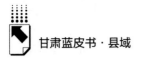

background of "The Belt and Road"、research on the supply and security system of major agricultural products in Gansu , etc. , it is expected to put forward some suggestions and countermeasures for the development of counties and rural areas in Gansu during the 14th five years.

Based on the data processing and analysis of the economic and social development of 86 counties (cities and districts) in Gansu province, this paper summarizes the development characteristics and existing problems of the competitiveness of counties in Gansu province in 2019. First, the overall county economy grew at a low speed, but the gap between regions widened; Second, the comprehensive competitiveness of counties is constantly improving, but the problem of unbalanced and insufficient development is still prominent; Thirdly, the shortage of county public service is obvious, and the population is backflow; Fourth, the level of agricultural modernization is low, and agricultural development has not yet reached the standard of high quality; Fifth, the improvement of rural living environment has been promoted, and ecological livability has become a highlight of development; Sixth, the county education investment has been increasing, but the science and technologyinvestment is insufficient obviously. Aiming at the problems, combining with the situation in Gansu province is proposed from resolutely carry out the new idea of development, give full play to the special advantage, vigorously carry forward the bear work spirit, and strive to optimize the business environment, consolidate the crucial poverty results and swallow the urbanization development of short board, six aspects put forward the countermeasures and suggestions of county a doctor of the economic and social development in Gansu province.

This year and next year will be the final year for completing the building of a moderately prosperous society in all respects and the "13th Five-Year Plan", it is also the beginning of the development of the "14th Five-Year Plan", and a crucial year for our province to thoroughly implement general secretary Xi Jinping's important speech and instructions to Gansu, and strive to write a new chapter in the era of speeding up the construction of a happy and new Gansu and continuously opening up a new situation of enriching the people and invigorating Gansu. All counties should seize the opportunities and plan the concrete work, and turn the central government's care and policy opportunities into real development dividends and achievements to the greatest extent. We should strive to find a way to enrich the people and strengthen the county by integrating urban and rural areas, industries and cities with their own characteristics.

Keywords: County Economy; Competitiveness Evaluation; Rural Development

目 录

Ⅰ 总报告

Ⅱ 县域篇

Ⅲ 农村篇

皮书数据库阅读**使用指南**

CONTENTS ⟨✕⟩

I General Report

II County Articles

III Rural Articles

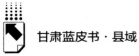

总 报 告

General Report

B.1

甘肃县域经济社会发展总报告

王建兵 王卫华*

摘 要： 2019年是甘肃发展历程中极为特殊、极不平凡的一年。习近平
总书记3月参加全国两会甘肃代表团审议、8月亲临甘肃视
察，连续两次对甘肃省工作作出重要指示，给全省干部群众
巨大鼓舞和极大鞭策。课题组通过建立县域竞争力评价指标
体系，用甘肃省86个县（市、区）的经济社会发展县卡数据，
通过计算比较分析，总结出2019年甘肃县域竞争力发展特征
和存在的问题：一是县域经济整体呈低速增长，但区域间差
距进一步拉大；二是县域综合竞争力不断提升，但发展不平
衡不充分问题依旧突出；三是县域公共服务短板明显，人口
出现回流趋势；四是农业现代化程度低，农业发展目前尚

* 王建兵，博士，甘肃省社会科学院农村发展研究所所长、研究员，研究领域为生态经济和农
村发展；王卫华，甘肃省统计局农村工作处处长。

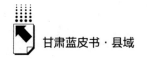

未达到高质量的标准；五是推进农村人居环境改善，生态宜居成为发展亮点；六是县域教育投入持续增加，但科技投入明显不足。针对出现的问题，结合甘肃省省情从坚决贯彻新发展理念、充分发挥特色优势、大力弘扬担当实干精神、着力优化营商环境、巩固脱贫攻坚成果和补齐城镇化发展的短板等六个方面提出了甘肃县域经济社会发展的对策与建议。

关键词：　县域经济　社会发展　甘肃省

"县集而郡，郡集而天下，郡县治，天下无不治"。县域经济作为国民经济的基本单元，是连接工农、统筹城乡的重要节点，县域是打好"三大攻坚战"的前沿阵地，是高质量发展、精准扶贫、全面建成小康社会的主战场。2020年既是全面建成小康社会和"十三五"规划收官之年，将迎来"十四五"开局之年，全省上下要深入学习贯彻习近平总书记对甘肃重要讲话和指示精神，提振信心，努力奋斗，不断开创富民兴陇新局面。

甘肃省现设14个市州，其中有12个地级市（兰州、嘉峪关①、金昌、白银、武威、酒泉、张掖、天水、定西、平凉、庆阳、陇南）和2个自治州（临夏回族自治州和甘南藏族自治州），下辖86个县（市、区）。根据甘肃省统计局2019年的县卡统计数据，课题组对甘肃省86个县（市、区）的经济社会发展进行了评价与分析。

---

① 嘉峪关市是全国几个不设市辖区的地级市之一，下辖7个街道办事处、3个建制镇、61个居民委员会、17个村民委员会。

一 甘肃县域经济社会发展基本情况

（一）宏观经济竞争力

1. 经济均量

2019 年甘肃县域人均地区生产总值为 33943 元，人均地方财政收入 1700 元，城镇居民人均可支配收入 28913 元，农村居民人均可支配收入 11474. 19 元，人均社会消费品零售额 11322 元。人均地区生产总值较上年增长 9. 83%，人均地方财政收入较上年下降 1. 94%，城镇居民人均可支配收入较上年增长 8. 05%，农村居民人均可支配收入较上年增长 9. 21%，人均社会消费品零售额比上年增长 3. 02%。

2. 经济总量

2019 年县域地区生产总值为 8226 亿元，比上年增长 6. 97%；全省县域一般公共预算收入 347 亿元，比上年下降 5. 89%；社会消费品零售总额 3464 亿元，比上年增长 4. 36%；一般公共预算支出为 2515 亿元，比上年增长 6. 52%。

3. 金融资本

2019 年县域金融机构存款余额 18760 亿元，金融机构贷款余额 16317 亿元，居民人民币储蓄存款余额 11034 亿元。金融机构存款余额较上年增长 7. 43%，金融机构贷款余额较上年增长 8. 5%，居民人民币储蓄存款余额比上年增长 12. 55%。

（二）产业发展竞争力

1. 产业总量

2019 年县域第二产业增加值为 2585 亿元，比上年增长 2. 85%；第三产业增加值为 4604 亿元，比上年增长 6. 87%；规模以上工业总产值为 6409 亿元，比上年增长 27. 14%。

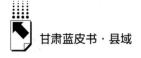

2. 产业结构

2019年县域第二产业占GDP的比重为26.36%，较上年减少1.6个百分点；第三产业占GDP的比重为54.13%，比上年增加0.97个百分点。

3. 产业效率

2019年县域第二产业近5年平均增长速度为2.64%；县域第三产业近5年平均增长速度为5.76%。

4. 农业产业化

2019年县域设施农业面积占耕地面积的比重为2.44%，较上年增加0.07个百分点；耕地灌溉面积占耕地面积的比重为32.37%；"三品一标"农产品基地面积1717千公顷，较上年增加440千公顷。

（三）基础设施竞争力

1. 生活条件

2019年县域城乡住房砖木结构比例为70.24%，较上年增加1.85个百分点；农村自来水受益村的比例为97.38%，比上年增加1.25个百分点；农村通宽带的村及村庄比例为92.31%。

2. 互联通信

2019年县域国际互联网用户占总户数比重为81.94%，固定电话用户占总户数比重为34.68%，移动电话用户占总户数的比重为89%。

3. 公路交通

2019年县域境内公路密度为66.78公里/百平方公里；县域公路里程数为15.02万公里。

（四）社会保障竞争力

1. 医疗保险

2019年县域城镇基本医疗保险参保人数占城镇人口的比重为87.26%，参加农村合作医疗的人数占农村人口的比重为92.98%。

2. 养老保险

2019 年县域城镇基本养老保险参保人数占城镇人口的比重为 12.83%，参加农村养老保险人数占农村人口的比重为 59.50%。

3. 基本生活保障

2019 年县域城镇最低生活保障人口占城镇人口的比重（逆指标）为 3.7%，农村最低生活保障人口占农村人口的比重（逆指标）为 6.11%。

（五）公共服务竞争力

1. 科技文化

2019 年县域每万人专利授权数 3.65 个；每十万人拥有体育场馆数 1.21 个；每十万人拥有剧场、影剧院数 1.27 个；人均拥有公共图书馆图书数 0.66 册。

2. 医疗卫生

2019 年县域每万人拥有医疗卫生机构专业技术人员数 55.78 人；每万人拥有的医院、卫生院床位数 56.10 张；每万人拥有执业（助理）医师数 20.96 人；医院总卫生技术人员数 150911 人；医院总床位数 148739 张。

（六）人居环境竞争力

1. 生活环境

随着人们对美好生活的向往，人居环境问题越来越受到人们的关注。2019 年县域森林覆盖率为 23.53%；污水处理厂数平均为 1.99 座，垃圾处理站数平均为 2.13 个。

2. 农业环境

2019 年县域草原综合植被覆盖度 54.67%，畜禽粪污综合利用率 73.51%，单位第一产业增加值使用化肥量 0.077 吨/万元（逆指标），单位第一产业增加值使用农药量 4.26 公斤/万元（逆指标），单位第一产业增加值使用地膜量 0.015 公斤/万元（逆指标）。

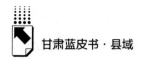

（七）社会结构竞争力

1. 人口结构

2019 年县域非农人口占总人口的比重为 46.14%，比上年增加 0.84 个百分点。

2. 城乡结构

2019 年县域农村从事非农产业的劳动力占农村总劳动力的比重为 41.94%，比上年增加 0.42 个百分点。

（八）科学教育竞争力

1. 科教支出

2019 年县域科技支出 6.57 亿元，较上年减少 8.88%；教育支出 469 亿元，较上年增长 7.32%；科技支出占 GDP 的比重为 0.11%；在校学生人均教育经费 17551 元，较上年增长 7.01%。

2. 科教资源

2019 年县域每万人普通中学在校生拥有专任中学教师数 994 人；每万人小学在校生拥有专任小学教师数 833 人；每千户居民拥有普通中学数 0.22 所，每千户居民拥有小学数 1.21 所，乡村从业人员高中以上文化程度所占比重均值为 87.13%。

二　甘肃县域竞争力比较分析

2019 年甘肃县域竞争力评价指标体系共包括宏观经济竞争力、产业发展竞争力、基础设施竞争力、社会保障竞争力、公共服务竞争力、人居环境竞争力、社会结构竞争力、科学教育竞争力 8 个一级指标。二级指标为 21 个，其中，宏观经济竞争力包含经济均量、经济总量、金融资本 3 个二级指标；产业发展竞争力包含产业总量、产业结构、产业效率、农业产业化 4 个二级指标；基础设施竞争力包含生活条件、互联通信、公路交通 3 个二级指标；社会保障竞争力包含医疗保险、养老保险、基本生活保障 3 个二级指标；公共服务竞争力包含科技文化、医疗卫生 2 个二级指标；人居环境竞争力包含生活环境、农业环境 2 个二级指标；社会结构竞争力包含人口结构、城乡结构 2 个二级指标；科学教育竞争力包含科教支出、科教资源 2 个二级指标。与二级指标相对应的三级指标有 65 个。2019 年相对于 2018 年，指标构建方面作了部分调整。

通过对宏观经济竞争力、产业发展竞争力、基础设施竞争力、社会保障竞争力、公共服务竞争力、人居环境竞争力、社会结构竞争力、科学教育竞争力 8 个一级指标进行计算和分析，得到 2019 年甘肃县域竞争力各项前十位的情况如表 1 所示。

表 1   2019 年甘肃县域竞争力十强县（市、区）

指标名称	十强县(市、区)
综合竞争力	城关区、安宁区、七里河区、凉州区、西峰区、西固区、肃州区、甘州区、白银区、榆中县
宏观经济竞争力	城关区、七里河区、西固区、安宁区、白银区、肃州区、凉州区、金川区、西峰区、甘州区
产业发展竞争力	安宁区、城关区、西固区、榆中县、七里河区、皋兰县、甘州区、白银区、凉州区、肃州区
基础设施竞争力	城关区、西峰区、静宁县、肃州区、成县、甘州区、金川区、秦州区、永昌县、广河县
社会保障竞争力	天祝县、金塔县、安宁区、碌曲县、敦煌市、肃北县、成县、临夏县、两当县、瓜州县
公共服务竞争力	阿克塞县、肃北县、城关区、肃南县、七里河区、西峰区、甘州区、临泽县、金川区、白银区
人居环境竞争力	两当县、清水县、城关区、庄浪县、静宁县、永昌县、崇信县、迭部县、康乐县、合水县
社会结构竞争力	安宁区、城关区、临夏市、凉州区、西固区、白银区、秦州区、武都区、崆峒区、七里河区
科学教育竞争力	民勤县、文县、肃南县、岷县、通渭县、皋兰县、环县、靖远县、陇西县、天祝县

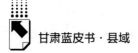

2019 年甘肃县域竞争力整体水平相对较低，与 2018 年相比提升明显，从 2018 年的一般劣势上升到中势；但指标极差、方差、标准差相对 2018 年明显扩大，各县（市、区）及各地（州）县域综合竞争力不均衡化趋势明显加大。

根据 2019 年甘肃县域竞争力综合得分，甘肃省 86 个县（市、区）中处于绝对优势的县（市、区）为 1 个，为兰州市城关区；处于一般优势的县（市、区）有 9 个，包括兰州市西固区、七里河区、安宁区、榆中县、武威市凉州区、庆阳市西峰区、酒泉市肃州区、张掖市甘州区和白银市白银区；处于中势的县（市、区）有 33 个，包括金川区、秦州区、玉门市、临夏市等；处于一般劣势的县（市、区）有 33 个，包括民乐县、靖远县、华亭市、崇信县等；处于绝对劣势的县（市、区）有 10 个，包括积石山保安族东乡族撒拉族自治县、玛曲县、东乡族自治县等。

2019 年甘肃县域宏观经济竞争力 86 个县（市、区）得分均值为 72.98，处于一般劣势，其极差、方差、标准差均相对较大，差异性较大，86 个县（市、区）之间发展很不均衡；经济均量竞争力和经济总量竞争力的均值分别为 76.50 和 75.53，均处于中势；金融资本竞争力均值为 74.61，处于一般劣势；从 3 个二级指标的极差、方差、标准差来看，都存在较大差异，在 86 个县（市、区）之间 3 个要素配置严重失衡。

从 86 个县（市、区）宏观经济竞争力水平归类分布来看，行政区域分布特征明显；兰州市周边县（市）及市（州）宏观经济竞争力提升较快，其他县（市、区）宏观经济竞争力提升相对较慢，但上升趋势依然存在。在 58 个特困县域中宏观经济竞争力处于中势及以上的有 7 个，占 58 个特困连片区县域的 12.07%，比 2018 年减少了 2 个县域，所占比重下降了 3.45 个百分点。

从排序变化来看，排序上升的有 35 个县（市、区），其中上升较快的为静宁县、卓尼县、迭部县、安定区、环县、镇原县、庄浪县、永靖县；19 个县（市、区）排序未变；排序下降的有 32 个县（市、区），其中下降较快的为庆城县、宁县、肃南裕固族自治县、徽县等。相对于 2018 年，2019 年甘肃县域宏观竞争力排序波动较小。

三 甘肃县域经济社会发展的特点与存在的问题

（一）县域经济整体呈低速增长，但区域间差距进一步拉大

从县域经济整体情况来看，2019年甘肃县域地区生产总值平均为95.65亿元，较上年增长6.97%。但存量太小，且区域间差距进一步拉大。2019年全国县域竞争力第一名昆山县地区生产总值为4045亿元，一般公共预算收入达407.3亿元，相比上年增长5%。与全国县域经济百强县的"千亿俱乐部"相比，2019年甘肃县域地区生产总值超过百亿元的只有20个县（市、区），50亿元以下的有32个县（市、区），其中不足20亿元的有5个，县域经济发展落后，总量偏小。区域发展差异较大，不仅与国内发达地区的差距在拉大，而且省域内县域之间的差距也在逐渐拉大。县域地区生产总值第一名（兰州市城关区）是最后一名（阿克塞哈萨克族自治县）的101.17倍。

从县域财政收支情况看，整体不容乐观。全省县域一般公共预算收入347亿元，一般公共预算支出2515亿元，财政自给率14.35%。甘肃县域财政自给率60%以上的有1个县（市、区），50%~60%的有2个，40%~50%的有1个，30%~40%的有6个，20%~30%的有10个，10%~20%的有24个，10%以下的有42个。县域一般公共预算收入过10亿元的只有5个，有11个不足亿元。公共预算支出严重超出公共预算收入，大多数县（市、区）承受着巨大的财政压力。

金融的发展对经济增长有促进作用，而县域金融主要通过存款、贷款、贷款质量等影响经济发展。2019年甘肃县域金融机构存款余额总额为18760亿元，平均值为218亿元，中位数为101.51亿元，86个县（市、区）中金融机构存款超过平均值的有18个。金融机构贷款余额总额为16317亿元，平均值为189.73亿元，中位数为70.60亿元，金融机构贷款超过平均值的

有 17 个县（市、区）。平均值和中位数差异较大，说明县域之间存在差异，发展极不均衡。

从县域人均可支配情况来看，2019 年甘肃县域城镇居民人均可支配收入 28913 元，占全国城镇居民人均可支配收入（42359 元）的 68.26%，只有 2 个县（市、区）（金川区和兰州市城关区）的城镇居民人均可支配收入超过全国平均水平。甘肃县域农村居民人均可支配收入 11474 元，占全国农村居民人均可支配收入（16021 元）的 71.62%，有 14 个县（市、区）的农村居民人均可支配收入超过全国平均水平。

从产业效率来看，近 5 年平均增长速度为 2.64%。近 5 年平均增速超过 10% 的只有榆中县（21.05%）；增速为负值的有 14 个县（市、区）。第三产业近 5 年平均增长速度为 5.76%，近 5 年平均增长速度超过 10% 的为皋兰县。

从产业结构来看，产业进阶是经济发展重点或产业结构重心由第一产业向第二产业和第三产业逐次转移的过程，代表一国（地区）经济发展水平和发展阶段、方向。甘肃县域产业结构为 20∶26∶54，产业结构严重不合理。二产比重严重不足，远远低于全国 50% 的水平，第二产业始终在经济中占据最重要的地位，是县域经济发展的"发动机"，二产比重过低，造成县域经济发展的动力严重不足。二产比重超过 50% 的县（市、区）有 11 个，40%～50% 的有 9 个，30%～40% 的有 7 个，20%～30% 的有 14 个，10%～20% 的有 32 个，不足 10% 的有 13 个。三产比重在一定程度上反映经济发展和社会进步程度，众所周知的工业超级强国德国，三产比重超过 68%，英国、法国三产比重更是基本接近 80%，综合国力最强的美国，其三产的占比达 78%。甘肃县域经济发展滞后，但部分县域三产比重畸高，三产比重超过 80% 的县（市、区）有 3 个，70%～80% 的有 7 个，60%～70% 的有 26 个，50%～60% 的有 16 个，40%～50% 的有 20 个，30%～40% 的有 10 个，30% 以下的有 4 个。

（二）县域综合竞争力不断提升，但发展不平衡不充分问题依旧突出

2019 年甘肃县域经济社会发展不均衡，县域各子系统发展程度差异较大。从均值来看，在测评的宏观经济竞争力、产业发展竞争力、基础设施竞争力、社会保障竞争力、公共服务竞争力、人居环境竞争力、社会结构竞争力、科学教育竞争力等 8 项指标中，平均得分最高的是社会保障竞争力（均值 83.28），其后依次为科学教育竞争力（均值 79.85）、基础设施竞争力（均值 78.15）、人居环境竞争力（均值 78.02）、公共服务竞争力（均值 75.78），除了社会保障竞争力处于一般优势，其他均处于中势；产业发展竞争力均值 74.78，社会结构竞争力均值 74.77，宏观经济竞争力均值 72.98，三者均处于一般劣势；从极差、方差、标准差来看，甘肃县域竞争力 8 个一级指标均存在较大差异。

从差异方面看，总体均值变化不大，但方差和标准差增大。在测评的宏观经济竞争力、产业发展竞争力、基础设施竞争力、社会保障竞争力、公共服务竞争力、人居环境竞争力、社会结构竞争力和科学教育竞争力等 8 项指标中，从县域之间存在较大差异的指标标准差来看，主要是宏观经济竞争力 4.76、科学教育竞争力 4.29、基础设施竞争力 4.29、人居环境竞争力 4.224，其标准差均较上一年略有增大，县域经济社会发展差异有逐渐拉大的趋势（见表 2）。

从 14 个市（州）总体来看，均值为 73.29，与 86 个县（市、区）均值相差 1.74，处在一般劣势；极差、方差、标准差明显增大，说明在 14 个市（州）之间总体差异不小，结合 86 个县（市、区）的评价结果，反映出各市（州）所辖县域之间存在较大差异，各市（州）所辖县域之间发展不均衡。14 个市（州）县域竞争力 8 个一级指标极差、方差、标准差，与 86 个县（市、区）相比明显增大。从排序变动来看，排序上升的有 6 个市（州），为平凉市、天水市、酒泉市、白银市、金昌市和临夏州；排序未变的有 2 个市（州），为兰州市和甘南州；排序

下降的有 6 个市（州），为定西市、庆阳市、张掖市、武威市、嘉峪关市、陇南市。

表 2　2019 年甘肃县域经济社会综合竞争力及子系统比较

指标	综合得分	子系统得分							
		宏观经济	产业发展	基础设施	社会保障	公共服务	人居环境	社会结构	科学教育
均值	75.03	72.98	74.78	78.15	83.28	75.78	78.02	74.77	79.85
极差	25.00	25.00	25.00	25.00	25.00	25.00	25.00	25.00	25.00
方差	22.22	22.62	14.78	18.37	13.25	16.97	17.77	15.48	18.44
标准差	4.71	4.76	3.84	4.29	3.64	4.12	4.22	3.93	4.29

（三）县域公共服务短板明显，人口出现回流趋势

从居民收入水平看，2019 年甘肃县域城镇居民人均可支配收入 28913 元，农村居民人均可支配收入 11474 元；甘肃县域城镇居民人均可支配收入最高值是金川区（45390 元），最低值是会宁县（19938 元），中位数是 27139 元。2019 年甘肃县域农村人均可支配收入最高是最低的 4.43 倍，农村人均可支配收入最大值是阿克塞哈萨克自治县（26163 元），最小值是东乡县（5906 元），中位数为 9338 元。

2019 年甘肃县域公共服务竞争力 86 个县（市、区）得分均值为 75.78，处于中势，其极差、方差、标准差均相对较大，差异性较大，86 个县（市、区）之间发展很不均衡；医疗卫生竞争力均值为 78.65，处于中势；科技文化竞争力均值为 67.40，处于绝对劣势；从 2 个二级指标的极差、方差、标准差来看，在 86 个县（市、区）之间，2 个要素配置存在较大失衡。从 86 个县（市、区）公共服务竞争力水平归类分布来看，地理位置特征及贫困特征均较为明显，河西地区、经济发展较好的地区公共服务竞争力相对较强，而贫困地区公共服务竞争力水平相对较低。在 58 个特困县中，县域公共服务竞争力处于中势及以上的有 20 个县（市、区），占 58 个特困县的 34.48%，比 2018年增加了 9 个，比重增加了 15.52 个百分点。

每万人拥有执业（助理）医师数县域平均值为 20.96 人/万人，最高为城关区（53.66 人/万人），最低为东乡县（0.97 人/万人）；每万人拥有医疗卫生机构专业技术人员数县域平均值为 55.78 人/万人，最高为兰州市七里河区（149.04 人/万人），最低为安宁区（9.77 人/万人）；每万人拥有医院、卫生院床位数县域平均值为 56.10 张/万人，最高为七里河区（133.46 张/万人），最低为东乡县（9.57 张/万人）。

从人口角度来看，甘肃县域常住人口城镇化率为 48.03%，户籍人口城镇化率为 45.64%。全省 2019 年户籍人口和常住人口的差是 136 万人，人口流失率为 -3.65%。较 2018 年的 277 万人，回流 141 万人。县域人口外流比较明显，只有 24 个县（市、区）常住人口数量大于户籍人口数量。

（四）农业现代化程度低，农业发展目前尚未达到高质量的标准

甘肃农业仍以传统、粗放为特征，表现为农业基础设施薄弱、耕地减少、生态环境质量下降、机械化水平低、技术推广与服务体系不健全、农民素质低等。农业发展方式亟须由数量型向效益型转变、由污染消耗型向绿色生态型转变、由单一产业型向产业融合型转变。提高农业发展质量，需要摒弃以往一味重视产量忽视效益的思维，注重提升农业科技含量、延伸农业产业链条、培养新型农民、提高组织化程度、打造三次产业融合的"大农业"发展模式，从而提高劳动生产率和土地产出率、增强农业市场风险抵御能力、全面提升农业效益，进一步增加农民收入。

从县域内部横向比较来看，2019 年甘肃省县域非农人口占总人口的比重平均为 46.14%，中位数为 40.23%。其中，非农人口占总人口的比重不足 30% 的县（市、区）有 16 个，在 30%~40% 的有 26 个，在 40%~50% 的有 17 个，50% 以上的有 27 个。从农村内部来看，2019 年甘肃县域中，农村从事非农产业的劳动力占农村总劳动力的比重平均为 41.94%，中位数为 41.13%。城镇化是拉动消费、投资增长的一个非常重要的引擎，是未来一段时间内经济增长的一个非常重要的推动力量。

从农业产业化水平看，2019 年县域设施农业面积占耕地面积的比重仅

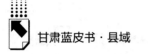

为 2.44%，耕地灌溉面积占耕地面积的比重为 32.37%，"三品一标"农产品基地发展程度县域间存在较大差异。

（五）推进农村人居环境改善，生态宜居成为发展亮点

改善农村人居环境，建设美丽宜居乡村，是全面建成小康社会和实施乡村振兴战略的一项重要任务。通过深入扎实推进农村人居环境整治"三大革命"和"六项任务"（生活污水治理工作、废旧农膜回收利用与尾菜利用工作、畜禽养殖废弃物及秸秆资源化利用工作、村庄分类工作、"四好农村路"建设工作、村级公益性设施共管共享工作），全省大部分村庄环境明显改善，长效运行管护机制初步建立，探索形成了一些适合各地实际的整治模式和做法。

2019 年甘肃县域人居环境竞争力 86 个县（市、区）得分均值为 78.02，处于中势，其极差、方差、标准差均相对较大，86 个县（市、区）之间发展很不均衡；农业环境竞争力均值为 84.39，处于一般优势；生活环境竞争力均值为 72.09，处于一般劣势；从 2 个二级指标的极差、方差、标准差来看，都存在较大差异。从 86 个县（市、区）人居环境竞争力水平归类分布来看，经济结构特征均较为明显，工业化发展较快的地区人居环境竞争力水平相对较低，而产业单一或以农业和旅游业发展为主的地区人居环境竞争力水平相对较高；就甘肃县域整体而言，工业化程度较低，因此，人居环境竞争力整体水平相对较高。在 58 个特困县中人居环境竞争力处于中势及以上的有 49 个县域，占 58 个特困县的 84.48%，比 2018 年增加了 9 个县域，比重增加了 15.52 个百分点。

从居住生活条件来看，2019 年甘肃县域城乡住房砖木结构以上比重均值为 70.24%。县域自来水受益村比重均值为 97.38%，有 59 个县（市、区）实现了自来水全覆盖；2019 年甘肃省县域农村通宽带的村及村庄比例均值为 92.31%，有 43 个县（市、区）普及率达到了 100%，仅有 5 个县（市、区）不足 50%。

从互联通信方面来看，2019 年县域国际互联网用户占总户数的比重均

值为 81.94%，中位数为 69.80%，比重在 10% 以下的有 5 个县（广河县、积石山县、宕昌县、东乡县和夏河县）；从公路交通来看，县域境内公路密度均值为 66.78 公里/百平方公里。县域平均公路里程数为 1747 公里。

2019 年县域森林覆盖率均值为 23.53%，最小值为景泰县（0.02%），最大值为两当县（86.00%），中位数 17.55%。从县域农业环境指标来看，草原综合植被覆盖度 54.67%，最大的县是徽县（99.2%），有 14 个县（市、区）草原综合植被覆盖度在 90% 以上。畜禽粪污综合利用率为 73.51%，有 10 个县（市、区）畜禽粪污综合利用率在 90% 以上。

（六）县域教育投入持续增加，但科技投入明显不足

2019 年甘肃县域科学教育竞争力 86 个县（市、区）得分均值为 79.85，处于中势，其极差、方差、标准差均相对较大，86 个县（市、区）之间发展很不均衡；科教支出竞争力均值为 77.33，处于中势；科教资源竞争力均值为 74.56，处于一般劣势。从 2 个二级指标的极差、方差、标准差来看，均存在较大差异。在 58 个特困县中县域科学教育竞争力处于中势及以上的有 54 个县（市、区），占 58 个特困县的 93.10%，比 2018 年增加了 14 个县域，比重增加了 24.14 个百分点。

2019 年甘肃省 86 个县（市、区）教育支出总计 469 亿元，较上年增长 7.32%；教育支出最高的 3 个县（市、区）是凉州区（14.04 亿元）、镇原县（11.75 亿元）和城关区（11.21 亿元）；在校学生人均教育经费支出 17779 元，低于全国普通高中人均教育经费支出（22115 元），其中在校学生人均教育经费支出最多的是肃南县，最少的是金川区。县域每万人普通中学在校生拥有专任中学教师数前三名是礼县、肃南县和华池县；每万人小学在校生拥有专任小学教师数前三名是肃南县、碌曲县和迭部县；每千户居民拥有普通中学数 0.22 所，每千户居民拥有普通中学数前三名是肃南县、肃北县和通渭县；每千户居民拥有小学数 1.21 所，每千户居民拥有普通小学数前三名是张家川县、清水县和积石山。

国际上通常以科技经费占 GDP 的比重，也就是经费投入强度作为经费

宏观结构的指标，这个指标说明了支出在整个国民经济中占有的份额及其在社会再生产过程中的地位。2019年甘肃省县域科技支出6.57亿元，较上年减少8.88%；科技支出占GDP的比重为0.11%，远远低于2019年全国R&D支出占GDP的比重（2.23%）。2019年甘肃省86个县（市、区）科技支出最高的是兰州市城关区、秦州区、民勤县；县域科技支出占GDP的比重最高的3个县是岷县、民勤县、文县。

四 对策与建议

新形势下实现高质量发展，促进区域协调发展，推动新型城镇化进程，实施乡村振兴战略，着力点在县域，难点在县域，活力也在县域。要找准县域经济发展的方向，以强县富民为主线，以改革发展为动力，以城乡融合为途径，开辟新时期县域经济发展的新局面。

（一）坚决贯彻新发展理念，推进县域高质量发展

要贯彻落实新发展理念，始终把高质量发展作为甘肃省发展的基本要求，抓住黄河流域生态保护和高质量发展这一政策机遇，以县域生态文明和绿色发展理念为指引，科学合理编制县域发展"十四五"规划，明确县域主体功能定位，落实"一县一规、多规合一"。通过大力发展实体经济不断充实和完善现代产业体系；以科技创新为突破口不断提升产业竞争力；支持引导工商资本、金融资本和社会资本投入乡村振兴，促进城乡生产要素双向健康流动；鼓励回乡创业人才发展城乡融合产业，实现小农生产与城乡融合发展的有效衔接。妥善研究农村集体经营性建设用地入市指导意见和农民闲置宅基地流转办法，引导县级土地产权交易中心和融资平台公司参与相关农村产权流转及抵押，以及闲置宅基地复垦后土地指标易地交易的办法，盘活农村闲置资产。创新农村经营方式，促进农业产业内部分工，积极培育农民专业合作社等新型农业经营主体，提升现代农业发展水平。

（二）充分发挥特色优势，走城乡融合发展之路

县域要依据资源禀赋和产业基础，因地制宜发展区域特征明显的特色产业，对现有资源要深挖潜力，要利用区位、生态、文化、资源等优势做优做强主业，不断拓展相关产业，形成区域产业集群，增强市场竞争力。要充分利用开发区、产业园区在区域发展的带动作用，培育县域主导产业，做大做强县域特色产业。要满足城乡人民对美好生活的需要，深入实施城市功能与品质提升行动，统筹推进山水林田湖草系统治理，加快形成生态宜居的现代城乡生活新形态。实施乡村振兴战略，紧扣农业供给侧结构性改革这根主轴线，强化新型城镇化与乡村振兴双轮驱动，走城乡融合发展之路。

（三）大力弘扬担当实干精神，树立风清气正的干事创业环境

要巩固和用好"不忘初心、牢记使命"主题教育成果，进一步加强干部能力培养，推动党建工作与具体工作相结合。要大力弘扬实干精神，强化重实干、重实绩的用人导向，在全社会营造踏实干事、实事求是的工作氛围，要加大正风肃纪力度，反对一切形式主义，加大巡视巡查力度，坚决整治群众反映强烈的不正之风和腐败问题。要充分认清当前一段时间的经济形势，各环节树立过紧日子思想，压缩一切不必要的开支，从严控制"三公"经费，严格项目资金的绩效管理，提高财政资金使用效率。

（四）持续深化放管服改革，着力优化营商环境

要坚持问题导向，逐项对照营商环境评价指标对标国内最优环境，补齐发展中的短板。建立健全考核评价指标体系，从服务理念、服务措施、服务效果三个方面综合评价，全力打造让客户满意的营商环境。要针对不同类型的企业和企业不同发展阶段的需求提供更加精准到位的服务，要强化政策的有效保障供给，增强企业的归属感。持续深化放管服改革，多倾听基层群众和市场主体的意见，根据客户需求的多样化，进一步优化营商环境。要在信息化服务上打破技术壁垒，实现各部门数据共享，充分运用大数据、云计

算、人工智能等先进技术手段，促进线上线下深度融合，实现公共信息资源实时动态共享和开放应用，服务企业、市场。

（五）巩固脱贫攻坚成果，建立解决相对贫困长效机制

要全面完成脱贫攻坚任务，集中兵力打赢深度贫困歼灭战，研究解决相对贫困问题，扎实推进城乡贫困群众脱贫解困工作，确保全面小康路上一个都不能少。要将持续推进脱贫攻坚与乡村振兴有效衔接，在巩固和提升脱贫成果的基础上，分类推进实施乡村振兴战略。在河西地区把乡村振兴作为重要任务，全力推进农业农村现代化；兰州及沿黄灌区，坚持以城带乡、城乡统筹，加快农村农业现代化步伐；陇南、甘南、临夏等深度贫困地区，重点放在巩固脱贫成果上。进一步加大东西协作扶贫力度，重点在产业合作、劳务输转、消费扶贫等领域加强进一步合作。

（六）提升县域公共服务能力，补齐城镇化发展的短板

加快推进县域城镇化补短板，特别是县域交通、公共卫生和基础教育的短板。加强农村基础设施建设，完善农村社会保障体系，增加农村公共服务，实现新型城镇化与农村社区化双轮驱动。进一步规划建立并完善城市路网系统，力争实现县县通高速公路和铁路的目标。完善市政基础设施，加快旧城旧村改造，打好农村人居环境综合整治攻坚战，满足城乡群众基本生活的需要。防范化解地方政府债务风险，合理处置存量债务，完善新型城镇化建设所需的投融资工具。提升县域公共设施水平和服务能力，满足县域居民上学、就医、养老、育幼需要，推进环境卫生设施提级扩能和市政公用设施提档升级。加强和创新社区治理现代化水平，广泛引导社会组织、社会工作者和志愿者等参与社区治理，提高城乡社区综合服务水平。

县 域 篇
County Articles

B.2
甘肃县域竞争力综合评价报告

李振东　张福昌*

摘　要：　本报告主要通过构建甘肃省县域竞争力指标体系，利用一定的数理分析方法，对2019年甘肃省86个县（市、区）经济社会发展数据进行处理分析，得出2019年甘肃省县域竞争力发展特征。一是2019年甘肃省县域竞争力整体水平相对较低，与2018年相比提升明显。二是从8个一级指标均值来看，社会保障竞争力处于一般优势；科学教育竞争力、基础设施竞争力、人居环境竞争力、公共服务竞争力，均处于中势；产业发展竞争力、社会结构竞争力、宏观经济竞争力，均处于一般劣势。三是各市（州）及各市（州）所辖县域之间差异性较大，县域竞争力发展很不均衡；各县（市、区）排序波动较大，政策连续性及稳定性较差，县域竞争力可持续性不

* 李振东，甘肃省社会科学院农村发展研究所副所长、副研究员；张福昌，甘肃省统计局农村工作处副处长。

强。四是各市（州）及各市（州）所辖县域之间要素配置差异性较大，县域竞争力要素配置很不均衡。五是2019年甘肃省各市（州）及各市（州）所辖县域之间竞争力具有一定的行政区域、地理位置、经济发展、经济结构等因素制约下的分布特征。六是2019年甘肃省脱贫攻坚取得了一定的成效，贫困地区县域竞争力上升趋势明显。七是各县（市、区）产业发展竞争力出现回归最初传统产业竞争力优势现象，反映出甘肃省2019年新兴产业发展不足，特困地区产业竞争力有待提升，扶贫效果不明显。八是从2019年甘肃省县域基础设施、社会保障、公共服务、人居环境、社会结构和科学教育6个指标竞争力来看，贫困县域与非贫困县域差异性不明显，一方面反映出近几年对各贫困县（市、区）基础设施投资力度较大，社会保障、科学教育、人居环境等方面取得了显著成效；另一方面反映出近几年对各非贫困县（市、区）基础设施建设投入相对不足。

关键词： 甘肃省　县域　竞争力评价

一　甘肃省县域竞争力评价指标体系构建

（一）甘肃省县域竞争力评价指标体系构建思路

县域竞争力受县域社会、经济、环境等多方面因素影响，涉及面较广，指标选择十分繁杂，课题组在充分把握国家对县域发展的相关政策文件的基础上，充分借鉴国内外学者对县域竞争力研究的前提下，以准确客观反映甘肃省县域竞争力为原则，综合了学术界、各级管理层面、统计系统等相关人员的意见和建议，结合专家学者对上一年县域评价指标体系的意见和建议，设计和构建了甘肃省县域竞争力评价指标体系。

（二）甘肃省县域竞争力评价指标体系构建说明

2019 年甘肃省县域竞争力评价指标体系共包括宏观经济竞争力、产业发展竞争力、基础设施竞争力、社会保障竞争力、公共服务竞争力、人居环境竞争力、社会结构竞争力、科学教育竞争力 8 个一级指标。二级指标有 21 个，其中：宏观经济竞争力包含经济均量、经济总量、金融资本 3 个二级指标；产业发展竞争力包含产业总量、产业结构、产业效率、农业产业化 4 个二级指标；基础设施竞争力包含生活条件、互联通信、公路交通 3 个二级指标；社会保障竞争力包含医疗保险、养老保险、基本生活保障 3 个二级指标；公共服务竞争力包含科技文化、医疗卫生 2 个二级指标；人居环境竞争力包含生活环境、农业环境 2 个二级指标；社会结构竞争力包含人口结构、城乡结构 2 个二级指标；科学教育竞争力包含科教支出、科教资源 2 个二级指标。与二级指标相对应的三级指标 65 个。2019 年相对于 2018 年，指标构建方面作了部分调整（见表 1）。

表 1　2019 年甘肃省县域竞争力评价指标体系

一级指标（8 个）	2018 年		2019 年		变化情况
	二级指标（21 个）	三级指标（65 个）	三级指标（65 个）	二级指标（21 个）	
宏观经济竞争力	经济均量	①人均地区生产总值（元/人）	①人均地区生产总值（元/人）	经济均量	无变化
		②人均地方财政收入（元/人）	②人均地方财政收入（元/人）		无变化
		③城镇居民可支配收入（元/人）	③城镇居民可支配收入（元/人）		无变化
		④农村居民人均纯收入（元/人）	④农村居民人均纯收入（元/人）		无变化
		⑤人均社会消费品零售额（元/人）	⑤人均社会消费品零售额（元/人）		无变化

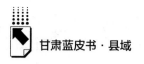

续表

一级指标 （8个）	2018年		2019年		变化 情况
	二级指标 （21个）	三级指标 （65个）	三级指标 （65个）	二级指标 （21个）	
宏观经济 竞争力	经济总量	⑥地区生产总值GDP（万元）	⑥地区生产总值GDP（万元）	经济总量	无变化
		⑦一般公共预算收入（万元）	⑦一般公共预算收入（万元）		无变化
		⑧一般公共预算支出（万元）	⑧一般公共预算支出（万元）		无变化
		⑨社会消费品零售总额（万元）	⑨社会消费品零售总额（万元）		无变化
	金融资本	⑩居民人民币储蓄存款余额（万元）	⑩居民人民币储蓄存款余额（万元）	金融资本	无变化
		⑪金融机构存款余额（万元）	⑪金融机构存款余额（万元）		无变化
		⑫金融机构贷款余额（万元）	⑫金融机构贷款余额（万元）		无变化
产业发展 竞争力	产业总量	①第二产业增加值（万元）	①第二产业增加值（万元）	产业总量	无变化
		②第三产业增加值（万元）	②第三产业增加值（万元）		无变化
		③规模以上工业总产值（万元）	③规模以上工业总产值（万元）		无变化
	产业结构	④第二产业占GDP的比重（%）	④第二产业占GDP的比重（%）	产业结构	无变化
		⑤第三产业占GDP的比重（%）	⑤第三产业占GDP的比重（%）		无变化
	产业效率	⑥第二产业近5年平均增长速度（%）	⑥第二产业近5年平均增长速度（%）	产业效率	无变化
		⑦第三产业近5年平均增长速度（%）	⑦第三产业近5年平均增长速度（%）		无变化
	农业 产业化	⑧设施农业面积占耕地面积的比重（%）	⑧设施农业面积占耕地面积的比重（%）	农业 产业化	无变化
		⑨耕地灌溉面积占耕地面积的比重（%）	⑨耕地灌溉面积占耕地面积的比重（%）		无变化
		⑩"三品一标"农产品基地面积（公顷）	⑩"三品一标"农产品基地面积（公顷）		无变化

续表

一级指标 （8 个）	二级指标 （21 个）	2018 年	2019 年	二级指标 （21 个）	变化 情况
		三级指标 （65 个）	三级指标 （65 个）		
基础设施 竞争力	生活条件	①城乡住房砖木结构以上 比重（%）	①城乡住房砖木结构以上 比重（%）	生活条件	无变化
		②自来水受益村比重（%）	②自来水受益村比重（%）		无变化
		③农村有线电视普及村庄 比例（%）	③农村通宽带的村及村庄 比例（%）		2019 年 变更指标
	互联通信	④国际互联网用户占总户 数比重（%）	④国际互联网用户占总户 数比重（%）	互联通信	无变化
		⑤固定电话用户占总户数 比重（%）	⑤固定电话用户占总户数 比重（%）		无变化
		⑥移动电话用户占总户数 比重（%）	⑥移动电话用户占总户数 比重（%）		无变化
	公路交通	⑦境内公路密度（公路里 程数/百平方公里）	⑦境内公路密度（公路里 程数/百平方公里）	公路交通	无变化
		⑧公路里程数（公里）	⑧公路里程数（公里）		无变化
社会保障 竞争力	医疗保险	①城乡基本医疗保险参保 人数占人口比重（%）	①城乡基本医疗保险参保 人数占人口比重（%）	医疗保险	无变化
		②参加农村合作医疗的人 数占农村人口的比重（%）	②参加农村合作医疗的人 数占农村人口的比重（%）		无变化
	养老保险	③城镇基本养老保险参 保人数占城镇人口比重 （%）	③城镇基本养老保险参 保人数占城镇人口比重 （%）	养老保险	无变化
		④参加农村养老保险人数 占农村人口比重（%）	④参加农村养老保险人数 占农村人口比重（%）		无变化
	基本生活 保障	⑤城镇最低生活保障人口 占城镇人口比重（逆指 标）（%）	⑤城镇最低生活保障人口 占城镇人口比重（逆指 标）（%）	基本生活 保障	无变化
		⑥农村最低生活保障人口 占农村人口比重（逆指 标）（%）	⑥农村最低生活保障人口 占农村人口比重（逆指 标）（%）		无变化
公共服务 竞争力	科技文化	①每万人专利授权数（个/ 万人）	①每万人专利授权数（个/ 万人）	科技文化	无变化
		②每十万人拥有体育场馆 个数（个/十万人）	②每十万人拥有体育场馆 个数（个/十万人）		无变化

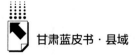

续表

一级指标 （8个）	2018年		2019年		变化 情况
	二级指标 （21个）	三级指标 （65个）	三级指标 （65个）	二级指标 （21个）	
公共服务 竞争力	科技文化	③每十万人拥有剧场、影剧院数（个/十万人）	③每十万人拥有剧场、影剧院数（个/十万人）	科技文化	无变化
		④人均拥有公共图书馆图书数（册/人）	④人均拥有公共图书馆图书数（册/人）		无变化
	医疗卫生	⑤每万人拥有医疗卫生机构专业技术人员数（人/万人）	⑤每万人拥有医疗卫生机构专业技术人员数（人/万人）	医疗卫生	无变化
		⑥每万人的医院、卫生院床位数（张/万人）	⑥每万人的医院、卫生院床位数（张/万人）		无变化
		⑦每万人拥有执业（助理）医师数（人/万人）	⑦每万人拥有执业（助理）医师数（人/万人）		无变化
		⑧医院总卫生技术人员数（人）	⑧医院总卫生技术人员数（人）		无变化
		⑨医院总床位数（张）	⑨医院总床位数（张）		无变化
人居环境 竞争力	生活环境	①森林覆盖率（%）	①森林覆盖率（%）	生活环境	无变化
		②污水处理厂数（座）	②污水处理厂数（座）		无变化
		③垃圾处理站数（个）	③垃圾处理站数（个）		无变化
		④畜禽粪污综合利用率（%）	④畜禽粪污综合利用率（%）		无变化
		⑤草原综合植被覆盖度（%）	⑤草原综合植被覆盖度（%）		无变化
	农业环境	⑥单位第一产业增加值使用化肥量（吨/万元）（逆指标）	⑥单位第一产业增加值使用化肥量（吨/万元）（逆指标）	农业环境	无变化
		⑦单位第一产业增加值使用农药量（公斤/万元）（逆指标）	⑦单位第一产业增加值使用农药量（公斤/万元）（逆指标）		无变化
		⑧单位第一产业增加值使用地膜量（吨/万元）（逆指标）	⑧单位第一产业增加值使用地膜量（吨/万元）（逆指标）		无变化

一级指标 (8 个)	二级指标 (21 个)	2018 年 三级指标 (65 个)	2019 年 三级指标 (65 个)	二级指标 (21 个)	变化 情况
社会结构 竞争力	人口结构	①非农人口占总人口的比重(%)	①非农人口占总人口的比重(%)	人口结构	无变化
		②县域人口占全省人口比重(%)	②县域人口占全省人口比重(%)		无变化
	城乡结构	③农村从事非农产业的劳动力占农村总劳动力的比重(%)	③农村从事非农产业的劳动力占农村总劳动力的比重(%)	城乡结构	无变化
科学教育 竞争力	科教支出	①科技支出(万元)	①科技支出(万元)	科教支出	无变化
		②教育支出(万元)	②教育支出(万元)		无变化
		③科技支出占 GDP 的比重(%)	③科技支出占 GDP 的比重(%)		无变化
		④在校学生人均教育经费(元/人)	④在校学生人均教育经费(元/人)		无变化
	科教资源	⑤每万人普通中学在校生拥有专任中学教师数(人/万人)	⑤每万人普通中学在校生拥有专任中学教师数(人/万人)	科教资源	无变化
		⑥每万人小学在校生拥有专任小学教师数(人/万人)	⑥每万人小学在校生拥有专任小学教师数(人/万人)		无变化
		⑦每千户居民拥有普通中学数(所/千户)	⑦每千户居民拥有普通中学数(所/千户)		无变化
		⑧每千户居民拥有小学数(所/千户)	⑧每千户居民拥有小学数(所/千户)		无变化
		⑨乡村从业人员高中以上文化程度所占比重(%)	⑨乡村从业人员高中以上文化程度所占比重(%)		无变化

二 甘肃省县域竞争力评价方法及评价标准

(一)甘肃省县域竞争力评价时间与地域范围

甘肃省县域竞争力评价时段以甘肃省统计局提供的各县域 2019 年度统

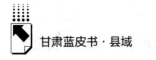

计数据为依据，评价基准年份为 2019 年。

根据国家统计局农村调查司有关全国县域竞争力所作的测评范围，结合甘肃省统计局的具体要求，课题组对甘肃省除嘉峪关市和兰州新区之外的 86 个县（市、区）进行了县域竞争力的评价与分析。

（二）甘肃省县域竞争力评价方法

数据的处理。在认真核对原始数据无误的情况下，对每一指标列数据进行标准化处理，使各指标列数据形成无差异的标准化矩阵；在对数据进行标准化处理的基础上，分别以三级指标列为单位进行分值赋值，再进行加权加总得一、二级指标分值。

指标权重的确定。对于指标权重的确定，课题组是在专家打分的基础上运用层次分析法（Analytical Hierarchy Process，AHP）进行指标权重确定。2019 年评价指标权重相对于 2018 年作了适当调整。

（三）甘肃省县域竞争力评价标准

甘肃省县域竞争力评价标准为 5 级划分，即绝对优势、一般优势、中势、一般劣势和绝对劣势，其评价的方法是根据 86 个县（市、区）对应指标的分值进行评价。其中：分值大于等于 85 为绝对优势，分值小于 85、大于等于 80 为一般优势，分值小于 80、大于等于 75 为中势，分值小于 75、大于等于 70 为一般劣势，分值小于 70 为绝对劣势（见表 2）。

表 2　2019 年甘肃省县域竞争力评价标准

评价标准	分值
绝对优势	≥85
一般优势	≥80，<85
中势	≥75，<80
一般劣势	≥70，<75
绝对劣势	<70

三 甘肃省县域竞争力综合评价

（一）甘肃省县域竞争力综合评价结果

1. 评价结果

通过对宏观经济竞争力、产业发展竞争力、基础设施竞争力、社会保障竞争力、公共服务竞争力、人居环境竞争力、社会结构竞争力、科学教育竞争力8个一级指标进行计算和分析，2019年甘肃省86个县（市、区）竞争力综合评价情况如表3所示。

根据2019年甘肃省县域竞争力综合得分，甘肃省86个县（市、区）处于绝对优势的县（市、区）为1个，为兰州市城关区；处于一般优势的县（市、区）为9个，包括：安宁区、七里河区、凉州区、西峰区、西固区、肃州区、甘州区、白银区、榆中县；处于中势的县（市、区）有33个，包括：金川区、秦州区、玉门市、临夏市、麦积区、崆峒区、皋兰县、永昌县、静宁县、临泽县、成县、永登县、山丹县、武都区、敦煌市、民勤县、天祝藏族自治县、肃北蒙古族自治县、临洮县、陇西县、红古区、徽县、高台县、镇原县、平川区、瓜州县、金塔县、庄浪县、甘谷县、景泰县、永靖县、安定区、肃南裕固族自治县；处于一般劣势的县（市、区）有33个，包括：民乐县、靖远县、华亭市、崇信县、阿克塞哈萨克族自治县、秦安县、宁县、清水县、合水县、庆城县、泾川县、环县、武山县、会宁县、灵台县、临夏县、岷县、华池县、康县、合作市、渭源县、古浪县、两当县、广河县、西和县、张家川回族自治县、舟曲县、迭部县、通渭县、卓尼县、文县、宕昌县、正宁县；处于绝对劣势的县（市、区）为10个，包括：临潭县、康乐县、礼县、漳县、碌曲县、和政县、夏河县、积石山保安族东乡族撒拉族自治县、玛曲县、东乡族自治县（见表4）。

表3 2019年甘肃省县域竞争力评价

县（市、区）	2019年综合排序	2018年综合排序	排序变化	2019年县域竞争力得分								
				综合	宏观经济	产业发展	基础设施	社会保障	公共服务	人居环境	社会结构	科学教育
城关区	1	1	0	90.00	90.00	82.25	90.00	65.00	87.62	87.57	86.75	77.59
安宁区	2	4	2	84.74	81.17	90.00	71.92	89.70	66.98	81.12	90.00	74.12
七里河区	3	3	0	84.58	84.49	80.90	79.82	80.51	82.20	79.39	78.97	78.76
凉州区	4	5	1	83.56	80.84	79.85	81.43	86.43	78.98	76.25	81.59	80.85
西峰区	5	6	1	83.33	80.19	79.05	84.85	83.30	81.66	79.14	77.43	79.67
西固区	6	2	-4	83.32	83.10	81.32	78.94	80.99	79.02	78.65	81.44	76.87
肃州区	7	7	0	83.15	81.09	79.35	84.07	85.75	80.10	74.86	78.25	78.22
甘州区	8	8	0	81.89	79.38	80.46	83.72	81.60	81.32	77.09	76.69	75.77
白银区	9	9	0	81.48	81.04	80.24	81.30	77.92	80.41	75.82	80.48	76.43
榆中县	10	11	1	80.54	76.82	81.10	79.75	86.54	76.65	75.19	76.25	81.79
金川区	11	10	-1	79.51	80.40	78.30	83.29	79.39	80.70	76.87	77.51	65.00
秦州区	12	14	2	79.41	79.21	79.25	83.16	77.05	72.28	75.85	80.11	81.85
玉门市	13	13	0	79.36	76.80	78.90	80.78	86.35	77.54	76.28	75.28	76.19
临夏市	14	15	1	79.35	77.62	78.43	82.06	79.57	77.54	77.15	84.26	72.72
麦积区	15	12	-3	79.02	76.57	77.61	77.62	83.02	76.69	82.89	78.16	79.64
崆峒区	16	16	0	78.86	77.50	78.25	80.79	81.18	77.05	75.35	79.50	77.58
皋兰县	17	27	10	78.77	76.21	80.49	78.85	83.57	73.39	74.42	74.85	86.34
永昌县	18	17	-1	78.74	74.79	77.53	83.02	81.37	76.75	83.80	75.50	79.20
静宁县	19	30	11	78.26	73.07	73.31	84.60	85.09	76.42	85.37	75.67	84.04
临泽县	20	19	-1	78.25	72.91	76.68	80.05	85.65	80.89	77.47	75.23	83.90

续表

县（市、区）	2019年综合排序	2018年综合排序	排序变化	2019年县域竞争力得分								
				综合	宏观经济	产业发展	基础设施	社会保障	公共服务	人居环境	社会结构	科学教育
成县	21	20	-1	78.18	72.15	76.09	83.92	87.40	76.93	82.89	75.40	78.16
永登县	22	18	-4	78.01	74.64	77.70	79.95	84.53	77.07	74.84	76.92	82.28
山丹县	23	33	10	77.39	73.74	76.37	80.28	86.11	79.60	76.13	76.88	75.92
武都区	24	25	1	76.91	75.41	75.64	79.87	81.05	73.27	80.42	79.71	79.63
敦煌市	25	22	-3	76.91	78.28	74.67	75.98	88.17	76.58	73.33	77.50	72.59
民勤县	26	24	-2	76.89	75.01	74.95	78.66	83.44	76.85	75.64	71.30	90.00
天祝藏族自治县	27	26	-1	76.86	73.76	72.75	77.15	90.00	76.27	82.22	72.59	84.58
肃北蒙古族自治县	28	34	6	76.66	72.76	74.65	72.77	87.41	89.52	75.63	70.92	80.63
临洮县	29	36	7	76.64	72.94	76.37	81.32	84.52	76.80	75.65	75.13	80.83
陇西县	30	35	5	76.56	73.65	75.97	77.72	84.64	76.71	75.86	75.34	84.58
红古区	31	31	0	76.51	78.23	79.31	69.72	79.78	76.76	78.31	74.43	77.48
徽县	32	23	-9	76.38	70.91	75.67	79.12	86.18	76.45	82.19	76.67	80.57
高台县	33	29	-4	76.31	73.10	76.10	79.33	83.19	78.28	76.59	75.88	79.82
镇原县	34	39	5	76.23	73.52	75.36	79.42	81.37	76.05	81.93	75.64	80.31
平川区	35	21	-14	76.15	74.66	75.52	80.81	78.84	78.11	76.35	75.76	79.97
瓜州县	36	28	-8	76.12	75.70	77.47	77.19	86.93	75.15	73.92	71.32	75.59
金塔县	37	32	-5	75.95	73.87	74.59	77.60	89.95	76.80	74.86	73.75	77.49
庄浪县	38	56	18	75.71	72.35	72.25	80.72	82.18	75.42	85.90	77.52	80.59
甘谷县	39	38	-1	75.61	72.25	74.07	82.25	85.56	74.56	79.65	76.78	76.13
景泰县	40	41	1	75.47	72.85	74.94	80.87	85.20	73.27	75.80	73.45	83.55

续表

县(市、区)	2019年综合排序	2018年综合排序	排序变化	2019年县域竞争力得分								
				综合	宏观经济	产业发展	基础设施	社会保障	公共服务	人居环境	社会结构	科学教育
永靖县	41	44	3	75.40	71.18	76.67	80.52	84.88	75.68	73.81	73.59	83.14
安定区	42	43	1	75.32	75.42	77.01	72.91	80.13	74.98	77.84	74.77	82.35
肃南裕固族自治县	43	37	-6	75.04	72.09	73.22	73.84	80.55	86.69	75.91	70.41	89.08
民乐县	44	40	-4	74.59	72.63	76.98	81.85	77.92	75.59	76.61	72.75	77.59
靖远县	45	45	0	74.30	73.07	73.77	79.55	82.90	74.77	73.42	72.16	85.01
华亭市	46	50	4	74.27	74.51	73.74	77.60	86.45	77.01	67.31	74.91	77.84
崇信县	47	48	1	74.11	71.57	72.82	79.79	83.82	74.49	83.66	74.81	75.33
阿克塞哈萨克族自治县	48	49	1	74.01	71.28	71.32	82.35	80.26	90.00	73.21	73.03	70.52
秦安县	49	61	12	73.96	72.71	74.49	77.56	84.61	73.33	72.96	74.35	82.70
宁县	50	47	-3	73.92	72.12	72.80	79.42	83.18	72.05	82.19	75.31	78.87
清水县	51	53	2	73.70	69.16	71.70	80.31	83.16	73.99	88.05	72.39	82.65
合水县	52	42	-10	73.60	72.52	72.23	78.76	83.24	74.60	83.04	72.45	75.62
庆城县	53	51	-2	73.57	73.84	73.90	75.99	83.41	73.32	77.98	73.28	77.29
泾川县	54	72	18	73.50	70.73	71.25	81.17	84.78	76.43	75.69	73.42	82.26
环县	55	46	-9	73.41	74.55	73.97	71.09	82.88	72.43	74.10	75.49	86.28
武山县	56	55	-1	73.31	71.41	73.72	81.28	81.45	73.92	75.45	75.47	78.27
会宁县	57	58	1	73.30	71.18	73.02	77.74	83.92	75.37	75.76	72.85	83.31
灵台县	58	60	2	73.18	68.70	72.15	79.71	85.50	77.67	78.44	73.50	80.34
临夏县	59	54	-5	73.12	68.30	74.45	79.43	87.37	72.31	76.62	77.27	78.61
岷县	60	64	4	72.95	70.22	72.44	75.55	84.65	74.53	77.90	72.63	87.49

续表

县（市、区）	2019年综合排序	2018年综合排序	排序变化	综合	2019年县域竞争力得分							
					宏观经济	产业发展	基础设施	社会保障	公共服务	人居环境	社会结构	科学教育
华池县	61	52	-9	72.80	72.93	73.46	72.55	83.63	74.88	81.11	68.71	80.19
康县	62	68	6	72.61	67.18	72.28	79.84	86.82	73.93	82.36	71.50	82.23
合作市	63	59	-4	72.54	73.02	74.47	70.39	84.15	75.07	80.99	68.62	77.64
渭源县	64	70	6	71.97	68.64	72.88	79.06	84.85	73.43	77.84	70.86	81.69
古浪县	65	66	1	71.97	71.12	72.58	74.57	82.99	72.99	78.85	73.66	80.96
两当县	66	62	-4	71.87	65.48	69.93	78.77	87.24	73.85	90.00	72.59	80.79
广河县	67	69	2	71.67	66.53	73.46	82.91	83.98	73.81	79.15	72.47	76.10
西和县	68	75	7	71.43	68.84	72.53	79.19	81.21	71.39	80.90	73.96	79.90
张家川回族自治县	69	73	4	71.25	68.12	71.14	78.62	84.48	74.46	76.46	72.69	82.56
舟曲县	70	67	-3	71.13	69.59	70.42	74.66	82.46	75.53	81.45	75.00	78.50
迭部县	71	76	5	71.05	68.18	69.88	75.73	86.05	73.42	83.66	71.07	81.92
通渭县	72	65	-7	70.92	69.66	74.16	74.76	78.86	73.88	71.51	73.70	87.02
卓尼县	73	79	6	70.77	68.42	72.32	73.34	86.72	71.78	80.03	69.54	83.24
文县	74	57	-17	70.61	69.69	74.68	78.92	80.46	69.03	65.00	73.29	89.18
宕昌县	75	77	2	70.29	68.56	71.87	74.56	82.95	73.86	75.39	72.91	82.89
正宁县	76	63	-13	70.25	69.87	71.46	75.29	81.56	71.45	78.49	74.01	79.23
临潭县	77	80	3	69.70	67.15	68.28	79.28	86.58	72.27	77.64	71.42	81.67
康乐县	78	71	-7	69.64	66.86	71.59	78.24	78.91	74.06	83.52	70.68	77.54
礼县	79	74	-5	69.62	69.81	70.99	73.93	78.75	71.88	77.22	74.42	83.27
漳县	80	78	-2	68.53	67.10	73.01	76.16	79.45	71.72	75.82	75.53	74.26

续表

县(市、区)	2019年综合排序	2018年综合排序	排序变化	2019年县域竞争力得分								
				综合	宏观经济	产业发展	基础设施	社会保障	公共服务	人居环境	社会结构	科学教育
碌曲县	81	82	1	67.69	66.26	65.00	70.48	89.62	75.88	82.86	66.10	83.13
和政县	82	81	-1	66.76	66.00	72.65	65.91	81.34	72.86	76.77	78.68	73.88
夏河县	83	84	1	66.05	68.12	67.72	65.00	83.73	73.39	79.52	68.18	80.45
积石山保安族东乡族撒拉族自治县	84	86	2	65.34	65.71	67.65	71.98	85.07	70.67	71.00	72.04	79.92
玛曲县	85	83	-2	65.25	68.45	67.92	71.56	82.17	73.16	78.13	65.00	69.10
东乡族自治县	86	85	-1	65.00	65.00	73.51	73.85	76.15	65.00	75.06	71.93	78.21
均值				75.03	72.98	74.78	78.15	83.28	75.78	78.02	74.77	79.85
极差				25.00	25.00	25.00	25.00	25.00	25.00	25.00	25.00	25.00
方差				22.22	22.62	14.78	18.37	13.25	16.97	17.77	15.48	18.44
标准差				4.71	4.76	3.84	4.29	3.64	4.12	4.22	3.93	4.29

资料来源:根据《甘肃发展年鉴》(2019)和甘肃省统计局提供的数据计算所得。

表4　2019年甘肃省县域竞争力水平归类分布一览

评价标准	县(市、区)名称	个数	贫困县(市、区)个数	
			2019	2018
绝对优势	兰州市城关区	1	0	0
一般优势	安宁区、七里河区、凉州区、西峰区、西固区、肃州区、甘州区、白银区、榆中县	9	1	0
中势	金川区、秦州区、玉门市、临夏市、麦积区、崆峒区、皋兰县、永昌县、静宁县、临泽县、成县、永登县、山丹县、武都区、敦煌市、民勤县、天祝藏族自治县、肃北蒙古族自治县、临洮县、陇西县、红古区、徽县、高台县、镇原县、平川区、瓜州县、金塔县、庄浪县、甘谷县、景泰县、永靖县、安定区、肃南裕固族自治县	33	18	13
一般劣势	民乐县、靖远县、华亭市、崇信县、阿克塞哈萨克族自治县、秦安县、宁县、清水县、合水县、庆城县、泾川县、环县、武山县、会宁县、灵台县、临夏县、岷县、华池县、康县、合作市、渭源县、古浪县、两当县、广河县、西和县、张家川回族自治县、舟曲县、迭部县、通渭县、卓尼县、文县、宕昌县、正宁县	33	29	34
绝对劣势	临潭县、康乐县、礼县、漳县、碌曲县、和政县、夏河县、积石山保安族东乡族撒拉族自治县、玛曲县、东乡族自治县	10	10	11

2. 结果分析

第一，从2019年甘肃省县域竞争力综合得分来看（见表3），均值为75.03，县域竞争力整体处于中势；极差为25.00，在最大赋值范围内偏离100%，反映出县域竞争力得分最高县（市、区）与得分最低县（市、区）存在很大差异，发展不均衡；同时，方差为22.22，标准差为4.71，方差、标准差相对2018年均有明显增加，反映出甘肃省86个县（市、区）竞争力差异大。结合均值、极差、方差及标准差，2019年甘肃省县域竞争力整体在较低水平存在不均衡性。

第二，从2019年甘肃省县域竞争力水平归类分布来看（见表4），绝对优势1个，为兰州市城关区——甘肃省人民政府驻地；一般优势9个，为兰州市安宁区、七里河区、西固区、榆中县，武威市凉州区，庆阳市西峰区，酒泉市肃州区，张掖市甘州区和白银市白银区，是省会城市兰州市4个区（县）和市（州）所在地；中势33个，其中有18个县（市、区）处在连片特困地区或藏族地区，与2018年相比新增了6个县（市、区），分别是镇原县、庄浪县、甘谷县、景泰县、永靖县、安定区，减少了榆中县（上升为一般优势），其余15个县（市、区）或为市（州）所在地或为河西地区及兰州市区。一般劣势33个，除民乐县、华亭市、崇信县和阿克塞哈萨克族自治县4县（市）外，其余29个县（市、区）均处在连片特困地区或藏族地区；绝对劣势10个，均处在连片特困地区或藏族地区。所以，2019年甘肃省县域竞争力分布与行政区域分布有较大相关性。

2019年甘肃省脱贫攻坚取得了一定的成效，贫困地区县域竞争力上升趋势明显。六盘山特困片区榆中县综合竞争力从2018年处于中势上升到2019年一般优势，镇原县、庄浪县、甘谷县、景泰县、永靖县和安定区6县（区）从2018年处于一般劣势上升到中势；迭部县、卓尼县和宕昌县从2018年处于绝对劣势上升到一般劣势；只有康乐县和礼县从2018年处于一般劣势下降到绝对劣势；2019年全省86个县（市、区）中排名上升的有40个县（市、区），其中贫困县（市、区）有31个，排名大幅上升的有6个，其中5个为贫困县，分别是：庄浪县、泾川县、秦安县、静宁县和皋兰县；排名下降的有37个，其中贫困县（市、区）有25个，排名大幅下降的有4个，其中3个为贫困县，分别是：文县、正宁县和合水县；在58个特困县（市、区）中综合竞争力处于中势及以上有19个，占58个特困连片区县（市、区）的32.76%，比2018年增加了6个，比重增加了10.35个百分点。

第三，就2019年甘肃省县域竞争力8个一级指标而言（见表3），从均值来看，社会保障竞争力均值83.28，处于一般优势；科学教育竞争力均值79.85、基础设施竞争力均值78.15、人居环境竞争力均值78.02、公共服务竞争力均值75.78，均处于中势；产业发展竞争力均值74.78、社会结构竞争力均值74.77、宏观经济竞争力均值72.98，均处于一般劣势；从极差、方差、标准差来看，甘肃省县域竞争力8个一级指标均存在较大差异。所以2019年甘肃省县域竞争力各县域要素投入方面存在较大差异。

第四，从排序变动来看，86个县（市、区）中排序上升的有40个，其中：庄浪县、泾川县、秦安县、静宁县、皋兰县、山丹县、临洮县、西和县、肃北蒙古族自治县、康县、渭源县、卓尼县、陇西县、镇原县、迭部县上升明显，分别上升了18、18、12、11、10、10、7、7、6、6、6、5、5、5位；排序下降的有37个县域，其中：文县、平川区、正宁县、合水县、徽县、环县、华池县、瓜州县、通渭县、康乐县、肃南裕固族自治县、金塔县、临夏县、礼县下降明显，分别下降了17、14、13、10、9、9、9、8、7、7、5、5、5位（见表3）。相对2018年排序变化，2019年县域综合竞争力波动较小。

（二）甘肃省市（州）县域竞争力综合评价结果

1. 评价结果

2019年甘肃省14个市（州）县域竞争力综合评价情况如表5所示。

表5　2019年甘肃省14个市（州）县域竞争力评价

市（州）	2019年综合排序	2018年综合排序	排序变化	2019年县域竞争力得分								
				综合	宏观经济	产业发展	基础设施	社会保障	公共服务	人居环境	社会结构	科学教育
兰州市	1	1	0	90.00	90.00	90.00	90.00	76.07	90.00	76.29	90.00	90.00
酒泉市	2	3	1	76.89	77.17	82.19	75.95	90.00	78.82	69.48	79.22	80.86
天水市	3	5	2	75.03	73.10	80.11	85.45	75.59	66.64	83.40	82.06	84.01
庆阳市	4	2	−2	74.61	74.69	76.43	76.61	77.66	73.89	84.57	79.59	85.54
平凉市	5	9	4	74.50	71.59	74.53	87.64	77.37	73.69	85.80	81.75	83.57
张掖市	6	4	−2	73.79	73.22	78.78	81.51	70.76	82.48	74.04	79.22	78.49
武威市	7	6	−1	73.08	72.35	76.13	76.58	85.61	72.17	77.76	79.30	83.20
嘉峪关市	8	7	−1	72.44	70.96	83.24	84.87	71.80	88.09	66.11	77.48	65.00
陇南市	9	8	−1	71.36	69.32	75.25	80.84	75.93	65.00	86.50	81.26	83.75
白银市	10	11	1	71.31	71.74	77.96	80.44	78.42	71.27	65.00	69.77	85.87
金昌市	11	12	1	69.43	68.34	77.19	82.70	65.00	76.01	75.51	80.93	72.91
临夏州	12	13	1	69.41	67.87	75.11	80.55	79.54	65.28	74.81	80.92	80.39
定西市	13	10	−3	69.28	69.05	74.55	77.37	75.03	68.51	70.37	75.07	87.03
甘南州	14	14	0	65.00	65.00	65.00	65.00	84.42	67.85	90.00	65.00	89.23

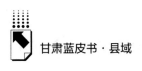

续表

市（州）	2019年综合排序	2018年综合排序	排序变化	2019年县域竞争力得分								
				综合	宏观经济	产业发展	基础设施	社会保障	公共服务	人居环境	社会结构	科学教育
均值				73.29	72.46	77.60	80.39	77.37	74.26	77.12	78.68	82.13
极差				25.00	25.00	25.00	25.00	25.00	25.00	25.00	25.00	25.00
方差				32.46	34.96	31.34	37.83	40.25	64.84	62.68	34.50	43.67
标准差				5.70	5.91	5.60	6.15	6.34	8.05	7.92	5.87	6.61

资料来源：根据《甘肃发展年鉴》（2019）和甘肃省统计局提供的数据计算所得。

2019年甘肃省14个市（州）县域竞争力综合得分：兰州市90，处于绝对优势；酒泉市76.89、天水市75.03，处于中势；庆阳市74.61、平凉市74.50、张掖市73.79、武威市73.08、嘉峪关市72.44、陇南市71.36、白银市71.31，处于一般劣势；金昌市69.43、临夏州69.41、定西市69.28、甘南州65.00，处于绝对劣势。14个市（州）县域竞争力水平归类分布情况如表6所示。

表6 2019年甘肃省14市（州）县域竞争力水平归类分布一览

评价标准	市（州）名称	个数
绝对优势	兰州市	1
一般优势	—	0
中势	酒泉市、天水市	2
一般劣势	庆阳市、平凉市、张掖市、武威市、嘉峪关市、陇南市、白银市	7
绝对劣势	金昌市、临夏州、定西市、甘南州	4

2. 结果分析

从14个市（州）总体来看，均值为73.29，与86个县（市、区）均值相差1.74，处在一般劣势；极差、方差、标准差明显增大，说明14个市（州）之间总体差异不小，结合86个县（市、区）的评价结果，反映出各市（州）所辖县域之间存在较大差异，各市（州）所辖县域之间发展不均衡（见表5）。

从 14 个市（州）县域竞争力 8 个一级指标极差、方差、标准差来看，与 86 个县（市、区）相比较明显增大；同时结合 86 个县（市、区）评价结果，也说明各市（州）所辖县域之间存在较大差异，各市（州）所辖县域之间要素配置不均衡（见表 5）。

从排序变动来看，排序上升的有 6 个市（州），为：平凉市、天水市、酒泉市、白银市、金昌市和临夏州；排序未变的有 2 个市（州），为兰州市和甘南州；排序下降的有 6 个市州，为：定西市、庆阳市、张掖市、武威市、嘉峪关市、陇南市（见表 5）。

四 甘肃省县域竞争力子系统评价分析

（一）甘肃省县域宏观经济竞争力子系统评价分析

1. 甘肃省县域宏观经济竞争力子系统评价结果

（1）评价结果

通过对经济均量、经济总量、金融资本 3 个二级指标进行计算和分析，2019 年甘肃省 86 个县（市、区）宏观经济竞争力评价情况如表 7 所示。

表 7　2019 年甘肃省县域宏观经济竞争力评价

县（市、区）	2019 年综合排序	2018 年综合排序	排序变化	宏观经济竞争力得分			
				综合竞争力	经济均量竞争力	经济总量竞争力	金融资本竞争力
城关区	1	1	0	90.00	89.33	90.00	90.00
七里河区	2	2	0	84.49	86.94	84.87	83.40
西固区	3	3	0	83.10	88.02	81.95	81.41
安宁区	4	4	0	81.17	87.00	79.79	79.68
肃州区	5	7	2	81.09	84.10	81.99	80.64
白银区	6	5	−1	81.04	85.88	80.84	79.58
凉州区	7	6	−1	80.84	79.75	84.89	82.15
金川区	8	8	0	80.40	87.52	78.15	78.67

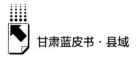

续表

县（市、区）	2019年综合排序	2018年综合排序	排序变化	宏观经济竞争力得分			
				综合竞争力	经济均量竞争力	经济总量竞争力	金融资本竞争力
西峰区	9	9	0	80.19	82.42	81.81	80.42
甘州区	10	10	0	79.38	80.47	82.09	80.26
秦州区	11	11	0	79.21	78.29	82.59	81.87
敦煌市	12	13	1	78.28	84.56	76.75	77.95
红古区	13	12	−1	78.23	85.92	77.51	75.47
临夏市	14	18	4	77.62	78.20	78.22	82.14
崆峒区	15	14	−1	77.50	77.99	80.79	79.52
榆中县	16	16	0	76.82	77.47	80.16	78.95
玉门市	17	17	0	76.80	84.22	77.20	74.00
麦积区	18	15	−3	76.57	76.47	81.26	78.37
皋兰县	19	19	0	76.21	81.88	76.47	75.89
瓜州县	20	20	0	75.70	83.52	75.43	73.69
安定区	21	28	7	75.42	75.45	79.48	78.29
武都区	22	23	1	75.41	74.52	80.32	78.53
民勤县	23	22	−1	75.01	78.40	77.01	76.27
永昌县	24	26	2	74.79	79.71	76.14	75.03
平川区	25	25	0	74.66	80.10	74.99	75.38
永登县	26	27	1	74.64	76.60	77.80	76.58
环县	27	32	5	74.55	77.15	79.19	74.34
华亭市	28	24	−4	74.51	79.68	75.82	74.63
金塔县	29	29	0	73.87	81.87	73.75	72.46
庆城县	30	21	−9	73.84	77.09	76.16	75.53
天祝藏族自治县	31	34	3	73.76	77.25	77.53	73.80
山丹县	32	31	−1	73.74	79.18	74.80	74.21
陇西县	33	33	0	73.65	73.76	78.12	76.97
镇原县	34	39	5	73.52	74.85	78.09	75.39
高台县	35	30	−5	73.10	79.09	73.78	73.66
静宁县	36	49	13	73.07	73.91	78.22	75.18
靖远县	37	38	1	73.07	74.16	78.13	74.97
合作市	38	40	2	73.02	79.34	74.04	72.89
临洮县	39	42	3	72.94	72.50	77.73	76.98
华池县	40	36	−4	72.93	79.53	74.82	71.66
临泽县	41	37	−4	72.91	79.29	73.25	73.43

县（市、区）	2019年综合排序	2018年综合排序	排序变化	宏观经济竞争力得分			
				综合竞争力	经济均量竞争力	经济总量竞争力	金融资本竞争力
景泰县	42	35	−7	72.85	77.13	75.16	73.90
肃北蒙古族自治县	43	46	3	72.76	90.00	68.10	65.71
秦安县	44	48	4	72.71	72.76	77.45	76.33
民乐县	45	44	−1	72.63	76.70	75.29	73.70
合水县	46	47	1	72.52	78.34	74.01	72.75
庄浪县	47	52	5	72.35	73.42	77.41	74.66
甘谷县	48	51	3	72.25	72.47	77.46	75.46
成县	49	45	−4	72.15	74.72	75.12	74.89
宁县	50	41	−9	72.12	73.62	75.50	75.72
肃南裕固族自治县	51	43	−8	72.09	84.76	70.99	67.19
崇信县	52	54	2	71.57	79.71	71.80	70.88
武山县	53	55	2	71.41	72.49	75.81	74.87
阿克塞哈萨克族自治县	54	56	2	71.28	89.79	65.15	65.00
永靖县	55	60	5	71.18	73.30	75.02	74.10
会宁县	56	58	2	71.18	69.89	77.99	75.10
古浪县	57	53	−4	71.12	71.34	76.49	74.75
徽县	58	50	−8	70.91	74.21	73.46	73.88
泾川县	59	59	0	70.73	72.96	73.66	74.65
岷县	60	62	2	70.22	69.91	75.40	75.15
正宁县	61	57	−4	69.87	74.56	71.27	72.93
礼县	62	61	−1	69.81	68.71	75.68	75.17
文县	63	66	3	69.69	71.77	73.71	73.28
通渭县	64	65	1	69.66	69.68	75.31	74.04
舟曲县	65	69	4	69.59	73.44	72.51	72.26
清水县	66	63	−3	69.16	71.43	73.22	72.76
西和县	67	68	1	68.84	68.19	74.10	74.81
灵台县	68	64	−4	68.70	71.82	71.46	72.83
渭源县	69	70	1	68.64	69.71	73.42	73.20
宕昌县	70	72	2	68.56	69.64	73.44	73.06
玛曲县	71	71	0	68.45	77.56	70.18	66.79
卓尼县	72	81	9	68.42	73.85	71.40	69.80
临夏县	73	67	−6	68.30	68.81	74.34	72.45
迭部县	74	82	8	68.18	76.08	69.42	68.56

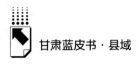

续表

县（市、区）	2019年综合排序	2018年综合排序	排序变化	宏观经济竞争力得分			
				综合竞争力	经济均量竞争力	经济总量竞争力	金融资本竞争力
夏河县	75	74	-1	68.12	74.65	70.43	69.07
张家川回族自治县	76	73	-3	68.12	69.47	72.56	72.95
康县	77	79	2	67.18	70.21	70.24	71.93
临潭县	78	77	-1	67.15	70.92	70.26	71.02
漳县	79	76	-3	67.10	70.49	70.34	71.31
康乐县	80	75	-5	66.86	68.41	71.72	71.70
广河县	81	78	-3	66.53	68.21	71.24	71.56
碌曲县	82	80	-2	66.26	76.13	66.72	66.13
和政县	83	83	0	66.00	68.11	70.62	70.90
积石山保安族东乡族撒拉族自治县	84	85	1	65.71	67.00	71.50	70.57
两当县	85	84	-1	65.48	73.82	65.00	68.50
东乡族自治县	86	86	0	65.00	65.00	72.49	70.03
均值				72.98	76.50	75.53	74.61
极差				25.00	25.00	25.00	25.00
方差				22.62	34.82	19.12	17.39
标准差				4.76	5.90	4.37	4.17

资料来源：根据《甘肃发展年鉴》（2019）和甘肃省统计局提供的数据计算所得。

根据2019年甘肃省县域宏观经济竞争力得分，甘肃省86个县（市、区）处于绝对优势的县（市、区）只有1个，为兰州市城关区；处于一般优势的县（市、区）有8个，包括：七里河区、西固区、安宁区、肃州区、白银区、凉州区、金川区、西峰区；处于中势的县（市、区）有14个，包括：甘州区、秦州区、敦煌市、红古区、临夏市、崆峒区、榆中县、玉门市、麦积区、皋兰县、瓜州县、安定区、武都区、民勤县；处于一般劣势的县（市、区）有37个，包括：永昌县、平川区、永登县、环县、华亭市、金塔县、庆城县、天祝藏族自治县、山丹县、陇西县、镇原县、高台县、静宁县、靖远县、合作市、临洮县、华池县、临泽县、景泰县、肃北蒙古族自治县、秦安县、民乐县、合水县、庄浪县、甘谷县、成县、宁县、肃南裕固族自治县、崇信县、武山县、阿克塞哈萨克族自治县、永靖县、会宁县、古浪县、徽县、泾川县、岷县；处于绝对劣势的县（市、区）有 26 个，包括：正宁县、礼县、文县、通渭县、舟曲县、清水县、西和县、灵台县、渭源县、宕昌县、玛曲县、卓尼县、临夏县、迭部县、夏河县、张家川回族自治县、康县、临潭县、漳县、康乐县、广河县、碌曲县、和政县、积石山保安族东乡族撒拉族自治县、两当县、东乡族自治县（见表 8）。

表 8　2019 年甘肃省县域宏观经济竞争力水平归类分布一览

评价标准	县（市、区）名称	个数	贫困县（市、区）个数	
			2019 年	2018 年
绝对优势	城关区	1	0	0
一般优势	七里河区、西固区、安宁区、肃州区、白银区、凉州区、金川区、西峰区	8	0	0
中势	甘州区、秦州区、敦煌市、红古区、临夏市、崆峒区、榆中县、玉门市、麦积区、皋兰县、瓜州县、安定区、武都区、民勤县	14	7	9
一般劣势	永昌县、平川区、永登县、环县、华亭市、金塔县、庆城县、天祝藏族自治县、山丹县、陇西县、镇原县、高台县、静宁县、靖远县、合作市、临洮县、华池县、临泽县、景泰县、肃北蒙古族自治县、秦安县、民乐县、合水县、庄浪县、甘谷县、成县、宁县、肃南裕固族自治县、崇信县、武山县、阿克塞哈萨克族自治县、永靖县、会宁县、古浪县、徽县、泾川县、岷县	37	25	25
绝对劣势	正宁县、礼县、文县、通渭县、舟曲县、清水县、西和县、灵台县、渭源县、宕昌县、玛曲县、卓尼县、临夏县、迭部县、夏河县、张家川回族自治县、康县、临潭县、漳县、康乐县、广河县、碌曲县、和政县、积石山保安族东乡族撒拉族自治县、两当县、东乡族自治县	26	26	24

（2）结果分析

2019 年甘肃省县域宏观经济竞争力 86 个县（市、区）得分均值为 73.08，处于一般劣势，其极差、方差、标准差均相对较大，差异性较大，86 个县（市、区）之间发展很不均衡；经济均量竞争力和经济总量竞争力的均值分别为 76.50 和 75.17，均处于中势；金融资本竞争力均值为 74.61，

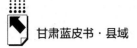

处于一般劣势；从3个二级指标的极差、方差、标准差来看，都存在较大差异，在86个县（市、区）之间3个要素配置严重失衡（见表7）。

从86个县（市、区）宏观经济竞争力水平归类分布来看，行政区域分布特征明显；兰州市周边县（市）及市（州）所在县域宏观经济竞争力提升较快，其他县（市、区）宏观经济竞争力提升相对较慢，但上升趋势依然存在（见表8）。在58个特困县（市、区）中宏观经济竞争力处于中势及以上的贫困县（市、区）有7个，占58个特困连片区县（市、区）的12.07%，比2018年减少了2个县域，比重下降了3.45个百分点。

从排序变化来看，排序上升的有35个县（市、区），其中升幅较大的为：静宁县、卓尼县、迭部县、安定区、环县、镇原县、庄浪县、永靖县，分别上升了13、9、8、7、5、5、5、5位；城关区、七里河区、西固区、安宁区、金川区、西峰区、甘州区、秦州区、榆中县、玉门市、皋兰县、瓜州县、平川区、金塔县、陇西县、泾川县、玛曲县、和政县和东乡族自治县19个县（市、区）排序未变；排序下降的有32个县（市、区），其中降幅较大的为：庆城县、宁县、肃南裕固族自治县、徽县、景泰县、临夏县、高台县、康乐县，分别下降了9、9、8、8、7、6、5、5位。相对于2018年县域宏观竞争力排序变化，2019年县域宏观竞争力排序波动较小（见表7）。

2. 甘肃省市（州）县域宏观经济竞争力子系统评价分析

（1）评价结果

2019年甘肃省14个市（州）县域宏观经济竞争力综合评价情况如表9所示。

表9 2019年甘肃省14个市（州）县域宏观经济竞争力评价

市（州）	2019年综合排序	2018年综合排序	排序变化	宏观经济竞争力得分			
				综合竞争力	经济均量竞争力	经济总量竞争力	金融资本竞争力
兰州市	1	1	0	90.00	90.00	90.00	90.00
酒泉市	2	2	0	77.17	87.87	74.89	74.23
庆阳市	3	3	0	74.69	76.38	77.34	75.50

续表

市 (州)	2019年综合排序	2018年综合排序	排序变化	宏观经济竞争力得分			
				综合竞争力	经济均量竞争力	经济总量竞争力	金融资本竞争力
张掖市	4	5	1	73.22	80.61	72.79	72.61
天水市	5	4	−1	73.10	69.74	77.19	77.40
武威市	6	7	1	72.35	74.11	74.21	74.67
白银市	7	8	1	71.74	74.58	74.00	72.88
平凉市	8	6	−2	71.59	72.66	74.41	73.78
嘉峪关市	9	11	2	70.96	88.84	65.00	67.49
陇南市	10	9	−1	69.32	66.99	73.23	74.14
定西市	11	10	−1	69.05	66.01	73.18	74.36
金昌市	12	13	1	68.34	80.98	65.28	67.37
临夏州	13	12	−1	67.87	65.00	70.59	74.83
甘南州	14	14	0	65.00	73.04	66.06	65.00
均值				72.46	76.20	73.44	73.88
极差				25.00	25.00	25.00	25.00
方差				34.96	70.31	39.11	33.96
标准差				5.91	8.39	6.25	5.83

资料来源：根据《甘肃发展年鉴》（2019）和甘肃省统计局提供的数据计算所得。

2019年甘肃省14个市（州）县域宏观经济竞争力得分：兰州市90.00，处于绝对优势，酒泉市77.17，处于中势；庆阳市74.69、张掖市73.22、天水市73.10、武威市72.35、白银市71.74、平凉市71.59、嘉峪关市70.96，处于一般劣势；陇南市69.32、定西市69.05、金昌市68.34、临夏州67.87、甘南州65.00，处于绝对劣势；14个市（州）县域宏观经济竞争力得分均无处于一般优势的情况（见表10）。

表10　2019年甘肃省14个市（州）县域宏观经济竞争力水平归类分布一览

评价标准	市(州)名称	个数
绝对优势	兰州市	1
一般优势	—	0
中势	酒泉市	1
一般劣势	庆阳市、张掖市、天水市、武威市、白银市、平凉市、嘉峪关市	7
绝对劣势	陇南市、定西市、金昌市、临夏州、甘南州	5

（2）结果分析

从 14 个市（州）宏观经济竞争力总体来看，均值为 72.46，与 86 个县（市、区）结果一致，均处在一般劣势；经济均量均值为 76.20，处在中势；经济总量均值为 73.44、金融资本均值为 73.88，均处于一般劣势；经济均量、经济总量和金融资本极差、方差、标准差较大，说明在 14 个市（州）之间存在一定差异，结合 86 个县（市、区）的评价结果，反映了各市（州）所辖县域之间存在较大差异，各市（州）所辖县域之间发展不均衡（见表 9）。

14 个市（州）县域宏观经济竞争力 3 个二级指标方差和标准差，与 86 个县（市、区）相比较略有扩大，存在较大差异，要素配置很不均衡；同时结合 86 个县（市、区）评价结果，也说明各市（州）所辖县域之间存在较大差异，各市（州）所辖县域之间要素配置很不均衡（见表 9）。

从排序变化来看，排序上升的有 5 个市（州），为：嘉峪关市、张掖市、武威市、白银市、金昌市；排序未变的有 4 个市（州），为：兰州市、酒泉市、庆阳市、甘南州；排序下降的有 5 个市（州），为：平凉市、天水市、陇南市、定西市、临夏州（见表 9）。

（二）甘肃省县域产业发展竞争力子系统评价分析

1. 甘肃省县域产业发展竞争力子系统评价结果

（1）评价结果

通过对产业总量竞争力、产业结构竞争力、产业效率竞争力、农业产业化竞争力 4 个二级指标进行计算和分析，2019 年甘肃省 86 个县（市、区）产业发展竞争力评价情况如表 11 所示。

根据 2019 年甘肃省县域产业发展竞争力得分，甘肃省 86 个县（市、区）处于绝对优势的县（市、区）有安宁区 1 个；处于一般优势的县（市、区）有 7 个，包括：城关区、西固区、榆中县、七里河区、皋兰县、甘州区、白银区；处于中势的县（市、区）有 26 个，包括：凉州区、肃州区、

表11 2019年甘肃省县域产业发展竞争力评价

县(市、区)	2019年综合排序	2018年综合排序	排序变化	产业发展竞争力得分				
				综合竞争力	产业总量竞争力	产业结构竞争力	产业效率竞争力	农业产业化竞争力
安宁区	1	1	0	90.00	84.66	88.18	83.00	90.00
城关区	2	3	1	82.25	90.00	90.00	78.57	69.23
西固区	3	2	-1	81.32	87.05	84.74	78.21	71.88
榆中县	4	4	0	81.10	83.38	81.57	90.00	68.91
七里河区	5	5	0	80.90	86.77	86.77	80.90	69.16
皋兰县	6	15	9	80.49	81.11	81.31	87.89	71.48
甘州区	7	8	1	80.46	82.93	79.22	80.24	74.58
白银区	8	11	3	80.24	85.22	84.73	80.31	70.24
凉州区	9	7	-2	79.85	84.42	76.71	75.82	74.87
肃州区	10	18	8	79.35	82.69	80.70	77.59	73.71
红古区	11	13	2	79.31	82.52	82.24	78.95	72.63
秦州区	12	14	2	79.25	84.12	83.78	83.21	67.70
西峰区	13	10	-3	79.05	84.97	84.54	78.23	69.24
玉门市	14	9	-5	78.90	82.71	78.64	75.59	74.39
临夏市	15	12	-3	78.43	80.39	89.04	77.99	72.15
金川区	16	6	-10	78.30	85.15	81.74	77.96	68.16
崆峒区	17	23	6	78.25	82.56	84.83	80.04	68.98
永登县	18	26	8	77.70	81.96	82.50	78.81	69.74
麦积区	19	16	-3	77.61	83.08	81.60	80.77	67.26
永昌县	20	17	-3	77.53	80.72	76.35	78.14	72.55
瓜州县	21	19	-2	77.47	80.68	78.59	75.56	73.55
安定区	22	20	-2	77.01	81.15	82.89	79.63	68.53
民乐县	23	25	2	76.98	78.64	72.48	80.64	72.97
临泽县	24	28	4	76.68	77.96	72.12	78.80	74.29
永靖县	25	37	12	76.67	79.52	80.56	78.49	70.84
临洮县	26	21	-5	76.37	79.98	80.19	79.13	69.34
山丹县	27	29	2	76.37	78.73	75.98	79.30	71.56
高台县	28	32	4	76.10	78.08	73.06	77.55	73.45
成县	29	30	1	76.09	80.05	81.03	79.21	68.40
陇西县	30	34	4	75.97	80.12	80.12	79.03	68.38
徽县	31	24	-7	75.67	79.18	77.01	79.74	69.01
武都区	32	42	10	75.64	80.11	81.64	80.96	66.12

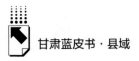
续表

县（市、区）	2019年综合排序	2018年综合排序	排序变化	产业发展竞争力得分				
				综合竞争力	产业总量竞争力	产业结构竞争力	产业效率竞争力	农业产业化竞争力
平川区	33	33	0	75.52	80.39	81.53	75.84	68.75
镇原县	34	48	14	75.36	78.92	73.81	81.09	68.50
民勤县	35	35	0	74.95	78.60	66.85	73.02	74.53
景泰县	36	57	21	74.94	79.03	73.59	76.19	70.55
文县	37	55	18	74.68	78.74	83.67	78.16	66.82
敦煌市	38	36	−2	74.67	79.35	82.67	71.75	70.31
肃北蒙古族自治县	39	59	20	74.65	75.75	83.24	71.89	74.10
金塔县	40	31	−9	74.59	77.79	68.03	73.04	74.36
秦安县	41	45	4	74.49	77.96	77.01	78.67	68.45
合作市	42	41	−1	74.47	78.46	86.66	79.66	65.07
临夏县	43	38	−5	74.45	76.42	78.94	78.61	69.71
通渭县	44	44	0	74.16	77.43	80.17	78.86	67.49
甘谷县	45	40	−5	74.07	78.50	75.68	76.64	68.48
环县	46	22	−24	73.97	80.13	78.30	73.25	67.93
庆城县	47	49	2	73.90	79.35	78.82	74.69	67.66
靖远县	48	43	−5	73.77	78.10	65.00	76.97	70.46
华亭市	49	27	−22	73.74	80.10	80.30	72.74	67.34
武山县	50	66	16	73.72	76.82	71.01	77.85	69.88
东乡族自治县	51	60	9	73.51	76.45	78.31	80.73	66.41
华池县	52	62	10	73.46	77.73	79.59	76.68	67.09
广河县	53	46	−7	73.46	74.35	77.89	78.53	70.11
静宁县	54	65	11	73.31	77.47	70.34	77.77	68.43
肃南裕固族自治县	55	47	−8	73.22	76.72	74.52	74.66	70.07
会宁县	56	51	−5	73.02	78.47	70.19	74.58	68.68
漳县	57	52	−5	73.01	75.59	76.42	78.24	68.24
渭源县	58	69	11	72.88	75.59	73.28	78.26	68.63
崇信县	59	63	4	72.82	78.02	75.21	74.06	67.96
宁县	60	64	4	72.80	77.34	74.80	74.45	68.52
天祝藏族自治县	61	50	−11	72.75	78.12	75.98	70.32	69.84
和政县	62	67	5	72.65	75.28	82.26	80.36	65.18

县（市、区）	2019 年综合排序	2018 年综合排序	排序变化	产业发展竞争力得分				
				综合竞争力	产业总量竞争力	产业结构竞争力	产业效率竞争力	农业产业化竞争力
古浪县	63	54	−9	72.58	77.39	69.81	73.99	69.38
西和县	64	70	6	72.53	76.44	78.67	78.32	65.68
岷县	65	61	−4	72.44	74.95	80.02	76.30	68.10
卓尼县	66	78	12	72.32	75.55	79.85	74.89	68.08
康县	67	75	8	72.28	75.16	80.47	75.60	67.84
庄浪县	68	82	14	72.25	76.08	71.97	76.58	68.03
合水县	69	39	−30	72.23	77.11	78.80	71.58	68.41
灵台县	70	79	9	72.15	73.77	74.76	79.37	68.04
宕昌县	71	68	−3	71.87	73.26	79.64	75.80	69.14
清水县	72	53	−19	71.70	74.64	72.79	77.08	67.94
康乐县	73	58	−15	71.59	74.47	74.26	77.43	67.35
正宁县	74	73	−1	71.46	73.54	79.57	75.66	68.00
阿克塞哈萨克族自治县	75	56	−19	71.32	73.66	83.74	65.96	72.65
泾川县	76	86	10	71.25	76.21	78.22	71.47	67.45
张家川回族自治县	77	71	−6	71.14	74.47	74.14	75.36	67.67
礼县	78	76	−2	70.99	75.99	77.30	73.85	65.85
舟曲县	79	72	−7	70.42	73.90	81.36	71.22	67.67
两当县	80	77	−3	69.93	70.84	75.59	77.72	67.27
迭部县	81	74	−7	69.88	75.28	77.81	70.87	65.94
临潭县	82	80	−2	68.28	72.23	80.89	67.18	67.41
玛曲县	83	83	0	67.92	74.48	71.94	68.94	65.00
夏河县	84	81	−3	67.72	74.32	73.21	67.51	65.35
积石山保安族东乡族撒拉族自治县	85	85	0	67.65	65.00	84.47	78.31	66.44
碌曲县	86	84	−2	65.00	70.53	73.93	65.00	65.00
均值				74.78	78.41	78.40	76.79	69.45
极差				25.00	25.00	25.00	25.00	25.00
方差				14.78	16.31	25.15	17.17	11.43
标准差				3.84	4.04	5.01	4.14	3.38

资料来源：根据《甘肃发展年鉴》（2019）和甘肃省统计局提供的数据计算所得。

红古区、秦州区、西峰区、玉门市、临夏市、金川区、崆峒区、永登县、麦积区、永昌县、瓜州县、安定区、民乐县、临泽县、永靖县、临洮县、山丹县、高台县、成县、陇西县、徽县、武都区、平川区、镇原县;处于一般劣势的县(市、区)有45个,包括:民勤县、景泰县、文县、敦煌市、肃北蒙古族自治县、金塔县、秦安县、合作市、临夏县、通渭县、甘谷县、环县、庆城县、靖远县、华亭市、武山县、东乡族自治县、华池县、广河县、静宁县、肃南裕固族自治县、会宁县、漳县、渭源县、崇信县、宁县、天祝藏族自治县、和政县、古浪县、西和县、岷县、卓尼县、康县、庄浪县、合水县、灵台县、宕昌县、清水县、康乐县、正宁县、阿克塞哈萨克族自治县、泾川县、张家川回族自治县、礼县、舟曲县;处于绝对劣势的县(市、区)有7个,包括:两当县、迭部县、临潭县、玛曲县、夏河县、积石山保安族东乡族撒拉族自治县、碌曲县(见表12)。

表12 2019年甘肃省县域产业发展竞争力水平归类分布一览

评价标准	县(市、区)名称	个数	贫困县(市、区)个数	
			2019 年	2018 年
绝对优势	安宁区	1	0	0
一般优势	城关区、西固区、榆中县、七里河区、皋兰区、甘州区、白银区	7	2	2
中势	凉州区、肃州区、红古区、秦州区、西峰区、玉门市、临夏市、金川区、崆峒区、永登县、麦积区、永昌县、瓜州县、安定区、民乐县、临泽县、永靖县、临洮县、山丹县、高台县、成县、陇西县、徽县、武都区、平川区、镇原县	26	12	21
一般劣势	民勤县、景泰县、文县、敦煌市、肃北蒙古族自治县、金塔县、秦安县、合作市、临夏县、通渭县、甘谷县、环县、庆城县、靖远县、华亭市、武山县、东乡族自治县、华池县、广河县、静宁县、肃南裕固族自治县、会宁县、漳县、渭源县、崇信县、宁县、天祝藏族自治县、和政县、古浪县、西和县、岷县、卓尼县、康县、庄浪县、合水县、灵台县、宕昌县、清水县、康乐县、正宁县、阿克塞哈萨克族自治县、泾川县、张家川回族自治县、礼县、舟曲县	45	37	29
绝对劣势	两当县、迭部县、临潭县、玛曲县、夏河县、积石山保安族东乡族撒拉族自治县、碌曲县	7	7	6

（2）结果分析

2019 年甘肃省县域产业发展竞争力 86 个县（市、区）得分均值为 74.78，处于一般劣势，其极差、方差、标准差均相对较大，存在一定差异，86 个县（市、区）之间发展相对不均衡；产业总量竞争力均值为 78.41，产业结构竞争力均值为 78.40，产业效率竞争力均值为 76.79，均处于中势；农业产业化竞争力均值为 69.45，处于绝对劣势；从 4 个二级指标的极差、方差、标准差来看，产业结构竞争力存在较大差异，在 86 个县（市、区）之间，要素配置严重失衡（见表 11）。

从 86 个县（市、区）产业发展竞争力水平归类分布来看，行政区域分布特征明显；兰州市周边县（市）及特色产业优势明显的县域产业发展竞争力提升较快，其他县域产业发展竞争力提升相对较慢。在 58 个特困县（市、区）中产业发展竞争力处于中势及以上的有 14 个，占 58 个特困连片区县域的 24.14%，比 2018 年减少了 9 个县域，比重下降了 15.52 个百分点（见表 12）。

从排序变化来看，排序上升的为 37 个县（市、区），其中升幅较大的为：景泰县、肃北蒙古族自治县、文县、武山县、镇原县、庄浪县、永靖县、卓尼县、静宁县、渭源县、武都区、华池县、泾川县、皋兰县、东乡族自治县、灵台县、肃州区、永登县、康县、崆峒区、西和县、和政县，分别上升了 21、20、18、16、14、14、12、12、11、11、10、10、10、9、9、8、8、8、6、6、5 位；安宁区、榆中县、七里河区、平川区、民勤县、通渭县、玛曲县、积石山保安族东乡族撒拉族自治县 8 个县（市、区）排序未变；排序下降的有 41 个县（市、区），其中降幅较大的为：合水县、环县、华亭市、清水县、阿克塞哈萨克族自治县、康乐县、天祝藏族自治县、金川区、金塔县、古浪县、肃南裕固族自治县、徽县、广河县、舟曲县、迭部县、张家川回族自治县、玉门市、临洮县、临夏县、甘谷县、靖远县、会宁县、漳县，分别下降了 30、24、22、19、19、15、11、10、9、9、8、7、7、7、7、6、5、5、5、5、5、5、5位(见表11)。

2. 甘肃省市（州）县域产业发展竞争力子系统评价分析

（1）评价结果

2019 年甘肃省 14 个市（州）县域产业发展竞争力综合评价情况如表 13 所示。

表 13　2019 年甘肃省 14 个市（州）县域产业发展竞争力评价

市（州）	2019 年综合排序	2018 年综合排序	排序变化	产业发展竞争力得分				
				综合竞争力	产业总量竞争力	产业结构竞争力	产业效率竞争力	农业产业化竞争力
兰州市	1	1	0	90.00	90.00	90.00	87.51	73.25
嘉峪关市	2	2	0	83.24	74.97	81.62	90.00	82.24
酒泉市	3	6	3	82.19	76.74	73.26	73.51	90.00
天水市	4	4	0	80.11	76.33	74.46	89.08	73.30
张掖市	5	7	2	78.78	72.79	68.08	79.47	84.70
白银市	6	9	3	77.96	76.74	71.39	78.52	74.66
金昌市	7	3	-4	77.19	75.41	75.28	84.45	69.56
庆阳市	8	8	0	76.43	77.60	74.64	77.81	68.16
武威市	9	5	-4	76.13	72.94	65.00	65.00	87.85
陇南市	10	12	2	75.25	72.84	76.58	85.32	67.69
临夏州	11	11	0	75.11	70.05	81.37	86.54	70.24
定西市	12	10	-2	74.55	72.17	76.48	82.23	69.12
平凉市	13	13	0	74.53	73.45	71.97	79.11	70.20
甘南州	14	14	0	65.00	65.00	76.14	67.81	65.00
均值				77.60	74.79	75.45	80.45	74.71
极差				25.00	25.00	25.00	25.00	25.00
方差				31.34	29.83	37.39	58.13	65.50
标准差				5.60	5.46	6.12	7.62	8.09

资料来源：根据《甘肃发展年鉴》（2019）和甘肃省统计局提供的数据计算所得。

2019 年甘肃省 14 个市（州）县域产业发展竞争力得分：兰州市 90.00，处于绝对优势；嘉峪关市 83.24、酒泉市 82.19、天水市 80.11，均处于一般优势；张掖市 78.78、白银市 77.96、金昌市 77.19、庆阳市 76.43、武威市 76.13、陇南市 75.25、临夏州 75.11，均处于中势；定西市 74.55、平凉市 74.53，均处于一般劣势；甘南州 65.00，处于绝对劣势（见表 14）。

表14 2019年甘肃省14个市（州）县域产业发展竞争力水平归类分布一览

评价标准	市（州）名称	个数
绝对优势	兰州市	1
一般优势	嘉峪关市、酒泉市、天水市	3
中势	张掖市、白银市、金昌市、庆阳市、武威市、陇南市、临夏州	7
一般劣势	定西市、平凉市	2
绝对劣势	甘南州	1

（2）结果分析

从14个市（州）产业发展竞争力总体来看，均值为77.60，与86个县（市、区）结果一致，均处在中势；产业效率竞争力均值为80.45，处于一般优势，产业结构竞争力均值为75.45，处于中势，产业总量竞争力和农业产业化竞争力均值分别为74.79和74.71，均处于一般劣势。

14个市（州）县域产业发展竞争力4个二级指标方差、标准差，与86个县（市、区）相比较明显扩大，要素配置很不均衡；同时结合86个县（市、区）评价结果，也说明各市（州）所辖县域之间存在较大差异，各市（州）所辖县域之间要素配置很不均衡（见表13）。

从排序变化来看，排序上升的有4个市（州），分别为酒泉市、白银市、张掖市、陇南市；排序未变的有7个市（州），分别为兰州市、嘉峪关市、天水市、庆阳市、临夏州、平凉市、甘南州；排序下降的有3个市（州），为：武威市、金昌市和定西市（见表13）。

（三）甘肃省县域基础设施竞争力子系统评价分析

1. 甘肃省县域基础设施竞争力子系统评价结果

（1）评价结果

通过对生活条件竞争力、互联通信竞争力、公路交通竞争力3个二级指标进行计算和分析，2019年甘肃省86个县（市、区）基础设施竞争力评价情况如表15所示。

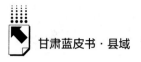

表15　2019年甘肃省县域基础设施竞争力评价

县（市、区）	2019年综合排序	2018年综合排序	排序变化	基础设施竞争力得分			
				综合竞争力	生活条件竞争力	互联通信竞争力	公路交通竞争力
城关区	1	1	0	90.00	87.78	90.00	71.72
西峰区	2	2	0	84.85	88.46	71.29	85.64
静宁县	3	6	3	84.60	87.90	70.10	87.02
肃州区	4	4	0	84.07	84.06	74.56	83.36
成县	5	18	13	83.92	87.00	72.51	83.69
甘州区	6	3	-3	83.72	84.93	73.04	84.07
金川区	7	10	3	83.29	89.36	77.32	75.58
秦州区	8	11	3	83.16	87.78	69.79	85.29
永昌县	9	21	12	83.02	82.32	75.13	82.19
广河县	10	5	-5	82.91	85.49	66.70	90.00
阿克塞哈萨克族自治县	11	17	6	82.35	89.70	78.19	72.90
甘谷县	12	27	15	82.25	82.38	69.17	88.05
临夏市	13	13	0	82.06	87.05	75.30	77.56
民乐县	14	8	-6	81.85	86.82	69.98	83.69
凉州区	15	12	-3	81.43	83.91	70.36	84.42
临洮县	16	34	18	81.32	86.72	69.48	83.53
白银区	17	19	2	81.30	83.88	74.23	79.67
武山县	18	22	4	81.28	83.50	70.28	84.54
泾川县	19	16	-3	81.17	87.18	69.10	83.46
景泰县	20	31	11	80.87	86.44	70.38	81.96
平川区	21	9	-12	80.81	86.50	71.58	80.40
崆峒区	22	14	-8	80.79	85.93	69.49	83.21
玉门市	23	15	-8	80.78	87.16	71.64	79.89
庄浪县	24	24	0	80.72	87.81	69.17	82.29
永靖县	25	62	37	80.52	88.13	70.84	79.82
清水县	26	32	6	80.31	83.62	69.79	83.58
山丹县	27	29	2	80.28	87.29	70.03	80.95
临泽县	28	26	-2	80.05	86.71	71.09	79.71
永登县	29	30	1	79.95	85.52	68.77	83.04
武都区	30	25	-5	79.87	85.26	66.25	86.08
康县	31	49	18	79.84	87.06	69.03	81.60
七里河区	32	28	-4	79.82	87.86	70.21	79.67

县（市、区）	2019 年综合排序	2018 年综合排序	排序变化	基础设施竞争力得分			
				综合竞争力	生活条件竞争力	互联通信竞争力	公路交通竞争力
崇信县	33	38	5	79.79	88.79	69.85	79.48
榆中县	34	33	−1	79.75	83.16	68.05	85.08
灵台县	35	37	2	79.71	87.40	68.50	81.83
靖远县	36	35	−1	79.55	85.55	69.00	82.15
临夏县	37	45	8	79.43	87.25	68.15	81.91
镇原县	38	51	13	79.42	85.82	68.32	82.60
宁县	39	44	5	79.42	87.82	68.21	81.46
高台县	40	48	8	79.33	84.07	71.21	80.15
临潭县	41	55	14	79.28	81.60	69.03	84.19
西和县	42	53	11	79.19	85.64	67.32	83.54
徽县	43	40	−3	79.12	85.38	70.16	80.23
渭源县	44	56	12	79.06	83.40	69.14	82.60
西固区	45	20	−25	78.94	88.49	71.64	76.26
文县	46	46	0	78.92	84.89	67.75	83.08
皋兰县	47	47	0	78.85	88.96	69.15	78.77
两当县	48	42	−6	78.77	85.98	69.67	79.91
合水县	49	43	−6	78.76	87.68	68.76	79.90
民勤县	50	41	−9	78.66	83.92	69.55	81.17
张家川回族自治县	51	7	−44	78.62	86.37	69.46	79.68
康乐县	52	36	−16	78.24	85.04	67.88	81.81
会宁县	53	67	14	77.74	75.07	68.91	86.10
陇西县	54	57	3	77.72	82.46	68.91	81.44
麦积区	55	39	−16	77.62	86.51	71.97	75.10
华亭市	56	52	−4	77.60	85.82	69.12	78.89
金塔县	57	50	−7	77.60	79.07	72.60	79.00
秦安县	58	58	0	77.56	82.55	67.54	82.76
瓜州县	59	23	−36	77.19	81.20	70.61	79.41
天祝藏族自治县	60	54	−6	77.15	81.49	68.97	81.11
漳县	61	64	3	76.16	83.58	68.10	79.32
庆城县	62	70	8	75.99	81.43	67.30	81.36
敦煌市	63	63	0	75.98	83.12	77.17	68.60
迭部县	64	69	5	75.73	82.83	67.86	79.43
岷县	65	65	0	75.55	87.64	66.62	77.59

续表

县(市、区)	2019年综合排序	2018年综合排序	排序变化	基础设施竞争力得分			
				综合竞争力	生活条件竞争力	互联通信竞争力	公路交通竞争力
正宁县	66	72	6	75.29	88.64	68.96	73.80
通渭县	67	66	-1	74.76	76.32	67.15	82.88
舟曲县	68	68	0	74.66	78.80	67.54	80.72
古浪县	69	59	-10	74.57	77.65	66.77	82.21
宕昌县	70	71	1	74.56	86.15	65.45	78.42
礼县	71	79	8	73.93	71.16	67.52	84.44
东乡族自治县	72	74	2	73.85	80.81	65.00	81.23
肃南裕固族自治县	73	73	0	73.84	85.50	69.84	72.53
卓尼县	74	80	6	73.34	78.37	68.98	77.29
安定区	75	78	3	72.91	81.22	68.14	75.83
肃北蒙古族自治县	76	61	-15	72.77	74.38	73.84	73.17
华池县	77	82	5	72.55	68.21	70.44	80.75
积石山保安族东乡族撒拉族自治县	78	75	-3	71.98	77.49	66.86	78.28
安宁区	79	81	2	71.92	90.00	71.35	65.00
玛曲县	80	77	-3	71.56	76.73	68.48	76.21
环县	81	83	2	71.09	65.00	68.80	82.49
碌曲县	82	85	3	70.48	79.41	69.41	71.35
合作市	83	76	-7	70.39	74.09	69.89	74.42
红古区	84	84	0	69.72	86.51	69.30	66.29
和政县	85	60	-25	65.91	79.99	68.27	65.85
夏河县	86	86	0	65.00	70.87	68.55	69.87
均值				78.15	83.71	70.03	79.97
极差				25.00	25.00	25.00	25.00
方差				18.37	24.62	10.92	23.53
标准差				4.29	4.96	3.30	4.85

资料来源：根据《甘肃发展年鉴》(2019)和甘肃省统计局提供的数据计算所得。

根据2019年甘肃省县域基础设施竞争力得分，甘肃省86个县（市、区）中处于绝对优势的县（市、区）只有城关区1个；处于一般优势的县（市、区）有 27 个，包括：西峰区、静宁县、肃州区、成县、甘州区、金川区、秦州区、永昌县、广河县、阿克塞哈萨克族自治县、甘谷县、临夏市、民乐县、凉州区、临洮县、白银区、武山县、泾川县、景泰县、平川区、崆峒区、玉门市、庄浪县、永靖县、清水县、山丹县、临泽县；处于中势的县（市、区）有 38 个，包括：永登县、武都区、康县、七里河区、崇信县、榆中县、灵台县、靖远县、临夏县、镇原县、宁县、高台县、临潭县、西和县、徽县、渭源县、西固区、文县、皋兰县、两当县、合水县、民勤县、张家川回族自治县、康乐县、会宁县、陇西县、麦积区、华亭市、金塔县、秦安县、瓜州县、天祝藏族自治县、漳县、庆城县、敦煌市、迭部县、岷县、正宁县；处于一般劣势的县（市、区）有 17 个，包括：通渭县、舟曲县、古浪县、宕昌县、礼县、东乡族自治县、肃南裕固族自治县、卓尼县、安定区、肃北蒙古族自治县、华池县、积石山保安族东乡族撒拉族自治县、安宁区、玛曲县、环县、碌曲县、合作市；处于绝对劣势的县（市、区）为 3 个，包括：红古区、和政县、夏河县（见表 16）。

表 16　2019 年甘肃省县域基础设施竞争力水平归类分布一览

评价标准	县(市、区)名称	个数	贫困县(市、区)个数	
			2019 年	2018 年
绝对优势	城关区	1	0	0
一般优势	西峰区、静宁县、肃州区、成县、甘州区、金川区、秦州区、永昌县、广河县、阿克塞哈萨克族自治县、甘谷县、临夏市、民乐县、凉州区、临洮县、白银区、武山县、泾川县、景泰县、平川区、崆峒区、玉门市、庄浪县、永靖县、清水县、山丹县、临泽县	27	13	5
中势	永登县、武都区、康县、七里河区、崇信县、榆中县、灵台县、靖远县、临夏县、镇原县、宁县、高台县、临潭县、西和县、徽县、渭源县、西固区、文县、皋兰县、两当县、合水县、民勤县、张家川回族自治县、康乐县、会宁县、陇西县、麦积区、华亭市、金塔县、秦安县、瓜州县、天祝藏族自治县、漳县、庆城县、敦煌市、迭部县、岷县、正宁县	38	29	29

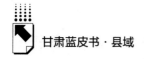

评价标准	县（市、区）名称	个数	贫困县（市、区）个数	
			2019 年	2018 年
一般劣势	通渭县、舟曲县、古浪县、宕昌县、礼县、东乡族自治县、肃南裕固族自治县、卓尼县、安定区、肃北蒙古族自治县、华池县、积石山保安族东乡族撒拉族自治县、安宁区、玛曲县、环县、碌曲县、合作市	17	14	19
绝对劣势	红古区、和政县、夏河县	3	2	5

（2）结果分析

2019 年甘肃省县域基础设施竞争力 86 个县（市、区）得分均值为 78.15，处于中势，其极差、方差、标准差均相对较大，差异性较大，86 个县（市、区）之间发展很不均衡；生活条件竞争力均值为 83.71，处于一般优势；公路交通竞争力均值为 79.97，处于中势；互联通信竞争力均值为 70.03，处于一般劣势；从 3 个二级指标的极差、方差、标准差来看，均存在较大差异，在 86 个县（市、区）之间，生活条件和公路交通配置存在严重失衡，互联通信配置存在较大失衡（见表 15）。

从 86 个县（市、区）基础设施竞争力水平归类分布来看，行政区域分布特征、地理位置特征及贫困特征均不太明显。市（州）所在县域基础设施竞争力提升较快，其他县域差异性不明显。在 58 个特困县（市、区）中基础设施竞争力处于中势及以上有 42 个，占 58 个特困连片区县域的 72.41%，比 2018 年增加了 8 个县域，比重增加了 13.79 个百分点（见表 16）。

从排序变化来看，排序上升的有 40 个县（市、区），升幅较大的县（市、区）有：永靖县、临洮县、康县、甘谷县、临潭县、会宁县、成县、镇原县、永昌县、渭源县、景泰县、西和县、临夏县、高台县、庆城县、礼县、阿克塞哈萨克族自治县、清水县、正宁县、卓尼县、崇信县、宁县、迭部县、华池县，分别上升 37、18、18、15、14、14、13、13、12、12、11、11、8、8、8、8、6、6、6、6、5、5、5、5 位；城关区、西峰区、肃州区、临夏市、庄浪县、文县、皋兰县、秦安县、敦煌市、岷县、舟曲县、肃南裕固族自治县、红古区、夏河县 14 个县（市、区）排序未变；排序下降的有

32 个县（市、区），降幅较大的县（市、区）有：张家川回族自治县、瓜州县、西固区、和政县、康乐县、麦积区、肃北蒙古族自治县、平川区、古浪县、民勤县、崆峒区、玉门市、金塔县、合作市、民乐县、两当县、合水县、天祝藏族自治县、广河县、武都区，分别下降 44、36、25、25、16、16、15、12、10、9、8、8、7、7、6、6、6、6、5、5 位（见表15）。

2. 甘肃省市（州）县域基础设施竞争力子系统评价分析

（1）评价结果

2019 年甘肃省14 个市（州）县域基础设施竞争力综合评价情况如表17所示。

表17　2019 年甘肃省14 个市（州）县域基础设施竞争力评价

市（州）	2019 年综合排序	2018 年综合排序	排序变化	基础设施竞争力得分			
				综合竞争力	生活条件竞争力	互联通信竞争力	公路交通竞争力
兰州市	1	1	0	90.00	85.52	80.54	83.21
平凉市	2	2	0	87.64	90.00	67.80	89.02
天水市	3	4	1	85.45	83.76	68.35	89.83
嘉峪关市	4	3	−1	84.87	87.96	90.00	65.00
金昌市	5	7	2	82.70	84.96	80.52	73.26
张掖市	6	5	−1	81.51	86.17	71.70	79.26
陇南市	7	8	1	80.84	78.89	65.00	90.00
临夏州	8	6	−2	80.55	81.53	66.28	86.46
白银市	9	11	2	80.44	77.63	69.79	85.67
定西市	10	13	3	77.37	79.67	65.78	83.76
庆阳市	11	12	1	76.61	73.80	66.90	85.77
武威市	12	10	−2	76.58	77.60	67.85	82.10
酒泉市	13	9	−4	75.95	78.33	76.05	72.73
甘南州	14	14	0	65.00	65.00	66.31	76.12
均值				80.39	80.77	71.63	81.59
极差				25.00	25.00	25.00	25.00
方差				37.83	41.80	55.07	55.22
标准差				6.15	6.47	7.42	7.43

资料来源：根据《甘肃发展年鉴》（2019）和甘肃省统计局提供的数据计算所得。

2019 年甘肃省 14 个市（州）县域基础设施竞争力得分：兰州市 90.00、平凉市 87.64、天水市 85.45，处于绝对优势；嘉峪关市 84.87、金昌市 82.70、张掖市 81.51、陇南市 80.84、临夏州 80.55、白银市 80.44，处于一般优势；定西市 77.37、庆阳市 76.61、武威市 76.58、酒泉市 75.95，处于中势；甘南州 65.00，处于绝对劣势（见表 18）。

表 18　2019 年甘肃省 14 个市（州）县域基础设施竞争力水平归类分布一览

评价标准	市(州)名称	个数
绝对优势	兰州市、平凉市、天水市	3
一般优势	嘉峪关市、金昌市、张掖市、陇南市、临夏州、白银市	6
中势	定西市、庆阳市、武威市、酒泉市	4
一般劣势	—	0
绝对劣势	甘南州	1

（2）结果分析

从 14 个市（州）基础设施竞争力总体来看，均值为 80.39，处于一般优势；公路交通竞争力均值为 81.59，生活条件竞争力均值为 80.77，处于一般优势；互联通信竞争力均值为 71.63，处于一般劣势；方差、标准差明显扩大，说明在 14 个市（州）之间存在较大差异，结合 86 个县（市、区）的评价结果，反映出各市（州）所辖县域之间存在较大差异，各市（州）所辖县域之间要素配置不均衡（见表 17）。

从排序变化来看，排序上升的有 6 个市（州），为：定西市、金昌市、白银市、天水市、陇南市、庆阳市；排序未变的有 3 个市（州），为：兰州市、平凉市、甘南州；排序下降的有 5 个市（州），为：酒泉市、临夏州、武威市、嘉峪关市、张掖市（见表 17）。

（四）甘肃省县域社会保障竞争力子系统评价分析

1. 甘肃省县域社会保障竞争力子系统评价结果

（1）评价结果

通过对医疗保险竞争力、养老保险竞争力、基本生活保障竞争力 3 个二级指标进行计算和分析，2019 年甘肃省 86 个县（市、区）社会保障竞争力评价情况如表 19 所示。

表 19　2019 年甘肃省县域社会保障竞争力评价

县（市、区）	2019年综合排序	2018年综合排序	排序变化	社会保障竞争力得分			
				综合竞争力	医疗保险竞争力	养老保险竞争力	基本生活保障竞争力
天祝藏族自治县	1	2	1	90.00	88.26	86.61	81.69
金塔县	2	3	1	89.95	89.65	82.75	85.21
安宁区	3	1	−2	89.70	83.03	90.00	90.00
碌曲县	4	25	21	89.62	89.38	84.02	81.92
敦煌市	5	8	3	88.17	89.04	78.74	87.92
肃北蒙古族自治县	6	11	5	87.41	90.00	77.22	84.71
成县	7	19	12	87.40	89.02	79.33	83.33
临夏县	8	42	34	87.37	88.84	80.70	80.86
两当县	9	5	−4	87.24	89.12	78.36	84.37
瓜州县	10	9	−1	86.93	88.83	77.12	86.62
康县	11	13	2	86.82	89.07	77.48	84.60
卓尼县	12	15	3	86.72	88.41	78.13	84.86
临潭县	13	57	44	86.58	88.51	79.82	80.32
榆中县	14	7	−7	86.54	87.67	78.03	86.71
华亭市	15	61	46	86.45	86.91	79.70	85.21
凉州区	16	10	−6	86.43	87.04	79.52	85.06
玉门市	17	45	28	86.35	88.31	78.60	82.56
徽县	18	4	−14	86.18	87.18	77.30	88.29
山丹县	19	47	28	86.11	87.81	80.39	79.30
迭部县	20	58	38	86.05	88.72	78.65	79.80
肃州区	21	16	−5	85.75	88.77	76.06	83.87
临泽县	22	6	−16	85.65	88.20	76.26	84.84
甘谷县	23	35	12	85.56	88.31	78.60	79.10
灵台县	24	12	−12	85.50	88.30	76.96	82.38
景泰县	25	33	8	85.20	87.89	77.59	81.05
静宁县	26	14	−12	85.09	87.61	80.45	75.32
积石山保安族东乡族撒拉族自治县	27	85	58	85.07	88.22	76.12	82.52

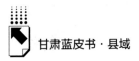

续表

县（市、区）	2019 年综合排序	2018 年综合排序	排序变化	社会保障竞争力得分			
				综合竞争力	医疗保险竞争力	养老保险竞争力	基本生活保障竞争力
永靖县	28	18	−10	84.88	88.67	73.77	85.26
渭源县	29	44	15	84.85	87.21	76.76	83.46
泾川县	30	31	1	84.78	86.21	77.96	83.83
岷县	31	51	20	84.65	88.77	75.25	80.78
陇西县	32	20	−12	84.64	87.13	76.21	83.98
秦安县	33	77	44	84.61	88.49	75.43	81.10
永登县	34	17	−17	84.53	87.76	74.15	85.85
临洮县	35	28	−7	84.52	87.94	74.41	84.68
张家川回族自治县	36	83	47	84.48	89.13	73.68	82.21
合作市	37	36	−1	84.15	89.64	74.42	77.53
广河县	38	56	18	83.98	88.22	75.74	78.53
会宁县	39	68	29	83.92	88.26	75.47	78.75
崇信县	40	22	−18	83.82	87.19	75.59	81.50
夏河县	41	81	40	83.73	85.11	77.63	83.46
华池县	42	23	−19	83.63	87.61	75.78	78.85
皋兰县	43	79	36	83.57	88.21	74.11	80.27
民勤县	44	38	−6	83.44	84.68	79.25	80.10
庆城县	45	21	−24	83.41	87.60	73.47	82.92
西峰区	46	30	−16	83.30	84.29	78.23	82.97
合水县	47	41	−6	83.24	86.90	74.90	81.36
高台县	48	26	−22	83.19	87.08	74.04	82.43
宁县	49	29	−20	83.18	86.63	75.80	80.08
清水县	50	40	−10	83.16	88.79	73.59	77.70
麦积区	51	34	−17	83.02	86.32	74.76	82.56
古浪县	52	71	19	82.99	86.39	73.66	84.57
宕昌县	53	60	7	82.95	88.44	73.15	78.86
靖远县	54	48	−6	82.90	87.81	72.07	82.99
环县	55	24	−31	82.88	87.66	73.13	81.11
舟曲县	56	37	−19	82.46	88.46	74.35	74.06
庄浪县	57	69	12	82.18	86.96	80.00	65.58
玛曲县	58	53	−5	82.17	88.09	72.38	78.20
甘州区	59	32	−27	81.60	85.69	71.60	85.12

续表

县（市、区）	2019年综合排序	2018年综合排序	排序变化	社会保障竞争力得分			
				综合竞争力	医疗保险竞争力	养老保险竞争力	基本生活保障竞争力
正宁县	60	43	-17	81.56	86.85	75.66	72.46
武山县	61	59	-2	81.45	85.76	73.58	79.99
永昌县	62	39	-23	81.37	86.65	70.49	83.38
镇原县	63	46	-17	81.37	87.67	70.01	81.07
和政县	64	74	10	81.34	89.60	74.55	65.00
西和县	65	70	5	81.21	86.75	71.28	80.63
崆峒区	66	52	-14	81.18	85.44	72.82	81.45
武都区	67	63	-4	81.05	85.77	69.37	87.20
西固区	68	67	-1	80.99	79.54	78.57	87.40
肃南裕固族自治县	69	49	-20	80.55	84.44	74.34	78.69
七里河区	70	50	-20	80.51	82.83	72.83	86.96
文县	71	62	-9	80.46	86.32	71.34	78.61
阿克塞哈萨克族自治县	72	84	12	80.26	87.72	65.00	86.77
安定区	73	78	5	80.13	84.98	71.98	80.11
红古区	74	80	6	79.78	80.96	78.96	76.65
临夏市	75	72	-3	79.57	84.49	71.29	80.74
漳县	76	76	0	79.45	85.48	69.33	81.17
金川区	77	27	-50	79.39	80.59	74.51	85.65
康乐县	78	64	-14	78.91	87.11	70.85	70.26
通渭县	79	65	-14	78.86	84.48	76.98	65.42
平川区	80	66	-14	78.84	83.56	70.98	81.20
礼县	81	54	-27	78.75	86.79	67.79	77.14
民乐县	82	55	-27	77.92	84.52	67.78	80.89
白银区	83	75	-8	77.92	81.02	75.84	74.93
秦州区	84	82	-2	77.05	81.07	71.84	79.47
东乡族自治县	85	86	1	76.15	83.43	73.02	65.40
城关区	86	73	-13	65.00	65.00	66.99	88.85
均值				83.28	86.61	75.50	81.17
极差				25.00	25.00	25.00	25.00
方差				13.25	10.61	16.68	25.30
标准差				3.64	3.26	4.08	5.03

资料来源：根据《甘肃发展年鉴》（2019）和甘肃省统计局提供的数据计算所得。

根据 2019 年甘肃省县域社会保障竞争力得分，甘肃省 86 个县（市、区）处于绝对优势的县（市、区）有 27 个，包括：天祝藏族自治县、金塔县、安宁区、碌曲县、敦煌市、肃北蒙古族自治县、成县、临夏县、两当县、瓜州县、康县、卓尼县、临潭县、榆中县、华亭市、凉州区、玉门市、徽县、山丹县、迭部县、肃州区、临泽县、甘谷县、灵台县、景泰县、静宁县、积石山保安族东乡族撒拉族自治县；处于一般优势的县（市、区）有46个，包括：永靖县、渭源县、泾川县、岷县、陇西县、秦安县、永登县、临洮县、张家川回族自治县、合作市、广河县、会宁县、崇信县、夏河县、华池县、皋兰县、民勤县、庆城县、西峰区、合水县、高台县、宁县、清水县、麦积区、古浪县、宕昌县、靖远县、环县、舟曲县、庄浪县、玛曲县、甘州区、正宁县、武山县、永昌县、镇原县、和政县、西和县、崆峒区、武都区、西固区、肃南裕固族自治县、七里河区、文县、阿克塞哈萨克族自治县、安定区；处于中势的县（市、区）有12个，包括：红古区、临夏市、漳县、金川区、康乐县、通渭县、平川区、礼县、民乐县、白银区、秦州区、东乡族自治县；处于绝对劣势的县（市、区）只有城关区1个（见表20）。

表20　2019年甘肃省县域社会保障竞争力水平归类分布一览

评价标准	县（市、区）名称	个数	贫困县（市、区）个数	
			2019年	2018年
绝对优势	天祝藏族自治县、金塔县、安宁区、碌曲县、敦煌市、肃北蒙古族自治县、成县、临夏县、两当县、瓜州县、康县、卓尼县、临潭县、榆中县、华亭市、凉州区、玉门市、徽县、山丹县、迭部县、肃州区、临泽县、甘谷县、灵台县、景泰县、静宁县、积石山保安族东乡族撒拉族自治县	27	16	1
一般优势	永靖县、渭源县、泾川县、岷县、陇西县、秦安县、永登县、临洮县、张家川回族自治县、合作市、广河县、会宁县、崇信县、夏河县、华池县、皋兰县、民勤县、庆城县、西峰区、合水县、高台县、宁县、清水县、麦积区、古浪县、宕昌县、靖远县、环县、舟曲县、庄浪县、玛曲县、甘州区、正宁县、武山县、永昌县、镇原县、和政县、西和县、崆峒区、武都区、西固区、肃南裕固族自治县、七里河区、文县、阿克塞哈萨克族自治县、安定区	46	36	23

评价标准	县(市、区)名称	个数	贫困县(市、区)个数	
			2019年	2018年
中势	红古区、临夏市、漳县、金川区、康乐县、通渭县、平川区、礼县、民乐县、白银区、秦州区、东乡族自治县	12	6	23
一般劣势	—	0	0	9
绝对劣势	城关区	1	0	2

（2）结果分析

2019年甘肃省县域社会保障竞争力86个县（市、区）得分均值为83.28，处于一般优势，其极差、方差、标准差均相对较大，差异性较大，86个县（市、区）之间发展很不均衡；医疗保险竞争力均值为86.61，处于绝对优势；基本生活保障竞争力均值为81.17，均处于一般优势；养老保险竞争力均值为75.50，处于中势；从3个二级指标的极差、方差、标准差来看，都存在较大差异，在86个县（市、区）之间3个要素配置较大失衡（见表19）。

从86个县（市、区）社会保障竞争力水平归类分布来看，行政区域分布特征、地理位置特征及贫困特征均不太明显。在58个特困县（市、区）的社会保障竞争力全部处于中势及以上，其中16个县（市、区）处于绝对优势，36个县（市、区）处于一般优势，比2018年增加了11个，比重增加了18.97个百分点，达到100%（见表20）。

从排序变化来看，排序上升的有35个县（市、区），升幅较大的县（市、区）为积石山保安族东乡族撒拉族自治县、张家川回族自治县、华亭市、临潭县、秦安县、夏河县、迭部县、皋兰县、临夏县、会宁县、玉门市、山丹县、碌曲县、岷县、古浪县、广河县、渭源县、成县、甘谷县、庄浪县、阿克塞哈萨克族自治县、和政县、景泰县、宕昌县、红古区、肃北蒙古族自治县、西和县、安定区，分别上升58、47、46、44、44、40、38、36、34、29、28、28、21、20、19、18、15、12、12、12、12、10、8、7、6、5、5、5位；只有漳县排序未变；排序下降的有50个县（市、区），降幅较大的县（市、区）为：金川区、环县、甘州区、礼县、民乐县、庆城县、永昌县、高台县、宁县、肃南裕固族自治县、七里河区、华池县、舟曲县、崇信县、永登县、麦积区、正宁县、镇原县、临泽县、西峰区、徽县、崆峒区、康乐县、通渭县、平川区、城关区、灵台县、静宁县、陇西县、永靖县、清水县、文县、白银区、榆中县、临洮县、凉州区、民勤县、合水县、靖远县、肃州区、玛曲县，分别下降50、31、27、27、27、24、23、22、20、20、20、19、19、18、17、17、17、17、16、16、14、14、14、14、14、13、12、12、12、10、10、9、8、7、7、6、6、6、6、5、5位（见表19）。

2. 甘肃省市（州）县域社会保障竞争力子系统评价分析

（1）评价结果

2019年甘肃省14个市（州）县域社会保障竞争力综合评价情况如表21所示。

表21 2019年甘肃省14个市（州）县域社会保障竞争力评价

市（州）	2019年综合排序	2018年综合排序	排序变化	社会保障竞争力得分			
				综合竞争力	医疗保险竞争力	养老保险竞争力	基本生活保障竞争力
酒泉市	1	1	0	90.00	90.00	74.14	88.07
武威市	2	3	1	85.61	85.21	75.06	86.68
甘南州	3	10	7	84.42	88.69	74.04	80.59
临夏州	4	14	10	79.54	89.75	71.17	76.23
白银市	5	12	7	78.42	88.63	69.68	79.48
庆阳市	6	2	-4	77.66	84.65	71.19	81.88
平凉市	7	6	-1	77.37	83.16	72.30	81.57
兰州市	8	11	3	76.07	77.24	72.20	90.00
陇南市	9	7	-2	75.93	84.97	68.20	84.78
天水市	10	13	3	75.59	83.47	70.76	81.21
定西市	11	9	-2	75.03	83.01	70.39	81.85
嘉峪关市	12	8	-4	71.80	65.00	90.00	65.00
张掖市	13	4	-9	70.76	80.15	67.62	85.33
金昌市	14	5	-9	65.00	76.11	65.00	87.91

市（州）	2019 年综合排序	2018 年综合排序	排序变化	社会保障竞争力得分			
				综合竞争力	医疗保险竞争力	养老保险竞争力	基本生活保障竞争力
均值				77.37	82.86	72.27	82.19
极差				25.00	25.00	25.00	25.00
方差				40.25	44.83	33.44	39.03
标准差				6.34	6.70	5.78	6.25

资料来源：根据《甘肃发展年鉴》（2019）和甘肃省统计局提供的数据计算所得。

2019 年甘肃省 14 个市（州）县域社会保障竞争力得分：酒泉市 90.00、武威市 85.61，均处于绝对优势；甘南州 84.42，处于一般优势；临夏州 79.54、白银市 78.42、庆阳市 77.66、平凉市 77.37、兰州市 76.07、陇南市 75.93、天水市 75.59、定西市 75.03，均处于中势；嘉峪关市 71.80、张掖市 70.76，均处于一般劣势；金昌市 65.00，处于绝对劣势（见表22）。

表22　2019 年甘肃省 14 个市（州）县域社会保障竞争力水平归类分布一览

评价标准	市（州）名称	个数
绝对优势	酒泉市、武威市	2
一般优势	甘南州	1
中势	临夏州、白银市、庆阳市、平凉市、兰州市、陇南市、天水市、定西市	8
一般劣势	嘉峪关市、张掖市	2
绝对劣势	金昌市	1

（2）结果分析

从 14 个市（州）社会保障竞争力总体来看，均值为 77.37，处在中势；医疗保险竞争力均值为 82.86，基本生活保障竞争力均值为 82.19，均处于一般优势；养老保险竞争力均值为 72.27，处于一般劣势；极差、方差、标准差相对较大，说明在 14 个市（州）之间差异较大，各市（州）之间不均衡（见表21）。

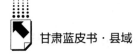

从 14 个市（州）县域社会保障竞争力 3 个二级指标方差、标准差来看，与 86 个县（市、区）相比较明显扩大，同时结合 86 个县（市、区）评价结果，也说明各市（州）所辖县域之间存在一定差异，各市（州）所辖县域之间要素配置不均衡（见表 21）。

从排序变化来看，排序上升的有 6 个市（州），为：临夏州、甘南州、白银市、兰州市、天水市、武威市，分别上升 10、7、7、3、3、1 位；只有 1 个市（州）酒泉市排序未变；排序下降的有 7 个市（州），为：张掖市、金昌市、庆阳市、嘉峪关市、陇南市、定西市、平凉市（见表 21）。

（五）甘肃省县域公共服务竞争力子系统评价分析

1.甘肃省县域公共服务竞争力子系统评价结果

（1）评价结果

通过对科技文化竞争力、医疗卫生竞争力 2 个二级指标进行计算和分析，2019 年甘肃省 86 个县（市、区）公共服务竞争力评价情况如表 23 所示。

表 23　2019 年甘肃省县域公共服务竞争力评价

县（市、区）	2019 年综合排序	2018 年综合排序	排序变化	公共服务竞争力得分		
				综合竞争力	科技文化竞争力	医疗卫生竞争力
阿克塞哈萨克族自治县	1	1	0	90.00	90.00	76.35
肃北蒙古族自治县	2	2	0	89.52	87.17	78.50
城关区	3	3	0	87.62	73.01	90.00
肃南裕固族自治县	4	4	0	86.69	82.28	79.36
七里河区	5	5	0	82.20	66.33	88.94
西峰区	6	8	2	81.66	66.89	87.58
甘州区	7	13	6	81.32	67.78	86.22
临泽县	8	9	1	80.89	72.96	80.40
金川区	9	7	-2	80.70	69.59	83.51
白银区	10	6	-4	80.41	68.04	84.65
肃州区	11	10	-1	80.10	67.86	84.38

续表

县(市、区)	2019年综合排序	2018年综合排序	排序变化	公共服务竞争力得分		
				综合竞争力	科技文化竞争力	医疗卫生竞争力
山丹县	12	11	−1	79.60	69.67	81.86
西固区	13	17	4	79.02	68.78	81.91
凉州区	14	12	−2	78.98	65.35	85.30
高台县	15	16	1	78.28	68.30	81.33
平川区	16	14	−2	78.11	66.04	83.37
灵台县	17	36	19	77.67	71.21	77.54
玉门市	18	30	12	77.54	68.16	80.42
临夏市	19	21	2	77.54	65.16	83.43
永登县	20	19	−1	77.07	67.63	80.27
崆峒区	21	23	2	77.05	65.60	82.28
华亭市	22	25	3	77.01	66.33	81.49
成县	23	18	−5	76.93	66.48	81.22
民勤县	24	20	−4	76.85	67.64	79.95
临洮县	25	27	2	76.80	65.46	82.07
金塔县	26	29	3	76.80	68.07	79.44
红古区	27	34	7	76.76	66.29	81.17
永昌县	28	40	12	76.75	68.15	79.28
陇西县	29	32	3	76.71	65.65	81.74
麦积区	30	26	−4	76.69	65.46	81.91
榆中县	31	33	2	76.65	65.78	81.53
敦煌市	32	22	−10	76.58	68.92	78.27
徽县	33	52	19	76.45	65.98	81.04
泾川县	34	24	−10	76.43	67.31	79.67
静宁县	35	31	−4	76.42	65.64	81.34
天祝藏族自治县	36	35	−1	76.27	67.29	79.46
镇原县	37	37	0	76.05	68.60	77.84
碌曲县	38	28	−10	75.88	68.61	77.59
永靖县	39	46	7	75.68	65.44	80.47
民乐县	40	15	−25	75.59	67.30	78.48
舟曲县	41	59	18	75.53	68.10	77.59
庄浪县	42	41	−1	75.42	65.77	79.77
会宁县	43	39	−4	75.37	65.40	80.06
瓜州县	44	45	1	75.15	67.76	77.39

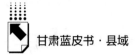

续表

县(市、区)	2019年综合排序	2018年综合排序	排序变化	公共服务竞争力得分		
				综合竞争力	科技文化竞争力	医疗卫生竞争力
合作市	45	42	-3	75.07	66.28	78.76
安定区	46	43	-3	74.98	66.41	78.49
华池县	47	38	-9	74.88	67.07	77.68
靖远县	48	56	8	74.77	65.74	78.87
合水县	49	47	-2	74.60	65.63	78.74
甘谷县	50	60	10	74.56	65.25	79.06
岷县	51	53	2	74.53	65.00	79.27
崇信县	52	49	-3	74.49	66.08	78.13
张家川回族自治县	53	44	-9	74.46	65.86	78.31
康乐县	54	74	20	74.06	65.64	77.95
清水县	55	77	22	73.99	65.42	78.07
康县	56	71	15	73.93	67.23	76.17
武山县	57	64	7	73.92	65.12	78.28
通渭县	58	58	0	73.88	65.52	77.81
宕昌县	59	51	-8	73.86	65.50	77.80
两当县	60	65	5	73.85	69.56	73.71
广河县	61	62	1	73.81	65.38	77.85
渭源县	62	70	8	73.43	66.08	76.60
迭部县	63	50	-13	73.42	66.06	76.62
夏河县	64	61	-3	73.39	66.62	76.01
皋兰县	65	57	-8	73.39	66.11	76.51
秦安县	66	66	0	73.33	65.10	77.44
庆城县	67	63	-4	73.32	66.49	76.04
武都区	68	48	-20	73.27	65.47	76.99
景泰县	69	54	-15	73.27	66.11	76.34
玛曲县	70	69	-1	73.16	66.97	75.33
古浪县	71	72	1	72.99	65.09	76.97
和政县	72	84	12	72.86	65.35	76.51
环县	73	73	0	72.43	65.67	75.59
临夏县	74	68	-6	72.31	65.03	76.04
秦州区	75	78	3	72.28	66.88	74.15
临潭县	76	75	-1	72.27	66.91	74.11
宁县	77	76	-1	72.05	66.30	74.40

续表

县（市、区）	2019年综合排序	2018年综合排序	排序变化	公共服务竞争力得分		
				综合竞争力	科技文化竞争力	医疗卫生竞争力
礼县	78	79	1	71.88	65.47	74.99
卓尼县	79	67	-12	71.78	65.79	74.53
漳县	80	80	0	71.72	65.76	74.48
正宁县	81	55	-26	71.45	67.19	72.65
西和县	82	82	0	71.39	65.42	74.34
积石山保安族东乡族撒拉族自治县	83	81	-2	70.67	65.44	73.30
文县	84	83	-1	69.03	65.36	71.01
安宁区	85	86	1	66.98	66.38	67.05
东乡族自治县	86	85	-1	65.00	65.60	65.00
均值				75.78	67.40	78.65
极差				25.00	25.00	25.00
方差				16.97	16.26	16.18
标准差				4.12	4.03	4.02

资料来源：根据《甘肃发展年鉴》（2019）和甘肃省统计局提供的数据计算所得。

根据 2019 年甘肃省县域公共服务竞争力得分，甘肃省 86 个县（市、区）处于绝对优势有阿克塞哈萨克族自治县、肃北蒙古族自治县、城关区、肃南裕固族自治县 4 个县（市、区）；处于一般优势的县（市、区）有 7 个，包括：七里河区、西峰区、甘州区、临泽县、金川区、白银区、肃州区；处于中势的县（市、区）有 34 个，包括：山丹县、西固区、凉州区、高台县、平川区、灵台县、玉门市、临夏市、永登县、崆峒区、华亭市、成县、民勤县、临洮县、金塔县、红古区、永昌县、陇西县、麦积区、榆中县、敦煌市、徽县、泾川县、静宁县、天祝藏族自治县、镇原县、碌曲县、永靖县、民乐县、舟曲县、庄浪县、会宁县、瓜州县、合作市；处于一般劣势的县（市、区）有 38 个，包括：安定区、华池县、靖远县、合水县、甘谷县、岷县、崇信县、张家川回族自治县、康乐县、清水县、康县、武山县、通渭县、宕昌县、两当县、广河县、渭源县、迭部县、夏河县、皋兰县、秦安县、庆城县、武都区、景泰县、玛曲县、古浪县、和政县、环县、临夏县、秦州区、临潭县、宁县、礼县、卓尼县、漳县、正宁县、西和县、积石山保安族东乡族撒拉族自治县；处于绝对劣势的县（市、区）有3个，包括：文县、安宁区、东乡族自治县（见表24）。

表24　2019年甘肃省县域公共服务竞争力水平归类分布一览

评价标准	县（市、区）名称	个数	贫困县（市、区）个数	
			2019年	2018年
绝对优势	阿克塞哈萨克族自治县、肃北蒙古族自治县、城关区、肃南裕固族自治县	4	0	0
一般优势	七里河区、西峰区、甘州区、临泽县、金川区、白银区、肃州区	7	0	0
中势	山丹县、西固区、凉州区、高台县、平川区、灵台县、玉门市、临夏市、永登县、崆峒区、华亭市、成县、民勤县、临洮县、金塔县、红古区、永昌县、陇西县、麦积区、榆中县、敦煌市、徽县、泾川县、静宁县、天祝藏族自治县、镇原县、碌曲县、永靖县、民乐县、舟曲县、庄浪县、会宁县、瓜州县、合作市	34	20	11
一般劣势	安定区、华池县、靖远县、合水县、甘谷县、岷县、崇信县、张家川回族自治县、康乐县、清水县、康县、武山县、通渭县、宕昌县、两当县、广河县、渭源县、迭部县、夏河县、皋兰县、秦安县、庆城县、武都区、景泰县、玛曲县、古浪县、和政县、环县、临夏县、秦州区、临潭县、宁县、礼县、卓尼县、漳县、正宁县、西和县、积石山保安族东乡族撒拉族自治县	38	36	43
绝对劣势	文县、安宁区、东乡族自治县	3	2	4

（2）结果分析

2019年甘肃省县域公共服务竞争力86个县（市、区）得分均值为75.78，处于中势，其极差、方差、标准差均相对较大，差异性较大，86个县（市、区）之间发展很不均衡；医疗卫生竞争力均值为78.65，处于中势；科技文化竞争力均值为67.40，处于绝对劣势；从2个二级指标的极差、方差、标准差来看，都存在较大差异，在86个县（市、区）之间2个要素配置较大失衡（见表23）。

从86个县（市、区）公共服务竞争力水平归类分布来看，地理位置特征及贫困特征均较为明显，河西地区、经济发展较好的地区公共服务竞争力相对较强，而贫困地区公共服务竞争力水平相对较低。在 58 个特困县（市、区）中县域公共服务竞争力处于中势及以上有 20 个县（市、区），占 58 个特困连片区县（市、区）的 34.48%，比 2018 年增加了 9 个，比重增加了 15.52 个百分点（见表 24）。

从排序变化来看，排序上升的有 35 个县（市、区），升幅较大的县（市、区）为：清水县、康乐县、灵台县、徽县、舟曲县、康县、玉门市、永昌县、和政县、甘谷县、靖远县、渭源县、红古区、永靖县、武山县、甘州区、两当县，分别上升 22、20、19、19、18、15、12、12、12、10、8、8、7、7、7、6、5 位；有 11 个县（市、区）排序未变，分别是阿克塞哈萨克族自治县、肃北蒙古族自治县、城关区、肃南裕固族自治县、七里河区、镇原县、通渭县、秦安县、环县、漳县、西和县；排序下降的有 40 个县（市、区），降幅较大的县（市、区）为：正宁县、民乐县、武都区、景泰县、迭部县、卓尼县、敦煌市、泾川县、碌曲县、华池县、张家川回族自治县、宕昌县、皋兰县、临夏县、成县，分别下降 26、25、20、15、13、12、10、10、10、9、9、8、8、6、5 位（见表 23）。

2. 甘肃省市（州）县域公共服务竞争力子系统评价分析

（1）评价结果

2019 年甘肃省 14 个市（州）县域公共服务竞争力综合评价情况如表 25 所示。

表 25　2019 年甘肃省 14 个市（州）县域公共服务竞争力评价

市（州）	2019 年综合排序	2018 年综合排序	排序变化	公共服务竞争力得分		
				综合竞争力	科技文化竞争力	医疗卫生竞争力
兰州市	1	2	1	90.00	77.24	90.00
嘉峪关市	2	1	-1	88.09	90.00	72.74
张掖市	3	3	0	82.48	74.94	81.52
酒泉市	4	4	0	78.82	75.03	76.01

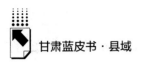

续表

市（州）	2019 年综合排序	2018 年综合排序	排序变化	公共服务竞争力得分		
				综合竞争力	科技文化竞争力	医疗卫生竞争力
金昌市	5	6	1	76.01	74.55	72.42
庆阳市	6	5	−1	73.89	71.50	72.74
平凉市	7	7	0	73.69	68.82	75.49
武威市	8	8	0	72.17	65.86	76.59
白银市	9	9	0	71.27	66.87	74.13
定西市	10	10	0	68.51	65.60	71.49
甘南州	11	11	0	67.85	70.48	65.00
天水市	12	12	0	66.64	65.61	68.73
临夏州	13	14	1	65.28	65.00	67.41
陇南市	14	13	−1	65.00	66.41	65.40
均值				74.26	71.28	73.55
极差				25.00	25.00	25.00
方差				64.84	46.70	43.13
标准差				8.05	6.83	6.57

资料来源：根据《甘肃发展年鉴》（2019）和甘肃省统计局提供的数据计算所得。

2019 年甘肃省 14 个市（州）县域公共服务竞争力得分：兰州市 90.00、嘉峪关市 88.09，处于绝对优势；张掖市 82.48，处于一般优势；酒泉市 78.82、金昌市 76.01，均处于中势；庆阳市 73.89、平凉市 73.69、武威市 72.17、白银市 71.27，均处于一般劣势；定西市 68.51、甘南州 67.85、天水市 66.64、临夏州 65.28、陇南市 65.00，均处于绝对劣势（见表 26）。

表 26　2019 年甘肃省 14 个市（州）县域公共服务竞争力水平归类分布一览

评价标准	市（州）名称	个数
绝对优势	兰州市、嘉峪关市	2
一般优势	张掖市	1
中势	酒泉市、金昌市	2
一般劣势	庆阳市、平凉市、武威市、白银市	4
绝对劣势	定西市、甘南州、天水市、临夏州、陇南市	5

（2）结果分析

从 14 个市（州）公共服务竞争力总体来看，均值为 74.26，处在一般劣势；医疗卫生竞争力和科技文化竞争力均值分别为 73.55 和 71.28，处于一般劣势；极差、方差、标准差明显扩大，说明在 14 个市（州）之间差异较大，各市（州）之间相对不均衡，结合 86 个县（市、区）的评价结果，反映出各市（州）所辖县域之间存在较大差异，各市（州）所辖县域之间发展不均衡（见表 25）。

从 14 个市（州）县域公共服务竞争力 2 个二级指标极差、方差、标准差来看，与 86 个县（市、区）相比较明显扩大，科技文化竞争力和医疗卫生竞争力存在较大差异，要素配置不均衡；同时结合 86 个县（市、区）评价结果，也说明各市（州）所辖县域之间存在一定差异，各市（州）所辖县域之间要素配置不均衡（见表 25）。

从排序变化来看，排序上升的有 3 个市（州），为：兰州市、金昌市、临夏州；排序未变的有 8 个市（州），为：张掖市、酒泉市、平凉市、武威市、白银市、定西市、甘南州、天水市；排序下降的有 3 个市（州），为：嘉峪关市、庆阳市、陇南市（见表 25）。

（六）甘肃省县域人居环境竞争力子系统评价分析

1. 甘肃省县域人居环境竞争力子系统评价结果

（1）评价结果

通过对生活环境竞争力和农业环境竞争力 2 个二级指标进行计算和分析，2019 年甘肃省 86 个县（市、区）人居环境竞争力评价情况如表 27 所示。

根据 2019 年甘肃省县域人居环境竞争力得分，甘肃省 86 个县（市、区）处于绝对优势的县（市、区）有 5 个，为：两当县、清水县、城关区、庄浪县、静宁县；处于一般优势的县（市、区）有 20 个，包括：永昌县、崇信县、迭部县、康乐县、合水县、麦积区、成县、碌曲县、康县、天祝藏

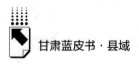

表27 2019年甘肃省县域人居环境竞争力评价

县(市、区)	2019年综合排序	2018年综合排序	排序变化	人居环境竞争力得分		
				综合竞争力	生活环境竞争力	农业环境竞争力
两当县	1	1	0	90.00	83.19	90.00
清水县	2	20	18	88.05	90.00	83.85
城关区	3	2	−1	87.57	85.07	86.35
庄浪县	4	23	19	85.90	81.67	86.70
静宁县	5	30	25	85.37	83.33	85.14
永昌县	6	10	4	83.80	81.20	84.82
崇信县	7	18	11	83.66	76.44	87.57
迭部县	8	7	−1	83.66	76.87	87.30
康乐县	9	3	−6	83.52	79.40	85.62
合水县	10	12	2	83.04	81.70	83.73
麦积区	11	13	2	82.89	80.38	84.38
成县	12	9	−3	82.89	75.62	87.27
碌曲县	13	4	−9	82.86	72.61	89.07
康县	14	11	−3	82.36	81.07	83.41
天祝藏族自治县	15	21	6	82.22	74.36	87.34
徽县	16	17	1	82.19	76.75	85.86
宁县	17	25	8	82.19	75.33	86.72
镇原县	18	14	−4	81.93	77.79	84.96
舟曲县	19	8	−11	81.45	75.56	85.83
安宁区	20	6	−14	81.12	76.99	84.61
华池县	21	5	−16	81.11	74.16	86.32
合作市	22	15	−7	80.99	68.94	89.37
西和县	23	27	4	80.90	74.96	85.62
武都区	24	16	−8	80.42	76.16	84.39
卓尼县	25	35	10	80.03	67.38	89.33
甘谷县	26	26	0	79.65	72.78	85.66
夏河县	27	24	−3	79.52	69.53	87.50
七里河区	28	28	0	79.39	72.80	85.37
广河县	29	29	0	79.15	72.01	85.60
西峰区	30	31	1	79.14	71.51	85.89
古浪县	31	61	30	78.85	74.46	83.80
西固区	32	19	−13	78.65	72.08	85.05

续表

县(市、区)	2019 年综合排序	2018 年综合排序	排序变化	人居环境竞争力得分		
				综合竞争力	生活环境竞争力	农业环境竞争力
正宁县	33	22	−11	78.49	75.42	82.85
灵台县	34	51	17	78.44	72.18	84.77
红古区	35	40	5	78.31	70.44	85.69
玛曲县	36	33	−3	78.13	66.91	87.65
庆城县	37	46	9	77.98	72.15	84.31
岷县	38	53	15	77.90	68.84	86.24
安定区	39	41	2	77.84	76.60	81.47
渭源县	40	36	−4	77.84	70.35	85.25
临潭县	41	43	2	77.64	67.19	86.97
临泽县	42	34	−8	77.47	71.23	84.34
礼县	43	38	−5	77.22	71.97	83.64
临夏市	44	39	−5	77.15	68.05	85.95
甘州区	45	44	−1	77.09	68.75	85.46
金川区	46	49	3	76.87	71.65	83.47
和政县	47	52	5	76.77	67.69	85.77
临夏县	48	45	−3	76.62	68.28	85.26
民乐县	49	78	29	76.61	68.12	85.35
高台县	50	67	17	76.59	68.46	85.12
张家川回族自治县	51	54	3	76.46	71.44	83.18
平川区	52	42	−10	76.35	68.33	84.95
玉门市	53	57	4	76.28	69.94	83.91
凉州区	54	32	−22	76.25	68.25	84.90
山丹县	55	74	19	76.13	68.07	84.88
肃南裕固族自治县	56	47	−9	75.91	65.59	86.16
陇西县	57	58	1	75.86	68.10	84.58
秦州区	58	55	−3	75.85	69.11	83.96
漳县	59	48	−11	75.82	69.39	83.76
白银区	60	80	20	75.82	70.65	82.99
景泰县	61	75	14	75.80	69.49	83.68
会宁县	62	68	6	75.76	68.23	84.41
泾川县	63	50	−13	75.69	73.45	81.16
临洮县	64	63	−1	75.65	70.38	82.98
民勤县	65	76	11	75.64	68.84	83.91

续表

县（市、区）	2019 年综合排序	2018 年综合排序	排序变化	人居环境竞争力得分		
				综合竞争力	生活环境竞争力	农业环境竞争力
肃北蒙古族自治县	66	65	−1	75.63	65.69	85.82
武山县	67	69	2	75.45	69.71	83.19
宕昌县	68	56	−12	75.39	67.90	84.22
崆峒区	69	77	8	75.35	69.88	82.98
榆中县	70	72	2	75.19	70.03	82.72
东乡族自治县	71	60	−11	75.06	66.44	84.77
金塔县	72	73	1	74.86	66.71	84.41
肃州区	73	70	−3	74.86	67.90	83.68
永登县	74	66	−8	74.84	66.34	84.60
皋兰县	75	64	−11	74.42	65.06	84.95
环县	76	83	7	74.10	69.36	82.01
瓜州县	77	81	4	73.92	66.05	83.83
永靖县	78	37	−41	73.81	65.00	84.36
靖远县	79	79	0	73.42	67.87	82.21
敦煌市	80	82	2	73.33	66.78	82.77
阿克塞哈萨克族自治县	81	71	−10	73.21	65.65	83.35
秦安县	82	59	−23	72.96	70.18	80.33
通渭县	83	85	2	71.51	67.00	80.77
积石山保安族东乡族撒拉族自治县	84	84	0	71.00	70.88	77.89
华亭市	85	86	1	67.31	77.57	70.01
文县	86	62	−24	65.00	81.90	65.00
均值				78.02	72.09	84.39
极差				25.00	25.00	25.00
方差				17.77	27.89	10.90
标准差				4.22	5.28	3.30

资料来源：根据《甘肃发展年鉴》（2019）和甘肃省统计局提供的数据计算所得。

族自治县、徽县、宁县、镇原县、舟曲县、安宁区、华池县、合作市、西和县、武都区、卓尼县；处于中势的县（市、区）有 46 个，包括：甘谷县、夏河县、七里河区、广河县、西峰区、古浪县、西固区、正宁县、灵台县、红古区、玛曲县、庆城县、岷县、安定区、渭源县、临潭县、临泽县、礼县、临夏市、甘州区、金川区、和政县、临夏县、民乐县、高台县、张家川回族自治县、平川区、玉门市、凉州区、山丹县、肃南裕固族自治县、陇西县、秦州区、漳县、白银区、景泰县、会宁县、泾川县、临洮县、民勤县、肃北蒙古族自治县、武山县、宕昌县、崆峒区、榆中县、东乡族自治县；处于一般劣势的县（市、区）有 13 个，为：金塔县、肃州区、永登县、皋兰县、环县、瓜州县、永靖县、靖远县、敦煌市、阿克塞哈萨克族自治县、秦安县、通渭县、积石山保安族东乡族撒拉族自治县；处于绝对劣势的县（市、区）为 2 个，为：华亭市、文县（见表 28）。

表 28　2019 年甘肃省县域人居环境竞争力水平归类分布一览

评价标准	县（市、区）名称	个数	贫困县（市、区）个数	
			2019 年	2018 年
绝对优势	两当县、清水县、城关区、庄浪县、静宁县	5	4	3
一般优势	永昌县、崇信县、迭部县、康乐县、合水县、麦积区、成县、碌曲县、康县、天祝藏族自治县、徽县、宁县、镇原县、舟曲县、安宁区、华池县、合作市、西和县、武都区、卓尼县	20	17	11
中势	甘谷县、夏河县、七里河区、广河县、西峰区、古浪县、西固区、正宁县、灵台县、红古区、玛曲县、庆城县、岷县、安定区、渭源县、临潭县、临泽县、礼县、临夏市、甘州区、金川区、和政县、临夏县、民乐县、高台县、张家川回族自治县、平川区、玉门市、凉州区、山丹县、肃南裕固族自治县、陇西县、秦州区、漳县、白银区、景泰县、会宁县、泾川县、临洮县、民勤县、肃北蒙古族自治县、武山县、宕昌县、崆峒区、榆中县、东乡族自治县	46	28	26
一般劣势	金塔县、肃州区、永登县、皋兰县、环县、瓜州县、永靖县、靖远县、敦煌市、阿克塞哈萨克族自治县、秦安县、通渭县、积石山保安族东乡族撒拉族自治县	13	8	17
绝对劣势	华亭市、文县	2	1	1

（2）结果分析

2019 年甘肃省县域人居环境竞争力 86 个县（市、区）得分均值为 78.02，处于中势，其极差、方差、标准差均相对较大，差异性较大，86 个

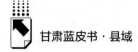

县（市、区）之间发展很不均衡；农业环境竞争力均值为84.39，处于一般优势；生活环境竞争力均值为72.09，处于一般劣势；从2个二级指标的极差、方差、标准差来看，都存在较大差异，在86个县（市、区）之间2个要素配置较大失衡（见表27）。

从86个县（市、区）人居环境竞争力水平归类分布来看，经济结构特征均较为明显，工业化发展较快的地区人居环境竞争力水平相对较低，而产业单一或以农业和旅游业发展为主的地区人居环境竞争力水平相对较高；就甘肃省整体而言，县域经济社会发展工业化程度较低，因此，人居环境竞争力整体水平相对较高。在58个特困县（市、区）中人居环境竞争力处于中势及以上有49个，占58个特困连片区县（市、区）的84.48%，比2018年增加了9个，比重增加了15.52个百分点（见表28）。

从排序变化来看，排序上升的有41个县（市、区），升幅较大的县（市、区）为：古浪县、民乐县、静宁县、白银区、庄浪县、山丹县、清水县、灵台县、高台县、岷县、景泰县、崇信县、民勤县、卓尼县、庆城县、宁县、崆峒区、环县、天祝藏族自治县、会宁县、红古区、和政县，分别上升30、29、25、20、19、19、18、17、17、15、14、11、11、10、9、8、8、7、6、6、5、5位；两当县、甘谷县、七里河区、广河县、靖远县、积石山保安族东乡族撒拉族自治县6个县（区）排序未变；排序下降的有39个县（市、区），降幅较大的县（市、区）为：永靖县、文县、秦安县、凉州区、华池县、安宁区、西固区、泾川县、宕昌县、舟曲县、正宁县、漳县、东乡族自治县、皋兰县、平川区、阿克塞哈萨克族自治县、碌曲县、肃南裕固族自治县、武都区、临泽县、永登县、合作市、康乐县、礼县、临夏市，分别下降41、24、23、22、16、14、13、13、12、11、11、11、11、11、10、10、9、9、8、8、7、6、5、5位（见表27）。

2. 甘肃省市（州）县域人居环境竞争力子系统评价分析

（1）评价结果

2019年甘肃省14个市（州）县域人居环境竞争力综合评价情况如表29所示。

表29　2019年甘肃省14个市（州）县域人居环境竞争力评价

市（州）	2019年综合排序	2018年综合排序	排序变化	人居环境竞争力得分		
				综合竞争力	生活环境竞争力	农业环境竞争力
甘南州	1	1	0	90.00	79.41	90.00
陇南市	2	3	1	86.50	90.00	70.99
平凉市	3	7	4	85.80	89.84	70.28
庆阳市	4	2	−2	84.57	87.23	72.21
天水市	5	6	1	83.40	90.00	66.91
武威市	6	9	3	77.76	76.69	77.57
兰州市	7	4	−3	76.29	78.61	73.02
金昌市	8	8	0	75.51	76.88	74.35
临夏州	9	5	−4	74.81	78.20	71.63
张掖市	10	10	0	74.04	71.89	79.20
定西市	11	11	0	70.37	78.78	65.00
酒泉市	12	12	0	69.48	71.84	73.27
嘉峪关市	13	13	0	66.11	65.00	78.13
白银市	14	14	0	65.00	72.26	66.80
均值				77.12	79.04	73.53
极差				25.00	25.00	25.00
方差				62.68	60.11	40.47
标准差				7.92	7.75	6.36

资料来源：根据《甘肃发展年鉴》（2019）和甘肃省统计局提供的数据计算所得。

2019年甘肃省14个市（州）县域人居环境竞争力得分：甘南州90.00、陇南市86.50、平凉市85.80，处于绝对优势；庆阳市84.57、天水市83.40，均处于一般优势；武威市77.76、兰州市76.29、金昌市75.51，均处于中势；临夏州74.81、张掖市74.04、定西市70.37，均处于一般劣势；酒泉市69.48、嘉峪关市66.11、白银市65.00，处于绝对劣势（见表30）。

表30　2019年甘肃省14个市（州）县域人居环境竞争力水平归类分布一览

评价标准	市(州)名称	个数
绝对优势	甘南州、陇南市、平凉市	3
一般优势	庆阳市、天水市	2
中势	武威市、兰州市、金昌市	3
一般劣势	临夏州、张掖市、定西市	3
绝对劣势	酒泉市、嘉峪关市、白银市	3

（2）结果分析

从14个市（州）人居环境竞争力总体来看，均值为77.12，与86个县（市、区）结果一致，均处在中势；生活环境竞争力均值为79.04，处于中势；农业环境竞争力均值为73.53，处于一般劣势；极差、方差、标准差明显扩大，说明在14个市（州）之间差异较大，各市（州）之间不均衡，结合86个县（市、区）的评价结果，反映出各市（州）所辖县域之间存在较大差异，各市（州）所辖县域之间发展不均衡，要素配置不均衡（见表29）。

从排序变化来看，排序上升的有4个市（州），为：平凉市、武威市、陇南市、天水市；排序未变的有甘南州、金昌市、张掖市、定西市、酒泉市、嘉峪关市、白银市7个市（州）；排序下降的有3个市（州），为：临夏州、兰州市、庆阳市（见表29）。

（七）甘肃省县域社会结构竞争力子系统评价分析

1. 甘肃省县域社会结构竞争力子系统评价结果

（1）评价结果

通过对人口结构竞争力和城乡结构竞争力2个二级指标进行计算和分析，2019年甘肃省86个县（市、区）社会结构竞争力评价情况如表31所示。

根据2019年甘肃省县域社会结构竞争力得分，甘肃省86个县（市、区）处于绝对优势的县（市、区）有2个，包括：安宁区、城关区；处于一般优势的县（市、区）有5个，包括：临夏市、凉州区、西固区、白银

表31 2019年甘肃省县域社会结构竞争力评价

县(市、区)	2019年综合排序	2018年综合排序	排序变化	社会结构竞争力得分		
				综合竞争力	人口结构竞争力	城乡结构竞争力
安宁区	1	2	1	90.00	77.00	90.00
城关区	2	1	-1	86.75	90.00	76.92
临夏市	3	3	0	84.26	75.60	83.35
凉州区	4	4	0	81.59	79.42	77.25
西固区	5	5	0	81.44	76.86	78.77
白银区	6	6	0	80.48	75.91	78.13
秦州区	7	7	0	80.11	77.05	76.89
武都区	8	8	0	79.71	72.99	79.09
崆峒区	9	9	0	79.50	75.46	77.15
七里河区	10	10	0	78.97	78.96	74.09
和政县	11	11	0	78.68	66.38	82.20
肃州区	12	12	0	78.25	75.17	75.69
麦积区	13	13	0	78.16	74.83	75.81
庄浪县	14	15	1	77.52	68.32	79.36
金川区	15	14	-1	77.51	75.01	74.83
敦煌市	16	16	0	77.50	71.73	77.03
西峰区	17	18	1	77.43	73.12	75.99
临夏县	18	19	1	77.27	67.57	79.53
永登县	19	20	1	76.92	70.90	76.82
山丹县	20	17	-3	76.88	68.61	78.31
甘谷县	21	21	0	76.78	71.75	76.06
甘州区	22	23	1	76.69	73.49	74.76
徽县	23	22	-1	76.67	67.95	78.48
榆中县	24	26	2	76.25	71.84	75.30
高台县	25	25	0	75.88	68.65	76.97
平川区	26	27	1	75.76	72.17	74.43
静宁县	27	24	-3	75.67	69.13	76.36
镇原县	28	28	0	75.64	69.79	75.88
漳县	29	29	0	75.53	66.73	77.80
永昌县	30	42	12	75.50	69.69	75.76
环县	31	33	2	75.49	68.11	76.81
武山县	32	30	-2	75.47	70.04	75.48

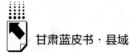

县（市、区）	2019年综合排序	2018年综合排序	排序变化	社会结构竞争力得分		
				综合竞争力	人口结构竞争力	城乡结构竞争力
成县	33	34	1	75.40	69.75	75.58
陇西县	34	36	2	75.34	72.57	73.60
宁县	35	35	0	75.31	69.56	75.60
玉门市	36	39	3	75.28	70.72	74.77
临泽县	37	32	−5	75.23	68.03	76.52
临洮县	38	40	2	75.13	71.52	74.03
舟曲县	39	38	−1	75.00	66.00	77.58
华亭市	40	46	6	74.91	70.49	74.44
皋兰县	41	41	0	74.85	68.26	75.86
崇信县	42	37	−5	74.81	67.23	76.50
安定区	43	43	0	74.77	72.32	73.02
红古区	44	31	−13	74.43	72.08	72.72
礼县	45	45	0	74.42	69.94	74.15
秦安县	46	44	−2	74.35	71.23	73.20
正宁县	47	48	1	74.01	67.56	75.22
西和县	48	52	4	73.96	68.88	74.26
金塔县	49	50	1	73.75	67.94	74.63
通渭县	50	49	−1	73.70	68.69	74.05
古浪县	51	59	8	73.66	69.01	73.78
永靖县	52	47	−5	73.59	69.33	73.47
灵台县	53	53	0	73.50	66.42	75.32
景泰县	54	54	0	73.45	69.94	72.87
泾川县	55	51	−4	73.42	68.70	73.68
文县	56	56	0	73.29	66.78	74.80
庆城县	57	55	−2	73.28	69.53	72.93
阿克塞哈萨克族自治县	58	57	−1	73.03	73.15	70.15
宕昌县	59	62	3	72.91	67.31	73.93
会宁县	60	58	−2	72.85	71.29	71.17
民乐县	61	64	3	72.75	68.57	72.87
张家川回族自治县	62	63	1	72.69	67.42	73.58
岷县	63	66	3	72.63	69.48	72.10
天祝藏族自治县	64	60	−4	72.59	68.25	72.88
两当县	65	61	−4	72.59	66.51	74.05

续表

县（市、区）	2019年综合排序	2018年综合排序	排序变化	社会结构竞争力得分		
				综合竞争力	人口结构竞争力	城乡结构竞争力
广河县	66	68	2	72.47	67.50	73.24
合水县	67	65	−2	72.45	67.21	73.40
清水县	68	67	−1	72.39	67.21	73.32
靖远县	69	70	1	72.16	71.10	70.38
积石山保安族东乡族撒拉族自治县	70	69	−1	72.04	66.21	73.53
东乡族自治县	71	73	2	71.93	67.20	72.72
康县	72	77	5	71.50	66.49	72.62
临潭县	73	74	1	71.42	66.79	72.32
瓜州县	74	72	−2	71.32	67.32	71.82
民勤县	75	75	0	71.30	68.22	71.19
迭部县	76	80	4	71.07	65.00	73.07
肃北蒙古族自治县	77	71	−6	70.92	68.90	70.23
渭源县	78	76	−2	70.86	67.91	70.82
康乐县	79	79	0	70.68	66.29	71.68
肃南裕固族自治县	80	78	−2	70.41	66.43	71.22
卓尼县	81	81	0	69.54	65.76	70.53
华池县	82	83	1	68.71	66.80	68.73
合作市	83	84	1	68.62	69.21	66.98
夏河县	84	82	−2	68.18	65.36	69.00
碌曲县	85	85	0	66.10	65.84	65.92
玛曲县	86	86	0	65.00	65.05	65.00
均值				74.77	70.03	74.56
极差				25.00	25.00	25.00
方差				15.48	15.75	12.61
标准差				3.93	3.97	3.55

资料来源：根据《甘肃发展年鉴》（2019）和甘肃省统计局提供的数据计算所得。

区、秦州区；处于中势的县（市、区）有32个，包括：武都区、崆峒区、七里河区、和政县、肃州区、麦积区、庄浪县、金川区、敦煌市、西峰区、临夏县、永登县、山丹县、甘谷县、甘州区、徽县、榆中县、高台县、平川区、静宁县、镇原县、漳县、永昌县、环县、武山县、成县、陇西县、宁县、玉门市、临泽县、临洮县、舟曲县；处于一般劣势的县（市、区）有41个，包括：华亭市、皋兰县、崇信县、安定区、红古区、礼县、秦安县、正宁县、西和县、金塔县、通渭县、古浪县、永靖县、灵台县、景泰县、泾川县、文县、庆城县、阿克塞哈萨克族自治县、宕昌县、会宁县、民乐县、张家川回族自治县、岷县、天祝藏族自治县、两当县、广河县、合水县、清水县、靖远县、积石山保安族东乡族撒拉族自治县、东乡族自治县、康县、临潭县、瓜州县、民勤县、迭部县、肃北蒙古族自治县、渭源县、康乐县、肃南裕固族自治县；处于绝对劣势的县（市、区）有6个，包括：卓尼县、华池县、合作市、夏河县、碌曲县、玛曲县（见表32）。

表32　2019年甘肃省县域社会结构竞争力水平归类分布一览

评价标准	县（市、区）名称	个数	贫困县（市、区）个数	
			2019年	2018年
绝对优势	安宁区、城关区	2	0	0
一般优势	临夏市、凉州区、西固区、白银区、秦州区	5	1	1
中势	武都区、崆峒区、七里河区、和政县、肃州区、麦积区、庄浪县、金川区、敦煌市、西峰区、临夏县、永登县、山丹县、甘谷县、甘州区、徽县、榆中县、高台县、平川区、静宁县、镇原县、漳县、永昌县、环县、武山县、成县、陇西县、宁县、玉门市、临泽县、临洮县、舟曲县	32	20	15
一般劣势	华亭市、皋兰县、崇信县、安定区、红古区、礼县、秦安县、正宁县、西和县、金塔县、通渭县、古浪县、永靖县、灵台县、景泰县、泾川县、文县、庆城县、阿克塞哈萨克族自治县、宕昌县、会宁县、民乐县、张家川回族自治县、岷县、天祝藏族自治县、两当县、广河县、合水县、清水县、靖远县、积石山保安族东乡族撒拉族自治县、东乡族自治县、康县、临潭县、瓜州县、民勤县、迭部县、肃北蒙古族自治县、渭源县、康乐县、肃南裕固族自治县	41	31	35
绝对劣势	卓尼县、华池县、合作市、夏河县、碌曲县、玛曲县	6	6	7

（2）结果分析

2019年甘肃省县域社会结构竞争力86个县（市、区）得分均值为74.77，处于一般劣势，其极差、方差、标准差均相对较大，差异性较大，86个县（市、区）之间发展很不均衡；城乡结构竞争力均值为74.56、人口结构竞争力均值为70.03，均处于一般劣势。从2个二级指标的极差、方差、标准差来看，均存在较大差异，在86个县（市、区）之间城乡结构配置存在严重失衡，人口结构配置存在较大失衡（见表31）。

从86个县（市、区）社会结构竞争力水平归类分布来看，行政区域分布特征及贫困特征均不太明显；地理位置及产业结构特征明显，少数民族地区及牧区社会结构竞争力相对较弱。在58个特困县（市、区）中社会结构竞争力处于中势及以上的有21个，占58个特困连片区县（市、区）的36.21%，比2018年增加了5个，比重增加了8.62个百分点（见表32）。

从排序变化来看，排序上升的有31个县（市、区），升幅较大的县（市、区）为：永昌县、古浪县、华亭市、康县，分别上升12、8、6、5位；排序未变的有28个县（市、区），分别为：临夏市、凉州区、西固区、白银区、秦州区、武都区、崆峒区、七里河区、和政县、肃州区、麦积区、敦煌市、甘谷县、高台县、镇原县、漳县、宁县、皋兰县、安定区、礼县、灵台县、景泰县、文县、民勤县、康乐县、卓尼县、碌曲县、玛曲县；排序下降的有27个县（市、区），降幅较大的县（市、区）为：红古区、肃北蒙古族自治县、临泽县、崇信县、永靖县，分别下降13、6、5、5、5位（见表31）。

2.甘肃省市（州）县域社会结构竞争力子系统评价分析

（1）评价结果

2019年甘肃省14个市（州）县域社会结构竞争力综合评价情况如表33所示。

2019年甘肃省14个市（州）县域社会结构竞争力得分：兰州市90.00，处于绝对优势；天水市82.06、平凉市81.75、陇南市81.26、金昌市80.93、临夏州80.92，均处于一般优势；庆阳市79.59、武威市79.30、张

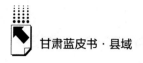

表33　2019年甘肃省14个市（州）县域社会结构竞争力评价

市(州)	2019年综合排序	2018年综合排序	排序变化	社会结构竞争力得分		
				综合竞争力	人口结构竞争力	城乡结构竞争力
兰州市	1	1	0	90.00	90.00	89.03
天水市	2	2	0	82.06	78.55	84.32
平凉市	3	3	0	81.75	72.74	88.63
陇南市	4	4	0	81.26	73.29	87.27
金昌市	5	10	5	80.93	72.47	87.38
临夏州	6	5	−1	80.92	71.23	88.39
庆阳市	7	8	1	79.59	72.92	84.59
武威市	8	7	−1	79.30	71.70	85.10
张掖市	9	6	−3	79.22	70.33	86.10
酒泉市	10	9	−1	79.22	73.40	83.52
嘉峪关市	11	11	0	77.48	77.34	77.11
定西市	12	12	0	75.07	74.54	75.12
白银市	13	13	0	69.77	73.39	66.57
甘南州	14	14	0	65.00	65.00	65.00
均值				78.68	74.06	82.01
极差				25.00	25.00	24.03
方差				34.50	30.92	63.84
标准差				5.87	5.56	7.99

资料来源：根据《甘肃发展年鉴》（2019）和甘肃省统计局提供的数据计算所得。

掖市79.22、酒泉市79.22、嘉峪关市77.48、定西市75.07，均处于中势；无处于一般劣势的市（州）；白银市69.77、甘南州65.00，均处于绝对劣势（见表34）。

表34　2019年甘肃省14个市（州）县域社会结构竞争力水平归类分布一览

评价标准	市(州)名称	个数
绝对优势	兰州市	1
一般优势	天水市、平凉市、陇南市、金昌市、临夏州	5
中势	庆阳市、武威市、张掖市、酒泉市、嘉峪关市、定西市	6
一般劣势	—	0
绝对劣势	白银市、甘南州	2

（2）结果分析

从 14 个市（州）社会结构竞争力总体来看，均值为 78.68，处于中势，高于 86 个县（市、区）均值；城乡结构竞争力均值为 82.01，处于一般优势；人口结构竞争力均值为 74.06，处于一般劣势；极差、方差、标准差明显扩大，说明在 14 个市（州）之间存在较大差异，结合 86 个县（市、区）的评价结果，反映出各市（州）所辖县域之间存在较大差异，各市（州）所辖县域之间发展不均衡，要素配置不均衡（见表 33）。

从排序变化来看，排序上升的有 2 个市（州），为：金昌市、庆阳市；排序未变的有 8 个市（州），为：兰州市、天水市、平凉市、陇南市、嘉峪关市、定西市、白银市、甘南州；排序下降的有 4 个市（州），为：临夏州、武威市、酒泉市、张掖市（见表 33）。

（八）甘肃省县域科学教育竞争力子系统评价分析

1. 甘肃省县域科学教育竞争力子系统评价结果

（1）评价结果

通过对科教支出竞争力和科教资源竞争力 2 个二级指标进行计算和分析，2019 年甘肃省 86 个县（市、区）科学教育竞争力评价情况如表 35 所示。

表 35   2019 年甘肃省县域科学教育竞争力评价

县（市、区）	2019 年综合排序	2018 年综合排序	排序变化	科学教育竞争力得分		
				综合竞争力	科教支出竞争力	科教资源竞争力
民勤县	1	5	4	90.00	89.80	75.16
文县	2	1	-1	89.18	86.04	78.41
肃南裕固族自治县	3	3	0	89.08	76.25	90.00
岷县	4	15	11	87.49	90.00	71.07
通渭县	5	2	-3	87.02	79.32	83.18
皋兰县	6	4	-2	86.34	84.08	76.42
环县	7	7	0	86.28	82.74	77.92

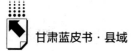

续表

县(市、区)	2019年综合排序	2018年综合排序	排序变化	科学教育竞争力得分		
				综合竞争力	科教支出竞争力	科教资源竞争力
靖远县	8	10	2	85.01	79.97	79.30
陇西县	9	11	2	84.58	81.93	76.30
天祝藏族自治县	10	12	2	84.58	78.28	80.67
静宁县	11	17	6	84.04	77.72	80.52
临泽县	12	45	33	83.90	83.09	73.86
景泰县	13	8	-5	83.55	77.21	80.38
会宁县	14	13	-1	83.31	78.73	78.19
礼县	15	6	-9	83.27	77.63	79.46
卓尼县	16	20	4	83.24	76.57	80.68
永靖县	17	16	-1	83.14	78.01	78.80
碌曲县	18	67	49	83.13	72.89	84.92
宕昌县	19	80	61	82.89	78.40	77.93
秦安县	20	44	24	82.70	79.64	76.16
清水县	21	37	16	82.65	75.68	80.83
张家川回族自治县	22	47	25	82.56	75.61	80.78
安定区	23	21	-2	82.35	80.32	74.81
永登县	24	19	-5	82.28	78.70	76.64
泾川县	25	40	15	82.26	78.20	77.21
康县	26	30	4	82.23	80.43	74.49
迭部县	27	48	21	81.92	71.75	84.44
秦州区	28	26	-2	81.85	83.97	69.65
榆中县	29	18	-11	81.79	80.68	73.52
渭源县	30	14	-16	81.69	77.72	76.92
临潭县	31	46	15	81.67	76.36	78.53
古浪县	32	25	-7	80.96	78.14	75.30
凉州区	33	22	-11	80.85	81.52	71.07
临洮县	34	31	-3	80.83	78.74	74.38
两当县	35	57	22	80.79	74.01	79.99
肃北蒙古族自治县	36	42	6	80.63	71.55	82.70
庄浪县	37	71	34	80.59	77.44	75.56
徽县	38	34	-4	80.57	77.33	75.68
夏河县	39	62	23	80.45	74.24	79.19
灵台县	40	33	-7	80.34	76.66	76.12

续表

县(市、区)	2019年综合排序	2018年综合排序	排序变化	科学教育竞争力得分		
				综合竞争力	科教支出竞争力	科教资源竞争力
镇原县	41	55	14	80.31	76.82	75.88
华池县	42	27	-15	80.19	74.26	78.78
平川区	43	28	-15	79.97	78.21	73.69
积石山保安族东乡族撒拉族自治县	44	9	-35	79.92	78.01	73.85
西和县	45	75	30	79.90	78.28	73.50
高台县	46	38	-8	79.82	80.85	70.29
西峰区	47	36	-11	79.67	79.41	71.78
麦积区	48	35	-13	79.64	79.68	71.43
武都区	49	53	4	79.63	78.92	72.32
正宁县	50	32	-18	79.23	77.24	73.72
永昌县	51	72	21	79.20	79.43	71.05
宁县	52	50	-2	78.87	75.59	75.15
七里河区	53	29	-24	78.76	81.25	68.19
临夏县	54	68	14	78.61	77.33	72.66
舟曲县	55	51	-4	78.50	72.94	77.76
武山县	56	66	10	78.27	76.39	73.27
肃州区	57	52	-5	78.22	77.27	72.14
东乡族自治县	58	60	2	78.21	76.76	72.74
成县	59	58	-1	78.16	76.07	73.50
华亭市	60	59	-1	77.84	74.49	74.89
合作市	61	85	24	77.64	72.52	76.95
城关区	62	24	-38	77.59	82.01	65.48
民乐县	63	76	13	77.59	77.81	70.51
崆峒区	64	65	1	77.58	76.83	71.69
康乐县	65	78	13	77.54	76.53	71.97
金塔县	66	54	-12	77.49	76.07	72.45
红古区	67	49	-18	77.48	77.65	70.54
庆城县	68	77	9	77.29	75.61	72.70
西固区	69	23	-46	76.87	76.65	70.82
白银区	70	43	-27	76.43	77.45	69.17
玉门市	71	39	-32	76.19	77.59	68.64
甘谷县	72	41	-31	76.13	75.86	70.61
广河县	73	81	8	76.10	77.49	68.63

续表

县（市、区）	2019年综合排序	2018年综合排序	排序变化	科学教育竞争力得分		
				综合竞争力	科教支出竞争力	科教资源竞争力
山丹县	74	73	-1	75.92	76.90	69.05
甘州区	75	56	-19	75.77	79.95	65.16
合水县	76	70	-6	75.62	74.97	70.90
瓜州县	77	69	-8	75.59	73.30	72.88
崇信县	78	64	-14	75.33	69.73	76.76
漳县	79	79	0	74.26	72.16	72.21
安宁区	80	61	-19	74.12	76.82	66.39
和政县	81	63	-18	73.88	73.60	69.88
临夏市	82	84	2	72.72	76.19	65.00
敦煌市	83	74	-9	72.59	71.99	69.83
阿克塞哈萨克族自治县	84	83	-1	70.52	65.00	75.06
玛曲县	85	82	-3	69.10	67.72	69.62
金川区	86	86	0	65.00	65.68	65.78
均值				79.85	77.33	74.56
极差				25.00	25.00	25.00
方差				18.44	16.86	22.75
标准差				4.29	4.11	4.77

资料来源：根据《甘肃发展年鉴》（2019）和甘肃省统计局提供的数据计算所得。

根据2019年甘肃省县域科学教育竞争力得分，甘肃省86个县（市、区）处于绝对优势的县（市、区）有8个，包括：民勤县、文县、肃南裕固族自治县、岷县、通渭县、皋兰县、环县、靖远县；处于一般优势的县（市、区）有34个，包括：陇西县、天祝藏族自治县、静宁县、临泽县、景泰县、会宁县、礼县、卓尼县、永靖县、碌曲县、宕昌县、秦安县、清水县、张家川回族自治县、安定区、永登县、泾川县、康县、迭部县、秦州区、榆中县、渭源县、临潭县、古浪县、凉州区、临洮县、两当县、肃北蒙古族自治县、庄浪县、徽县、夏河县、灵台县、镇原县、华池县；处于中势的县（市、区）有36个，包括：平川区、积石山保安族东乡族撒拉族自治县、西和县、高台县、西峰区、麦积区、武都区、正宁县、永昌县、宁县、七里河区、临夏县、舟曲县、武山县、肃州区、东乡族自治县、成县、华亭市、合作市、城关区、民乐县、崆峒区、康乐县、金塔县、红古区、庆城县、西固区、白银区、玉门市、甘谷县、广河县、山丹县、甘州区、合水县、瓜州县、崇信县；处于一般劣势的县（市、区）有6个，包括：漳县、安宁区、和政县、临夏市、敦煌市、阿克塞哈萨克族自治县；处于绝对劣势的县（市、区）有2个，包括：玛曲县、金川区（见表36）。

表36　2019年甘肃省县域科学教育竞争力水平归类分布一览

评价标准	县（市、区）名称	个数	贫困县（市、区）个数	
			2019年	2018年
绝对优势	民勤县、文县、肃南裕固族自治县、岷县、通渭县、皋兰县、环县、靖远县	8	6	2
一般优势	陇西县、天祝藏族自治县、静宁县、临泽县、景泰县、会宁县、礼县、卓尼县、永靖县、碌曲县、宕昌县、秦安县、清水县、张家川回族自治县、安定区、永登县、泾川县、康县、迭部县、秦州区、榆中县、渭源县、临潭县、古浪县、凉州区、临洮县、两当县、肃北蒙古族自治县、庄浪县、徽县、夏河县、灵台县、镇原县、华池县	34	30	15
中势	平川区、积石山保安族东乡族撒拉族自治县、西和县、高台县、西峰区、麦积区、武都区、正宁县、永昌县、宁县、七里河区、临夏县、舟曲县、武山县、肃州区、东乡族自治县、成县、华亭市、合作市、城关区、民乐县、崆峒区、康乐县、金塔县、红古区、庆城县、西固区、白银区、玉门市、甘谷县、广河县、山丹县、甘州区、合水县、瓜州县、崇信县	36	18	23
一般劣势	漳县、安宁区、和政县、临夏市、敦煌市、阿克塞哈萨克族自治县	6	3	15
绝对劣势	玛曲县、金川区	2	1	3

（2）结果分析

2019年甘肃省县域科学教育竞争力86个县（市、区）得分均值为79.85，处于中势，其极差、方差、标准差均相对较大，差异性较大，86个县（市、区）之间发展很不均衡；科教支出竞争力均值为77.33，处于中势；科教资源竞争力均值为74.56，处于一般劣势。从2个二级指标的极差、方差、标准差来看，均存在较大差异，在86个县（市、区）之间，科教支出和科教资源配置存在较大失衡（见表35）。

从86个县（市、区）科学教育竞争力水平归类分布来看，行政区域分布特征、地理位置特征及贫困特征均不太明显。在58个特困县（市、区）中科学教育竞争力处于中势及以上的有54个，占58个特困连片区县（市、区）的93.10%，比2018年增加了14个县域，比重增加了24.14个百分点（见表36）。

从排序变化来看，排序上升的有35个县（市、区），升幅较大的县（市、区）为：宕昌县、碌曲县、庄浪县、临泽县、西和县、张家川回族自治县、秦安县、合作市、夏河县、两当县、迭部县、永昌县、清水县、泾川县、临潭县、镇原县、临夏县、民乐县、康乐县、岷县、武山县、庆城县、广河县、静宁县、肃北蒙古族自治县，分别上升61、49、34、33、30、25、24、24、23、22、21、21、16、15、15、14、14、13、13、11、10、9、8、6、6位；肃南裕固族自治县、环县、漳县、金川区4个县（市、区）排序未变；排序下降的有47个县（市、区），降幅较大的县（市、区）为：西固区、城关区、积石山保安族东乡族撒拉族自治县、玉门市、甘谷县、白银区、七里河区、甘州区、安宁区、正宁县、红古区、和政县、渭源县、华池县、平川区、崇信县、麦积区、金塔县、榆中县、凉州区、西峰区、礼县、敦煌市、高台县、瓜州县、古浪县、灵台县、合水县、景泰县、永登县、肃州区，分别下降46、38、35、32、31、27、24、19、19、18、18、18、16、15、15、14、13、12、11、11、11、9、9、8、8、7、7、6、5、5、5位（见表35）。

2. 甘肃省市（州）县域科学教育竞争力子系统评价分析

（1）评价结果

2019年甘肃省14个市（州）县域科学教育竞争力综合评价情况如表37所示。

表37　2019年甘肃省14个市（州）县域科学教育竞争力评价

市（州）	2019年综合排序	2018年综合排序	排序变化	科学教育竞争力得分		
				综合竞争力	科教支出竞争力	科教资源竞争力
兰州市	1	6	5	90.00	90.00	72.71
甘南州	2	7	5	89.23	77.47	90.00
定西市	3	1	−2	87.03	79.79	82.59
白银市	4	2	−2	85.87	76.13	85.97
庆阳市	5	5	0	85.54	78.59	81.71
天水市	6	8	2	84.01	78.23	79.49
陇南市	7	3	−4	83.75	77.54	80.05
平凉市	8	10	2	83.57	74.39	84.41
武威市	9	4	−5	83.20	77.37	79.32
酒泉市	10	9	−1	80.86	74.85	78.85
临夏州	11	12	1	80.39	77.22	74.49
张掖市	12	11	−1	78.49	77.09	71.25
金昌市	13	14	1	72.91	70.42	71.15
嘉峪关市	14	13	−1	65.00	65.00	65.00
均值				82.13	76.72	78.36
极差				25.00	25.00	25.00
方差				43.67	29.22	45.56
标准差				6.61	5.41	6.75

资料来源：根据《甘肃发展年鉴》（2019）和甘肃省统计局提供的数据计算所得。

2019年甘肃省14个市（州）县域科学教育竞争力得分：兰州市90.00、甘南州89.23、定西市87.03、白银市85.87、庆阳市85.54，均处于绝对优势；天水市84.01、陇南市83.75、平凉市83.57、武威市83.20、酒泉市80.86、临夏州80.39，处于一般优势；张掖市78.49，处于中势；金昌市72.91处于一般劣势；嘉峪关市65.00，处于绝对劣势（见表38）。

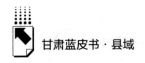

表38　2019年甘肃省14个市（州）县域科学教育竞争力水平归类分布一览

评价标准	市(州)名称	个数
绝对优势	兰州市、甘南州、定西市、白银市、庆阳市	5
一般优势	天水市、陇南市、平凉市、武威市、酒泉市、临夏州	6
中势	张掖市	1
一般劣势	金昌市	1
绝对劣势	嘉峪关市	1

（2）结果分析

从14个市（州）科学教育竞争力总体来看，均值为82.13，处于一般优势，高于86个县（市、区）均值；科教支出竞争力均值为76.72，科教资源竞争力均值为78.36，均处于中势；极差、方差、标准差明显扩大，说明在14个市（州）之间存在较大差异，结合86个县（市、区）的评价结果，反映出各市（州）所辖县域之间存在较大差异，各市（州）所辖县域之间发展不均衡，要素配置不均衡（见表37）。

从排序变化来看，排序上升的有6个市（州），为：兰州市、甘南州、天水市、平凉市、临夏州、金昌市；排序未变的只有庆阳市1个市（州）；排序下降的有7个市（州），为：武威市、陇南市、定西市、白银市、酒泉市、张掖市、嘉峪关市（见表37）。

小　结

通过以上分析，2019年甘肃省县域竞争力具有以下几方面明显特征。

第一，2019年甘肃省县域竞争力整体水平相对较低，与2018年相比提升明显；指标极差、方差、标准差相对2018年明显扩大，各县（市、区）及各地（州）县域综合竞争力不均衡化趋势显现。

第二，2019年甘肃省县域竞争力从8个一级指标均值来看，社会保障竞争力均值83.28，处于一般优势；科学教育竞争力均值79.85、基础设施竞争力均值78.15、人居环境竞争力均值78.02、公共服务竞争力均值

75.78，均处于中势；产业发展竞争力均值 74.78、社会结构竞争力均值 74.77、宏观经济竞争力均值 72.98，均处于一般劣势。

第三，2019 年甘肃省县域竞争力各市（州）及各市（州）所辖县域之间差异性较大，县域竞争力发展很不均衡；各县（市、区）排序波动较大，政策连续性及稳定性较差，县域竞争力可持续性不强。

第四，2019 年甘肃省县域竞争力各市（州）及各市（州）所辖县域之间要素配置差异性较大，县域竞争力要素配置很不均衡。

第五，2019 年甘肃省各市（州）及各市（州）所辖县域之间县域竞争力具有一定的行政区域、地理位置、经济发展、经济结构等因素制约下的分布特征。

第六，2019 年甘肃省脱贫攻坚取得了一定的成效，贫困地区县域竞争力上升趋势明显。六盘山特困片区榆中县综合竞争力从 2018 年处于中势上升到 2019 年一般优势，镇原县、庄浪县、甘谷县、景泰县、永靖县和安定区 6 县（区）从 2018 年处于一般劣势上升到 2019 年中势；在 58 个特困县（市、区）中综合竞争力处于中势及以上的有 19 个，占 58 个特困连片区县（市、区）的 32.76%，比 2018 年增加了 6 个，比重增加了 10.35 个百分点；8 个一级指标中，基础设施、社会保障、公共服务、人居环境、社会结构和科学教育 6 个指标竞争力处于中势及以上的贫困县域数量均为 2019 年高于 2018 年；2019 年全省 86 个县（市、区）综合竞争力排名上升的有 40 个县（市、区），其中贫困县（市、区）有 31 个，排名大幅上升的有 6 个，其中 5 个为贫困县，分别是：庄浪县、泾川县、秦安县、静宁县和皋兰县。

第七，从 2019 年甘肃省县域产业发展竞争力来看，各县（市、区）产业发展竞争力出现回归最初传统产业竞争力优势现象，反映出甘肃省 2019 年新兴产业发展不足，在 58 个特困县（市、区）中产业发展竞争力处于中势及以上的贫困县（市、区）有 14 个，占 58 个特困连片区县（市、区）的 24.14%，比 2018 年减少了 9 个，比重下降了 15.52 个百分点。特困地区产业竞争力有待提升，扶贫效果不明显；同时，在 58 个特困县（市、区）

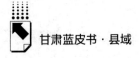
中宏观经济竞争力处于中势及以上的贫困县（市、区）有 7 个，占 58 个特困连片区县（市、区）的 12.07%，比 2018 年减少了 2 个，比重下降了 3.45 个百分点。

第八，从 2019 年甘肃省县域基础设施、社会保障、公共服务、人居环境、社会结构和科学教育 6 个指标竞争力来看，处于中势及以上的贫困县（市、区）数量均为 2019 年高于 2018 年，占 58 个特困连片区县（市、区）的比重分别为 72.41%、100%、34.48%、84.48%、36.21% 和 93.10%；贫困县域与非贫困县域差异性不明显，一方面反映出近几年对各贫困县（市、区）基础设施投资力度较大，社会保障、科学教育、人居环境等方面取得了显著成效；另一方面反映出近几年对各非贫困县（市、区）基础设施投入相对不足。

B.3
甘肃市（州）县域竞争力评价报告

何 剑 李振东*

摘　要：　本报告在参照《甘肃县域竞争力评价（2019）》研究结果的基础上，对甘肃省14个市（州）所辖县域竞争力进行总体及分项评价与分析，并根据各市（州）所辖县（市、区）经济社会发展优劣势特征，为各县域如何发挥优势、补齐短板，提出有针对性的决策参考依据。

关键词：　甘肃省　县域　竞争力评价

一　2019年甘肃省市（州）县域竞争力总体评价

根据"甘肃县域竞争力评价（2019）"课题研究方法及结论，得出甘肃省14个市（州）县域综合竞争力总体评价结果，如表1所示。按照各指标得分，将指标划分为5个等次，划分标准如表2所示。

兰州市县域综合竞争力得分为90.00，在甘肃省14个市（州）中居第1位，处于明显优势水平。分项来看，兰州市县域在宏观经济、产业发展、基础设施、公共服务、社会结构上均具有明显优势，在科学教育上处于一般优势，在社会保障和人居环境上处于中势，无中势以下水平

---

*　何剑，甘肃省社会科学院农村发展研究所助理研究员；李振东，甘肃省社会科学院农村发展研究所副所长。

指标。兰州市县域综合竞争力较强，有 5 项指标得分达到 90，县域经济社会发展无明显短板。

表 1 2019 年甘肃各市（州）县域综合竞争力及分项竞争力得分

市（州）	全省位次	2019 年县域竞争力得分									上年综合竞争力全省位次
		综合	宏观经济	产业发展	基础设施	社会保障	公共服务	人居环境	社会结构	科学教育	
兰州市	1	90.00	90.00	90.00	90.00	76.07	90.00	76.29	90.00	84.23	1
酒泉市	2	76.89	77.17	82.19	75.95	90.00	78.82	69.48	79.22	80.86	3
天水市	3	75.03	73.10	80.11	85.45	75.59	66.64	83.40	82.06	84.01	5
庆阳市	4	74.61	74.69	76.43	76.61	77.66	73.89	84.57	79.60	85.54	2
平凉市	5	74.50	71.59	74.53	87.64	77.37	73.69	85.80	81.75	83.57	9
张掖市	6	73.79	73.22	78.78	81.51	70.76	82.48	74.06	79.22	78.49	4
武威市	7	73.08	72.35	76.12	76.58	85.61	72.17	77.76	79.31	82.20	6
嘉峪关市	8	72.44	70.96	83.24	84.87	71.80	88.09	66.11	77.48	65.00	7
陇南市	9	71.36	69.32	75.25	80.84	75.93	65.00	86.50	81.26	83.76	8
白银市	10	71.31	71.74	77.96	80.44	78.42	71.27	65.00	69.77	85.87	11
金昌市	11	69.43	68.34	77.19	82.70	65.00	76.01	75.51	80.93	72.91	12
临夏州	12	69.41	67.87	75.11	80.55	79.54	65.28	74.81	80.92	80.39	13
定西市	13	69.28	69.05	74.55	77.37	75.03	68.51	70.37	75.07	87.03	10
甘南州	14	65.00	65.00	65.00	65.00	84.42	67.85	90.00	65.00	89.23	14
均值		73.30	72.46	77.60	80.39	77.37	74.26	77.12	78.69	81.65	—

表 2 指标等次划分标准

（指标）得分	≥85	80～85	75～80	70～75	<70
（指标）所属等次	明显优势	一般优势	中势	一般劣势	明显劣势

　　嘉峪关市县域综合竞争力得分为 72.44，在 14 个市（州）中居第 8位，处于一般劣势水平。分项来看，嘉峪关市县域在公共服务上具有明显优势，在产业发展和基础设施上具有一般优势，在社会结构上处于中势，在宏观经济和社会保障上处于一般劣势，在人居环境和科学教育上处于明显劣势。人居环境和科学教育两项指标得分均在 65，是嘉峪关市县域发展的主要短板。

金昌市县域综合竞争力得分为 69.43，在 14 个市（州）中居第 11 位，处于明显劣势。分项来看，金昌市县域在基础设施和社会结构上具有一般优势，在产业发展、公共服务和人居环境上处于中势，在社会结构上处于一般优势，在宏观经济和社会保障上处于明显劣势。宏观经济和社会保障是金昌市县域发展中的短板。

白银市县域综合竞争力得分为 71.31，在 14 个市（州）中居第 10 位，处于一般劣势。分项来看，白银市县域在科学教育上具有明显优势，在基础设施上具有一般优势，在产业发展和社会保障上处于中势，在宏观经济和公共服务上处于一般劣势，在人居环境上处于明显劣势。人居环境竞争力得分仅 65，相对其他指标明显偏低，表明白银市县域人居环境建设亟待加强。

天水市县域综合竞争力得分为 75.03，在 14 个市（州）中居第 3 位，处于中势。分项来看，天水市县域在基础设施上具有明显优势，在产业发展、人居环境、社会结构和科学教育上具有一般优势，在社会保障上处于中势，在宏观经济上处于一般劣势，在公共服务上处于明显劣势。天水市县域总体发展水平较高，但公共服务是明显短板。

武威市县域综合竞争力得分为 73.08，在 14 个市（州）中居第 7 位，处于一般劣势。分项来看，武威市县域在社会保障上具有明显优势，在科学教育上具有一般优势，在产业发展、基础设施、人居环境和社会结构上处于中势，在宏观经济和公共服务上处于一般劣势。武威市县域各项指标发展水平较为均衡。

张掖市县域综合竞争力得分为 73.79，在 14 个市（州）中居第 6 位，处于一般劣势。分项来看，张掖市县域在基础设施和公共服务上具有一般优势，在产业发展、社会结构和科学教育上处于中势，在宏观经济、社会保障和人居环境上处于一般劣势。张掖市县域经济社会发展最为均衡。

平凉市县域综合竞争力得分为 74.50，在 14 个市（州）中居第 5 位，处于一般劣势。分项来看，平凉市县域在基础设施和人居环境上具有明显优势，在社会结构和科学教育上具有一般优势，在社会保障上处于中势，在宏观经济、产业发展和公共服务上处于一般劣势。平凉市县域总体发展水

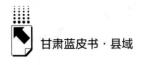

平较高。

酒泉市县域综合竞争力得分为 76.89，在 14 个市（州）中居第 2 位，处于中势。分项来看，酒泉市县域在社会保障上具有明显优势，在产业发展和科学教育上具有一般优势，在宏观经济、基础设施、公共服务和社会结构上处于中势，在人居环境上处于明显劣势。人居环境竞争力相对其他竞争力偏弱，成为酒泉市县域竞争力提升的主要制约因素。

庆阳市县域综合竞争力得分为 74.61，在 14 个市（州）中居第 4 位，处于一般劣势。分项来看，庆阳市县域在科学教育上具有明显优势，在人居环境上具有一般优势，在产业发展、基础设施、社会保障和社会结构上处于中势，在宏观经济和公共服务上处于一般劣势。

定西市县域综合竞争力得分为 69.28，在 14 个市（州）中居第 13 位，处于明显劣势。分项来看，定西市县域在科学教育上具有明显优势，在基础设施、社会保障和社会结构上处于中势，在产业发展和人居环境上处于一般劣势，在宏观经济和公共服务上处于明显劣势。定西市县域发展较不均衡，其中科学教育竞争力得分接近 90，而宏观经济和公共服务得分均在 70 以下。

陇南市县域综合竞争力得分为 71.36，在 14 个市（州）中居第 9 位，处于一般劣势。分项来看，陇南市县域在人居环境上具有明显优势，在基础设施和科学教育上具有一般优势，在产业发展和社会保障上处于中势，在宏观经济和公共服务上处于明显劣势。宏观经济和公共服务是陇南市县域发展中的短板。

临夏州县域综合竞争力得分为 69.41，在 14 个市（州）中居第 12 位，处于明显劣势。分项来看，临夏州县域在基础设施、社会结构和科学教育上具有一般优势，在产业发展和社会保障上处于中势，在人居环境上处于一般劣势，在宏观经济和公共服务上处于明显劣势。宏观经济和公共服务是临夏州县域竞争力提升的主要制约因素。

甘南州县域综合竞争力得分为 65.00，在 14 个市（州）中居第 14 位，处于明显劣势。甘南州县域在人居环境和科学教育上具有明显优势，在社会保障上处于一般优势，在宏观经济、产业发展、基础设施、公共服务和社会结构上处于明显劣势。甘南州县域各方面发展较不均衡，人居环境和科学教育得分均达到或接近90，而宏观经济、产业发展、基础设施和社会结构4项指标得分均仅为65，严重影响了县域综合竞争力的提升。下一步要注意引导资源和要素的配置。

如表2所示，总体来看，甘肃省14个市（州）县域发展中，科学教育竞争力最高，平均得分81.65；平均得分75～80的指标按竞争力由高到低，依次是基础设施、社会结构、产业发展、社会保障和人居环境；宏观经济和公共服务平均得分均不足75。因此，下一步提升甘肃省县域竞争力的关键是，促进并保持县域经济稳定增长，同时提升公共服务供给水平和效率。

结合表3可以看出，各市（州）县域综合竞争力得分及排序较2018年有所变化，其中排序变化较大的是平凉市和定西市，前者由第9位上升到第5位，后者由第10位下降到第13位。分项来看，社会保障竞争力较2018年变化较大，其中金昌市得分由84.18下降到65，张掖市得分由84.93下降到70.76，庆阳市由86.98下降到77.66，临夏州由65上升到79.54，甘南州由78.10上升到84.42。表明县域社会保障水平的不稳定性较大。

表3　2018年甘肃各市（州）县域综合竞争力及分项竞争力得分

市（州）	2018年县域竞争力得分								
	综合	宏观经济	产业发展	基础设施	社会保障	公共服务	人居环境	社会结构	科学教育
兰州市	90.00	90.00	90.00	90.00	77.87	88.13	80.78	90.00	84.23
庆阳市	76.96	75.54	77.96	75.26	86.98	73.04	86.07	78.58	84.84
酒泉市	76.79	76.83	78.81	77.93	90.00	76.46	69.90	78.50	81.14
张掖市	75.62	73.32	78.09	82.01	84.93	78.29	71.11	78.67	80.11
天水市	74.94	73.64	80.11	84.43	70.71	66.07	78.88	80.80	82.83
武威市	74.92	71.71	79.83	77.39	85.13	71.44	73.94	77.60	85.94
嘉峪关市	74.78	68.08	86.27	85.55	78.74	90.00	66.58	76.08	65.92
陇南市	73.38	70.61	74.98	78.23	79.75	66.00	85.89	79.61	86.89
平凉市	73.26	71.99	70.94	86.16	80.30	72.65	75.48	80.57	81.09
定西市	71.61	69.37	77.11	74.77	78.60	67.90	70.20	74.72	90.00

续表

市 (州)	2018 年县域竞争力得分								
	综合	宏观经济	产业发展	基础设施	社会保障	公共服务	人居环境	社会结构	科学教育
白银市	71.61	71.60	77.42	76.97	74.08	71.34	65.00	70.22	87.21
金昌市	70.27	65.95	80.37	79.35	84.18	72.75	74.70	78.28	65.00
临夏州	69.63	67.57	75.52	80.58	65.00	65.00	79.76	79.24	80.01
甘南州	65.00	65.00	65.00	65.00	78.10	67.39	90.00	65.00	83.65
均值	74.20	72.23	78.03	79.55	79.60	73.32	76.31	77.78	81.35

二 2019年甘肃省县域竞争力分市（州）评价分析

各市（州）① 所辖县域竞争力得分情况如表4至表16所示，结合表4至表16对市（州）所辖县（市、区）发展的优势及劣势进行分析。

（一）兰州市所辖县域竞争力评价分析

城关区县域综合竞争力得分为90.00，在全省居第1位、在兰州市居第1位，具有明显优势。分项来看，城关区在宏观经济、基础设施、公共服务、人居环境和社会结构上具有明显优势，在产业发展上具有一般优势，在科学教育上处于中势，在社会保障上处于明显劣势。总体来看，城关区县域综合竞争力较强，发展优势较为突出，但社会保障存在明显短板。

七里河区县域综合竞争力得分为84.58，在全省居第3位、在兰州市居第3位，具有一般优势。分项来看，七里河区在宏观经济、产业发展、社会保障和公共服务上具有一般优势，在基础设施、人居环境、社会结构和科学教育上处于中势，无绝对优势及中势以下指标。总体来看，七里河区在县域竞争力各项指标上发展较为均衡，无明显优势及短板。

---

① 由于嘉峪关市无下辖县（区），因此评价对象为除嘉峪关市以外13个市（州）的所辖县域。

西固区县域综合竞争力综合得分为83.32，在全省居第6位、在兰州市居第4位，具有一般优势。分项来看，西固区在宏观经济、产业发展、社会保障和社会结构上具有一般优势，在基础设施、公共服务、人居环境和科学教育上处于中势，无中势以下水平指标。县域发展水平较高，且较为平衡。

安宁区县域综合竞争力得分为84.74，在全省居第2位、在兰州市居第2位，具有一般优势。分项来看，安宁区在产业发展、社会保障和社会结构上具有明显优势，在宏观经济和人居环境上具有一般优势，在基础设施和科学教育上处于一般劣势，在公共服务上处于绝对劣势。总体来看，虽然安宁区县域综合竞争力较强，但发展极不均衡，尤其是公共服务发展严重滞后，极大地影响了县域竞争力的整体表现。

红古区县域综合竞争力得分为76.51，在全省居第31位、在兰州市居第8位，处于中势。分项来看，2019年红古区在宏观经济、产业发展、社会保障、公共服务、人居环境和科学教育上处于中势，在社会结构上处于一般劣势，在基础设施上处于明显劣势。总体来看，红古区有6项指标处于中势水平，县域经济社会发展相对均衡。

永登县县域综合竞争力得分为78.01，在全省居第22位、在兰州市居第7位，处于中势。分项来看，永登县在社会保障和科学教育上具有一般优势，在宏观经济、产业发展、基础设施、公共服务和社会结构上处于中势，在人居环境上处于一般劣势。总体来看，永登县县域发展较为均衡，无明显优势及短板。

皋兰县县域综合竞争力得分为78.77，在全省居第17位、在兰州市居第6位，处于中势。分项来看，皋兰县在科学教育上具有明显优势，在产业发展和社会保障上具有一般优势，在宏观经济和基础设施上处于中势，在公共服务、人居环境和社会结构上处于一般劣势。

榆中县县域综合竞争力得分为80.54，在全省居第10位、在兰州市居第5位，具有一般优势。分项来看，榆中县在社会保障上具有明显优势，在产业发展和科学教育上具有一般优势，在宏观经济、基础设施、公共服务、人居环境和社会结构上处于中势。榆中县县域发展总体水平较高，无明显制约因素（见表4）。

表4　2019年兰州市县域竞争力一级指标得分及排名情况

县（市、区）	全省排序	市（州）排序	2019年县域竞争力得分									上年综合竞争力全省位次
			综合	宏观经济	产业发展	基础设施	社会保障	公共服务	人居环境	社会结构	科学教育	
城关区	1	1	90.00	90.00	82.25	90.00	65.00	87.62	87.57	86.75	77.59	1
七里河区	3	3	84.58	84.49	80.90	79.82	80.51	82.20	79.39	78.97	78.76	3
西固区	6	4	83.32	83.10	81.32	78.94	80.99	79.02	78.65	81.44	76.87	2
安宁区	2	2	84.74	81.17	90.00	71.92	89.70	66.98	81.12	90.00	74.12	4
红古区	31	8	76.51	78.23	79.31	69.72	79.78	76.76	78.31	74.43	77.48	31
永登县	22	7	78.01	74.64	77.70	79.95	84.53	77.07	74.84	76.92	82.28	18
皋兰县	17	6	78.77	76.21	80.49	78.85	83.57	73.39	74.42	74.85	86.34	27
榆中县	10	5	80.54	76.82	81.10	79.75	86.54	76.65	75.19	76.25	81.79	11

资料来源：根据《甘肃发展年鉴》（2020）和甘肃省统计局提供的数据处理而来。

（二）金昌市所辖县域竞争力评价分析

金川区县域综合竞争力得分为79.51，在全省居第11位、在金昌市居第1位，处于中势。分项来看，金川区在宏观经济、基础设施和公共服务上具有一般优势，在产业发展、社会保障、人居环境和社会结构上处于中势，在科学教育上处于明显劣势。科学教育得分偏低，仅为65，成为制约金川区县域竞争力提升的主要因素。

永昌县县域综合竞争力得分为78.74，在全省居第18位、在金昌市居第2位，处于中势。分项来看，永昌县在基础设施、社会保障和人居环境上具有一般优势，在产业发展、公共服务、社会结构和科学教育上处于中势，在宏观经济上处于一般劣势。县域发展总体较为均衡（见表5）。

表 5　2019 年金昌市县域竞争力一级指标得分及排名情况

县（市、区）	全省排序	市（州）排序	2019 年县域竞争力得分									上年综合竞争力全省位次
			综合	宏观经济	产业发展	基础设施	社会保障	公共服务	人居环境	社会结构	科学教育	
金川区	11	1	79.51	80.40	78.30	83.29	79.39	80.70	76.87	77.51	65.00	10
永昌县	18	2	78.74	74.79	77.53	83.02	81.37	76.75	83.80	75.50	79.20	17

资料来源：根据《甘肃发展年鉴》（2020）和甘肃省统计局提供的数据处理而来。

（三）白银市所辖县域竞争力评价分析

白银区县域综合竞争力得分为 81.48，在全省居第 9 位、在白银市居第 1 位，具有一般优势。分项来看，白银区在宏观经济、产业发展、基础设施、公共服务和社会结构上具有一般优势，在社会保障、人居环境和科学教育上处于中势，无明显优势及明显劣势水平指标。县域发展总体较为均衡。

平川区县域综合竞争力得分为 76.15，在全省居第 35 位、在白银市居第 2 位，处于中势。分项来看，平川区在基础设施上具有一般优势，在产业发展、社会保障、公共服务、人居环境、社会结构和科学教育上均处于中势，在宏观经济上处于一般劣势。县域发展总体较为均衡。

靖远县县域综合竞争力得分为 74.30，在全省居第 45 位、在白银市居第 4 位，处于一般劣势。分项来看，靖远县在科学教育上具有明显优势，在社会保障上具有一般优势，在基础设施上处于中势，在宏观经济、产业发展、公共服务、人居环境和社会结构上处于一般劣势。

会宁县县域综合竞争力得分为 73.30，在全省居第 57 位、在白银市居第 5 位，处于一般劣势。分项来看，会宁县在社会保障和科学教育上具有一般优势，在基础设施、公共服务和人居环境上处于中势，在宏观经济、产业发展和社会结构上处于一般劣势（见表 6）。

景泰县县域综合竞争力得分为 75.47，在全省居第 40 位、在白银市居第 3 位，处于中势。分项来看，景泰县在社会保障上具有明显优势，在基础设施和科学教育上具有一般优势，在人居环境上处于中势，在宏观经济、产业发展、公共服务和社会结构上处于一般劣势（见表6）。

表6 2019年白银市县域竞争力一级指标得分及排名情况

县 （市、区）	全省 排序	市（州） 排序	2019年县域竞争力得分									上年综 合竞争 力全省 位次
			综合	宏观 经济	产业 发展	基础 设施	社会 保障	公共 服务	人居 环境	社会 结构	科学 教育	
白银区	9	1	81.48	81.04	80.24	81.30	77.92	80.41	75.82	80.48	76.43	9
平川区	35	2	76.15	74.66	75.52	80.81	78.84	78.11	76.35	75.76	79.97	21
靖远县	45	4	74.30	73.07	73.77	79.55	82.90	74.77	73.42	72.16	85.01	45
会宁县	57	5	73.30	71.18	73.02	77.74	83.92	75.37	75.76	72.85	83.31	58
景泰县	40	3	75.47	72.85	74.94	80.87	85.20	73.27	75.80	73.45	83.55	41

资料来源：根据《甘肃发展年鉴》（2020）和甘肃省统计局提供的数据处理而来。

（四）天水市所辖县域竞争力评价分析

秦州区县域综合竞争力得分为79.41，在全省居第12位、在天水市居第1位，处于中势。分项来看，秦州区在基础设施、社会结构和科学教育上具有一般优势，在宏观经济、产业发展、社会保障和人居环境上处于中势，在公共服务上处于一般劣势。

麦积区县域综合竞争力得分为79.02，在全省居第15位、在天水市居第2位，处于中势。分项来看，麦积区在社会保障和人居环境上具有一般优势，在宏观经济、产业发展、基础设施、公共服务、社会结构和科学教育上处于中势。县域经济社会发展呈现较高水平均衡发展的特征。

清水县域综合竞争力得分为73.70，在全省居第51位、在天水市居第5位，处于一般劣势。分项来看，清水县在人居环境上具有明显优势，在基础设施、社会保障和科学教育上具有一般优势，在产业发展、公共服务和社会结构上处于一般劣势，在宏观经济上处于明显劣势。无中势水平指标。县域经济社会发展呈现非均衡的特征，其中宏观经济是制约县域竞争力提升的主要因素。

秦安县县域综合竞争力得分为 73.96，在全省居第 49 位、在天水市居第 4 位，处于一般劣势。分项来看，秦安县在社会保障和科学教育上具有一般优势，在基础设施上处于中势，在宏观经济、产业发展、公共服务、人居环境和社会结构上处于一般劣势。

甘谷县县域综合竞争力得分为 75.61，在全省居第 39 位、在天水市居第 3 位，处于中势。分项来看，甘谷县在社会保障上具有明显优势，在基础设施上具有一般优势，在人居环境、社会结构和科学教育上处于中势，在宏观经济、产业发展和公共服务上处于一般劣势。

武山县县域综合竞争力得分为 73.31，在全省居第 56 位、在天水市居第 6 位，处于一般劣势。分项来看，武山县在基础设施和社会保障上具有一般优势，在人居环境、社会结构和科学教育上处于中势，在宏观经济、产业发展和公共服务上处于一般劣势。

张家川县县域综合竞争力得分为 71.25，在全省居第 69 位、在天水市居第 7 位，处于一般劣势。分项来看，张家川县在社会保障和科学教育上具有一般优势，在基础设施和人居环境上处于中势，在产业发展、公共服务和社会结构上处于一般劣势，在宏观经济上处于明显劣势。张家川县县域发展较不协调，其中产业和经济较为滞后（见表7）。

表7 2019 年天水市县域竞争力一级指标得分及排名情况

县（市、区）	全省排序	市（州）排序	2019 年县域竞争力得分									上年综合竞争力全省排序
			综合	宏观经济	产业发展	基础设施	社会保障	公共服务	人居环境	社会结构	科学教育	
秦州区	12	1	79.41	79.21	79.25	83.16	77.05	72.28	75.85	80.11	81.85	14
麦积区	15	2	79.02	76.57	77.61	77.62	83.02	76.69	82.89	78.16	79.64	12
清水县	51	5	73.70	69.16	71.70	80.31	83.16	73.99	88.05	72.39	82.65	53
秦安县	49	4	73.96	72.71	74.49	77.56	84.61	73.33	72.96	74.35	82.70	61
甘谷县	39	3	75.61	72.25	74.07	82.25	85.56	74.56	79.65	76.78	76.13	38
武山县	56	6	73.31	71.41	73.72	81.28	81.45	73.92	75.45	75.47	78.27	55
张家川县	69	7	71.25	68.12	71.14	78.62	84.48	74.46	76.46	72.69	82.56	73

资料来源：根据《甘肃发展年鉴》（2020）和甘肃省统计局提供的数据处理而来。

（五）武威市所辖县域竞争力评价分析

凉州区县域综合竞争力得分为83.56，在全省居第4位、在武威市居第1位，具有一般优势。分项来看，凉州区在社会保障上具有明显优势，在宏观经济、基础设施、社会结构和科学教育上具有一般优势，在产业发展、公共服务和人居环境上处于中势，无中势以下水平指标。凉州区县域竞争力构成中无明显短板，县域经济社会正处于较高水平的均衡发展阶段。

民勤县县域综合竞争力得分为76.89，在全省居第26位、在武威市居第2位，处于中势。分项来看，民勤县在科学教育上具有明显优势，在社会保障上具有一般优势，在宏观经济、基础设施、公共服务和人居环境上处于中势，在产业发展和社会结构上处于一般劣势。民勤县在科学教育方面表现较为突出。

古浪县县域综合竞争力得分为71.97，在全省居第65位、在武威市居第4位，处于一般劣势。分项来看，古浪县在社会保障和科学教育上具有一般优势，在人居环境上处于中势，在宏观经济、产业发展、基础设施、公共服务和社会结构上均处于一般劣势。县域发展能力整体偏弱，无明显优势。

天祝县县域综合竞争力得分为76.86，在全省居第27位、在武威市居第3位，处于中势。分项来看，天祝县在社会保障上具有明显优势，在人居环境和科学教育上具有一般优势，在基础设施和公共服务上处于中势，在宏观经济、产业发展和社会结构上处于一般劣势。天祝县在社会保障方面表现较为突出，其次是科学教育和人居环境（见表8）。

（六）张掖市所辖县域竞争力评价分析

甘州区县域综合竞争力得分为81.89，在全省居第8位、在张掖市居第1位，具有一般优势。分项来看，甘州区在宏观经济、产业发展、基础设施、社会保障和科学教育上具有一般优势，在公共服务、人居环境、社会结构上处于中势。甘州区县域发展无明显短板，发展水平较高。

表8　2019年武威市县域竞争力一级指标得分及排名情况

| 县（市、区） | 全省排序 | 市(州)排序 | 2019年县域竞争力得分 | | | | | | | | | 上年综合竞争力全省位次 |
			综合	宏观经济	产业发展	基础设施	社会保障	公共服务	人居环境	社会结构	科学教育	
凉州区	4	1	83.56	80.84	79.85	81.43	86.43	78.98	76.25	81.59	80.85	5
民勤县	26	2	76.89	75.01	74.95	78.66	83.44	76.85	75.64	71.30	90.00	24
古浪县	65	4	71.97	71.12	72.58	74.57	82.99	72.99	78.85	73.66	80.96	66
天祝县	27	3	76.86	73.76	72.75	77.15	90.00	76.27	82.22	72.59	84.58	26

资料来源：根据《甘肃发展年鉴》（2020）和甘肃省统计局提供的数据处理而来。

肃南县县域综合竞争力得分为75.04，在全省居第43位、在张掖市居第5位，处于中势。分项来看，肃南县在公共服务和科学教育上具有明显优势，在人居环境上处于中势，在宏观经济、产业发展、基础设施和社会结构上处于一般劣势。

民乐县县域综合竞争力得分为74.59，在全省居第44位、在张掖市居第6位，处于一般劣势。分项来看，民乐县在基础设施上具有一般优势，在产业发展、社会保障、公共服务、人居环境和科学教育上处于中势，在宏观经济和社会结构上处于一般劣势。

临泽县县域综合竞争力得分为78.25，在全省居第20位、在张掖市居第2位，处于中势。分项来看，临泽县在社会保障上具有明显优势，在基础设施、公共服务和科学教育上具有一般优势，在产业发展、人居环境和社会结构上处于中势，在宏观经济上处于一般劣势。县域经济发展相对滞后。

高台县县域综合竞争力得分为76.31，在全省居第33位、在张掖市居第4位，处于中势。分项来看，高台县在社会保障上具有一般优势，在产业发展、基础设施、公共服务、人居环境、社会结构和科学教育上处于中势，在宏观经济上处于一般劣势。

山丹县县域综合竞争力得分为77.39，在全省居第23位、在张掖市居第3位。处于中势。分项来看，山丹县在社会保障上具有明显优势，在基础设施上具有一般优势，在产业发展、公共服务、人居环境、社会结构和科学教育上处于中势，在宏观经济上处于一般劣势。山丹县除宏观经济外，其他指标均在中势以上，表明县域整体发展水平较高（见表9）。

表9　2019年张掖市县域竞争力一级指标得分及排名情况

| 县（市、区） | 全省排序 | 市（州）排序 | 2019年县域竞争力得分 | | | | | | | | | 上年综合竞争力全省位次 |
			综合	宏观经济	产业发展	基础设施	社会保障	公共服务	人居环境	社会结构	科学教育	
甘州区	8	1	81.89	80.46	83.72	81.60	81.32	77.09	76.69	75.77	80.46	8
肃南县	43	5	75.04	72.09	73.22	73.84	80.55	86.69	75.91	70.41	89.08	37
民乐县	44	6	74.59	72.63	76.98	81.85	77.92	75.59	76.61	72.75	77.59	40
临泽县	20	2	78.25	72.91	76.68	80.05	85.65	80.89	77.47	75.23	83.90	19
高台县	33	4	76.31	73.10	76.10	79.33	83.19	78.28	76.59	75.88	79.82	29
山丹县	23	3	77.39	73.74	76.37	80.28	86.11	79.60	76.13	76.88	75.92	33

资料来源：根据《甘肃发展年鉴》（2020）和甘肃省统计局提供的数据处理而来。

（七）平凉市所辖县域竞争力评价分析

崆峒区县域综合竞争力得分为78.86，在全省居第16位、在平凉市居第1位，处于中势。分项来看，崆峒区在基础设施和社会保障上具有一般优势，在宏观经济、产业发展、公共服务、人居环境、社会结构和科学教育上处于中势。崆峒区县域整体竞争力较强，且发展较为均衡，无明显弱项。

泾川县县域综合竞争力得分为73.50，在全省居第54位、在平凉市居第6位，处于一般劣势。分项来看，泾川县在基础设施、社会保障和科学教育上具有一般优势，在公共服务和人居环境上处于中势，在宏观经济、产业发展和社会结构上处于一般劣势。

灵台县县域综合竞争力得分为73.18，在全省居第58位、在平凉市居第7位，处于一般劣势。分项来看，灵台县在社会保障上具有明显优势，在科学教育上具有一般优势，在基础设施、公共服务和人居环境上处于中势，在产业发展和社会结构上处于一般劣势。在宏观经济上处于明显劣势。灵台县各指标得分差异较大，表明县域发展的强项、弱项均较为明显，发展的不均衡性突出。

崇信县县域综合竞争力得分为 74.11，在全省居第 47 位、在平凉市居第 5 位，处于一般劣势。分项来看，崇信县在社会保障和人居环境上具有一般优势，在基础设施和科学教育上处于中势，在宏观经济、产业发展、公共服务和社会结构上处于一般劣势。

庄浪县县域综合竞争力得分为 75.71，在全省居第 38 位、在平凉市居第 3 位，处于中势。分项来看，庄浪县在人居环境上具有明显优势，在基础设施和科学教育上具有一般优势，在公共服务和社会结构上处于中势，在宏观经济和产业发展上处于一般劣势。

静宁县县域综合竞争力得分为 78.26，在全省居第 19 位、在平凉市居第 2 位，处于中势。分项来看，静宁县在社会保障和人居环境上具有明显优势，在基础设施和科学教育上具有一般优势，在公共服务和社会结构上处于中势，在宏观经济和产业发展上处于一般劣势。

华亭市县域综合竞争力得分为 74.27，在全省居第 46 位、在平凉市居第 4 位，处于一般劣势。分项来看，华亭市在社会保障上具有明显优势，在基础设施、公共服务和科学教育上处于中势，在宏观经济、产业发展和社会结构上处于一般劣势，在人居环境上处于明显劣势。人居环境得分明显低于其他指标，是县域竞争力提升的最大短板（见表 10）。

表 10　2019 年平凉市所辖各县县域竞争力一级指标得分及排名情况

县（市、区）	全省排序	市（州）排序	2019 年县域竞争力得分									上年综合竞争力全省位次
			综合	宏观经济	产业发展	基础设施	社会保障	公共服务	人居环境	社会结构	科学教育	
崆峒区	16	1	78.86	77.50	78.25	80.79	81.18	77.05	75.35	79.50	77.58	16
泾川县	54	6	73.50	70.73	71.25	81.17	84.78	76.43	75.69	73.42	82.26	72
灵台县	58	7	73.18	68.70	72.15	79.71	85.50	77.67	78.44	73.50	80.34	60
崇信县	47	5	74.11	71.57	72.82	79.79	83.82	74.49	83.66	74.81	75.33	48

县 （市、区）	全省 排序	市(州) 排序	2019 年县域竞争力得分									上年综 合竞争 力全省 位次
			综合	宏观 经济	产业 发展	基础 设施	社会 保障	公共 服务	人居 环境	社会 结构	科学 教育	
庄浪县	38	3	75.71	72.35	72.25	80.72	82.18	75.42	85.90	77.52	80.59	56
静宁县	19	2	78.26	73.07	73.31	84.60	85.09	76.42	85.37	75.67	84.04	30
华亭市	46	4	74.27	74.51	73.74	77.60	86.45	77.01	67.31	74.91	77.84	50

资料来源：根据《甘肃发展年鉴》（2020）和甘肃省统计局提供的数据处理而来。

（八）酒泉市所辖县域竞争力评价分析

肃州区县域综合竞争力得分为 83.15，在全省居第 7 位、在酒泉市居第 1 位，具有一般优势。分项来看，肃州区在社会保障上具有明显优势，在宏观经济、基础设施和公共服务上具有一般优势，在产业发展、社会结构和科学教育上处于中势，在人居环境上处于一般劣势。县域经济社会呈现较高水平均衡发展的特征。

金塔县县域综合竞争力得分为 75.95，在全省居第 37 位、在酒泉市居第 6 位，处于中势。分项来看，金塔县在社会保障上具有明显优势，在基础设施、公共服务和科学教育上处于中势，在宏观经济、人居环境和社会结构上处于一般劣势。金塔县在社会保障方面一枝独秀，得分接近 90，而其他指标则均在中势及以下，发展的不均衡性突出。

瓜州县县域综合竞争力得分为 76.12，在全省居第 36 位、在酒泉市居第 5 位，处于中势。分项来看，瓜州县在社会保障上具有明显优势，在宏观经济、产业发展、基础设施、公共服务和科学教育上处于中势，在人居环境和社会结构上处于一般劣势。

肃北县县域综合竞争力得分为 76.66，在全省居第 28 位、在酒泉市居第 4 位，处于中势。分项来看，肃北县在社会保障和公共服务上具有明显优势，在科学教育上具有一般优势，在人居环境上处于中势，在宏观经济、产业发展、基础设施和社会结构上处于一般劣势。

阿克塞县县域综合竞争力得分为74.01，在全省居第48位、在酒泉市居第7位，处于一般劣势。分项来看，阿克塞县在公共服务上具有明显优势，在基础设施和社会保障上具有一般优势，在宏观经济、产业发展、人居环境、社会结构和科学教育上处于一般劣势。阿克塞县各项指标得分差异较大，公共服务得分达到90，但同时有5项指标处于劣势，表明县域发展较不协调。

玉门市县域综合竞争力得分为79.36，在全省居第13位、在酒泉市居第2位，处于中势。分项来看，玉门市在社会保障上具有明显优势，在基础设施上具有一般优势，在宏观经济、产业发展、公共服务、人居环境、社会结构和科学教育上处于中势。玉门市无劣势指标，县域经济社会呈现较高水平上的均衡发展特征。

敦煌市县域综合竞争力得分为76.91，在全省居第25位、在酒泉市居第3位，处于中势。分项来看，敦煌市在社会保障上具有明显优势，在宏观经济、基础设施、公共服务和社会结构上处于中势，在产业发展、人居环境和科学教育上处于一般劣势（见表11）。

表11　2019年酒泉市县域竞争力一级指标得分及排名情况

| 县（市、区） | 全省排序 | 市（州）排序 | 2019年县域竞争力得分 | | | | | | | | | 上年综合竞争力全省位次 |
			综合	宏观经济	产业发展	基础设施	社会保障	公共服务	人居环境	社会结构	科学教育	
肃州区	7	1	83.15	81.09	79.35	84.07	85.75	80.10	74.86	78.25	78.22	7
金塔县	37	6	75.95	73.87	74.59	77.60	89.95	76.80	74.86	73.75	77.49	32
瓜州县	36	5	76.12	75.70	77.47	77.19	86.93	75.15	73.92	71.32	75.59	28
肃北县	28	4	76.66	72.76	74.65	72.77	87.41	89.52	75.63	70.92	80.63	34
阿克塞县	48	7	74.01	71.28	71.32	82.35	80.26	90.00	73.21	73.03	70.52	49
玉门市	13	2	79.36	76.80	78.90	80.78	86.35	77.54	76.28	75.28	76.19	13
敦煌市	25	3	76.91	78.28	74.67	75.98	88.17	76.58	73.33	77.50	72.59	22

资料来源：根据《甘肃发展年鉴》（2020）和甘肃省统计局提供的数据处理而来。

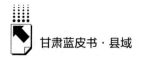

（九）庆阳市所辖县域竞争力评价分析

西峰区县域综合竞争力得分为83.33，在全省居第5位、在庆阳市居第1位，具有一般优势。分项来看，西峰区在宏观经济、基础设施、社会保障和公共服务上具有一般优势，在产业发展、人居环境、社会结构和科学教育上处于中势。各项指标均在中势及以上水平，且差异较小，反映出西峰区县域经济社会处于良性均衡发展之中。

庆城县县域综合竞争力得分为73.57，在全省居第53位、在庆阳市居第5位，处于一般劣势。分项来看，庆城县在社会保障上具有一般优势，在基础设施、人居环境和科学教育上处于中势，在宏观经济、公共服务和社会结构上处于一般劣势。

环县县域综合竞争力得分为73.41，在全省居第55位、在庆阳市居第6位，处于一般劣势。分项来看，环县在科学教育上具有明显优势，在社会保障上具有一般优势，在社会结构上处于中势，在宏观经济、产业发展、基础设施、公共服务和人居环境上处于一般劣势。

华池县县域综合竞争力得分为72.80，在全省居第61位、在庆阳市居第7位，处于一般劣势。分项来看，华池县在社会保障、人居环境和科学教育上具有一般优势，在宏观经济、产业发展、基础设施和公共服务上处于一般劣势，在社会结构上处于明显劣势。社会结构竞争力偏弱，制约了县域整体发展。

合水县县域综合竞争力得分为73.60，在全省居第52位、在庆阳市居第4位，处于一般劣势。分项来看，合水县在社会保障和人居环境上具有一般优势，在基础设施和科学教育上处于中势，在宏观经济、产业发展、公共服务和社会结构上处于一般劣势。

正宁县县域综合竞争力得分为70.25，在全省居第76位、在庆阳市居第8位，处于一般劣势。分项来看，正宁县在社会保障上具有一般优势，在基础设施、人居环境和科学教育上处于中势，在产业发展、公共服务和社会结构上处于一般劣势，在宏观经济上处于明显劣势。宏观经济是正宁县县域竞争力提升的一大制约因素。

宁县县域综合竞争力得分为 73.92，在全省居第 50 位、在庆阳市居第 3 位，处于一般劣势。分项来看，宁县在社会保障和人居环境上具有一般优势，在基础设施、社会结构和科学教育上处于中势，在宏观经济、产业发展和公共服务上处于一般劣势。

镇原县县域综合竞争力得分为 76.23，在全省居第 34 位、在庆阳市居第 2 位，处于中势。分项来看，镇原县在社会保障、人居环境和科学教育上具有一般优势，在产业发展、基础设施、公共服务和社会结构上处于中势，在宏观经济上处于一般劣势（见表 12）。

表 12　2019 年庆阳市县域竞争力一级指标得分及排名情况

| 县（市、区） | 全省排序 | 市（州）排序 | 2019 年县域竞争力得分 | | | | | | | | | 上年综合竞争力全省位次 |
			综合	宏观经济	产业发展	基础设施	社会保障	公共服务	人居环境	社会结构	科学教育	
西峰区	5	1	83.33	80.19	79.05	84.85	83.30	81.66	79.14	77.43	79.67	6
庆城县	53	5	73.57	73.84	73.90	75.99	83.41	73.32	77.98	73.28	77.29	51
环县	55	6	73.41	74.55	73.97	71.09	82.88	72.43	74.10	75.49	86.28	46
华池县	61	7	72.80	72.93	73.46	72.55	83.63	74.88	81.11	68.71	80.19	52
合水县	52	4	73.60	72.52	72.23	78.76	83.24	74.60	83.04	72.45	75.62	42
正宁县	76	8	70.25	69.87	71.46	75.29	81.56	71.45	78.49	74.01	79.23	63
宁县	50	3	73.92	72.12	72.80	79.42	83.18	72.05	82.19	75.31	78.87	47
镇原县	34	2	76.23	73.52	75.36	79.42	81.37	76.05	81.93	75.64	80.31	39

资料来源：根据《甘肃发展年鉴》（2020）和甘肃省统计局提供的数据处理而来。

（十）定西市所辖县域竞争力评价分析

安定区县域综合竞争力得分为 75.32，在全省居第 42 位、在定西市居第 3 位，处于中势。分项来看，安定区在社会保障和科学教育上具有一般优势，在宏观经济、产业发展和人居环境上处于中势，在基础设施、公共服务和社会结构上处于一般劣势。

通渭县县域综合竞争力得分为 70.92，在全省居第 72 位、在定西市居第 6 位，处于一般劣势。分项来看，通渭县在科学教育上具有明显优势，在社会保障上处于中势，在产业发展、基础设施、公共服务、人居环境和社会结构上处于一般劣势，在宏观经济上处于明显劣势。通渭县县域竞争力总体偏弱，且各个指标发展不均衡。

陇西县县域综合竞争力得分为 76.56，在全省居第 30 位、在定西市居第 2 位，处于中势。分项来看，陇西县在社会保障和科学教育上具有一般优势，在产业发展、基础设施、公共服务、人居环境和社会结构上处于中势，在宏观经济上处于一般劣势。陇西县县域发展较为平衡，无明显优势和短板。

渭源县县域综合竞争力得分为 71.97，在全省居第 64 位、在定西市居第 5 位，处于一般劣势。分项来看，渭源县在社会保障和科学教育上具有一般优势，在基础设施和人居环境上处于中势，在产业发展、公共服务和社会结构上处于一般劣势，在宏观经济上处于明显劣势。经济发展滞后制约了县域整体竞争力的提升。

临洮县县域综合竞争力得分为 76.64，在全省居第 29 位、在定西市居第 1 位，处于中势。分项来看，临洮县在基础设施、社会保障和科学教育上具有一般优势，在产业发展、公共服务、人居环境和社会结构上处于中势，在宏观经济上处于一般劣势。

漳县县域综合竞争力得分为 68.53，在全省居第 80 位、在定西市居第 7 位，处于明显劣势。分项来看，漳县在基础设施、社会保障、人居环境和社会结构上处于中势，在产业发展、公共服务和科学教育上处于一般劣势，在宏观经济上处于明显劣势。县域整体发展能力偏弱，同时经济相对滞后。

岷县县域综合竞争力得分为 72.95，在全省居第 60 位、在定西市居第 4 位，处于一般劣势。分项来看，岷县在科学教育上具有明显优势，在社会保障上具有一般优势，在基础设施和人居环境上处于中势，在宏观经济、产业发展、公共服务和社会结构上处于一般劣势（见表 13）。

表13 2019年定西市县域竞争力一级指标得分及排名情况

| 县（市、区） | 全省排序 | 市（州）排序 | 2019年县域竞争力得分 | | | | | | | | | 上年综合竞争力全省位次 |
			综合	宏观经济	产业发展	基础设施	社会保障	公共服务	人居环境	社会结构	科学教育	
安定区	42	3	75.32	75.42	77.01	72.91	80.13	74.98	77.84	74.77	82.35	43
通渭县	72	6	70.92	69.66	74.16	74.76	78.86	73.88	71.51	73.70	87.02	65
陇西县	30	2	76.56	73.65	75.97	77.72	84.64	76.71	75.86	75.34	84.58	35
渭源县	64	5	71.97	68.64	72.88	79.06	84.85	73.43	77.84	70.86	81.69	70
临洮县	29	1	76.64	72.94	76.37	81.32	84.52	76.80	75.65	75.13	80.83	36
漳县	80	7	68.53	67.10	73.01	76.16	79.45	71.72	75.82	75.53	74.26	78
岷县	60	4	72.95	70.22	72.44	75.55	84.65	74.53	77.90	72.63	87.49	64

资料来源：根据《甘肃发展年鉴》（2020）和甘肃省统计局提供的数据处理而来。

（十一）陇南市所辖县域竞争力评价分析

武都区县域综合竞争力得分为76.91，在全省居第24位、在陇南市居第2位，处于中势。分项来看，武都区在社会保障和人居环境上具有一般优势，在宏观经济、产业发展、基础设施、社会结构和科学教育上处于中势，在公共服务上处于一般劣势。公共服务水平相对不足。

成县县域综合竞争力得分为78.18，在全省居第21位、在陇南市居第1位，处于中势。分项来看，成县在社会保障上具有明显优势，在基础设施和人居环境上具有一般优势，在产业发展、公共服务、社会结构和科学教育上处于中势，在宏观经济上处于一般劣势。

文县县域综合竞争力得分为70.61，在全省居第74位、在陇南市居第7位，处于一般劣势。分项来看，文县在科学教育上具有明显优势，在社会保障上具有一般优势，在基础设施上处于中势，在产业发展和社会结构上处于一般劣势，在宏观经济、公共服务和人居环境上处于明显劣势。文县各指标发展水平差异较大，优势和短板均较突出。科学教育一枝独秀，宏观经济、公共服务、人居环境则明显滞后。

117

宕昌县县域综合竞争力得分为70.29，在全省居第75位、在陇南市居第8位，处于一般劣势。分项来看，宕昌县在社会保障和科学教育上具有一般优势，在人居环境上处于中势，在产业发展、基础设施、公共服务和社会结构上处于一般劣势，在宏观经济上处于明显劣势。宕昌县县域发展较不均衡。

康县县域综合竞争力得分为72.61，在全省居第62位、在陇南市居第4位，处于一般劣势。分项来看，康县在社会保障上具有明显优势，在人居环境和科学教育上具有一般优势，在基础设施上处于中势，在产业发展、公共服务和社会结构上处于一般劣势，在宏观经济上处于绝对劣势。康县各指标发展水平差异较大，优势和短板均较为明显。

西和县县域综合竞争力得分为71.43，在全省居第68位、在陇南市居第6位，处于一般劣势。分项来看，西和县在社会保障和人居环境上具有一般优势，在基础设施和科学教育上处于中势，在产业发展、公共服务和社会结构上处于一般劣势，在宏观经济处于明显劣势。西和县县域经济发展相对滞后。

礼县县域综合竞争力得分为69.62，在全省居第79位、在陇南市居第9位，处于明显劣势。分项来看，礼县在科学教育上具有一般优势，在社会保障和人居环境上处于中势，在产业发展、基础设施、公共服务和社会结构上处于一般劣势，在宏观经济上处于明显劣势。经济发展不足是县域竞争力提升的一大制约因素。

徽县县域综合竞争力得分为76.38，在全省居第32位、在陇南市居第3位，处于中势。分项来看，徽县在社会保障上具有明显优势，在人居环境和科学教育上具有一般优势，在产业发展、基础设施、公共服务和社会结构上处于中势，在宏观经济上处于一般劣势。

两当县县域综合竞争力得分为71.87，在全省居第66位、在陇南市居第5位，处于一般劣势。分项来看，两当县在社会保障和人居环境上具有明显优势，在科学教育上具有一般优势，在基础设施上处于中势，在公共服务和社会结构上处于一般劣势，在宏观经济和产业发展上处于明显劣势。两当县拥有良好的人居环境和较高社会保障水平，但在经济增长、产业培育和公共服务供给方面则明显滞后（见表14）。

表14 2019年陇南市县域竞争力一级指标得分及排名情况

县（市、区）	全省排序	市（州）排序	2019年县域竞争力得分									上年综合竞争力全省位次
			综合	宏观经济	产业发展	基础设施	社会保障	公共服务	人居环境	社会结构	科学教育	
武都区	24	2	76.91	75.41	75.64	79.87	81.05	73.27	80.42	79.71	79.63	25
成县	21	1	78.18	72.15	76.09	83.92	87.40	76.93	82.89	75.40	78.16	20
文县	74	7	70.61	69.69	74.68	78.92	80.46	69.03	65.00	73.29	89.18	57
宕昌县	75	8	70.29	68.56	71.87	74.56	82.95	73.86	75.39	72.91	82.89	77
康县	62	4	72.61	67.18	72.28	79.84	86.82	73.93	82.36	71.50	82.23	68
西和县	68	6	71.43	68.84	72.53	79.19	81.21	71.39	80.90	73.96	79.90	75
礼县	79	9	69.62	69.81	70.99	73.93	78.75	71.88	77.22	74.42	83.27	74
徽县	32	3	76.38	70.91	75.67	79.12	86.18	76.45	82.19	76.67	80.57	23
两当县	66	5	71.87	65.48	69.93	78.77	87.24	73.85	90.00	72.59	80.79	62

资料来源：根据《甘肃发展年鉴》（2020）和甘肃省统计局提供的数据处理而来。

（十二）临夏州所辖县域竞争力评价分析

临夏市县域综合竞争力得分为79.35，在全省居第14位、在临夏州居第1位，处于中势。分项来看，临夏市在基础设施和社会结构上具有一般优势，在宏观经济、产业发展、社会保障、公共服务和人居环境上处于中势，在科学教育上处于一般劣势。

临夏县县域综合竞争力得分为73.12，在全省居第59位、在临夏州居第3位，处于一般劣势。分项来看，临夏县在社会保障上具有明显优势，在基础设施、人居环境、社会结构和科学教育上处于中势，在产业发展和公共服务上处于一般劣势，在宏观经济上处于明显劣势。宏观经济是临夏县县域发展中的短板。

康乐县县域综合竞争力得分为69.64，在全省居第78位、在临夏州居第5位，处于明显劣势。分项来看，康乐县在人居环境上具有一般优势，在基础设施、社会保障和科学教育上处于中势，在产业发展、公共服务和社会结构上处于一般劣势，在宏观经济上处于明显劣势。康乐县县域发展不均衡性突出，其中人居环境一枝独秀，宏观经济则较为滞后。

永靖县县域综合竞争力得分为75.40，在全省居第41位、在临夏州居第2位，处于中势。分项来看，永靖县在基础设施、社会保障和科学教育上具有一般优势，在产业发展和公共服务上处于中势，在宏观经济、人居环境和社会结构上处于一般劣势。永靖县县域各个指标差异不大，发展较为均衡。

广河县县域综合竞争力得分为71.67，在全省居第67位、在临夏州居第4位，处于一般劣势。分项来看，广河县在基础设施和社会保障上具有一般优势，在人居环境和科学教育上处于中势，在产业发展、公共服务和社会结构上处于一般劣势，在宏观经济上处于明显劣势。

和政县县域综合竞争力得分为66.76，在全省居第82位、在临夏州居第6位，处于明显劣势。分项来看，和政县在社会保障上具有一般优势，在人居环境和社会结构上处于中势，在产业发展、公共服务和科学教育上处于一般劣势，在宏观经济和基础设施上处于明显劣势。和政县县域总体发展较为滞后，经济增长缓慢和基础设施建设不足是最薄弱环节。

东乡县县域综合竞争力得分为65.00，在全省居第86位、在临夏州居第8位，处于明显劣势。分项来看，东乡县无优势发展水平指标，在社会保障、人居环境和科学教育上处于中势，在产业发展、基础设施、社会结构上处于一般劣势，在宏观经济和公共服务上处于明显劣势。宏观经济和公共服务竞争力得分均仅为65.00，是东乡县县域发展的最突出短板。

积石山县县域综合竞争力得分为65.34，在全省居第84位、在临夏州居第7位，处于明显劣势。分项来看，积石山县在社会保障上具有明显优势，在科学教育上处于中势，在基础设施、公共服务、人居环境和社会结构上处于一般劣势，在宏观经济和产业发展上处于绝对劣势。积石山县社会保障方面优势突出，但其他方面发展较为滞后（见表15）。

表15　2019年临夏州县域竞争力一级指标得分及排名情况

| 县（市、区） | 全省排序 | 市（州）排序 | 2019年县域竞争力得分 | | | | | | | | | 上年综合竞争力全省位次 |
			综合	宏观经济	产业发展	基础设施	社会保障	公共服务	人居环境	社会结构	科学教育	
临夏市	14	1	79.35	77.62	78.43	82.06	79.57	77.54	77.15	84.26	72.72	15
临夏县	59	3	73.12	68.30	74.45	79.43	87.37	72.31	76.62	77.27	78.61	54
康乐县	78	5	69.64	66.86	71.59	78.24	78.91	74.06	83.52	70.68	77.54	71
永靖县	41	2	75.40	71.18	76.67	80.52	84.88	75.68	73.81	73.59	83.14	44
广河县	67	4	71.67	66.53	73.46	82.91	83.98	73.81	79.15	72.47	76.10	69
和政县	82	6	66.76	66.00	72.65	65.91	81.34	72.86	76.77	78.68	73.88	81
东乡县	86	8	65.00	65.00	73.51	73.85	76.15	65.00	75.06	71.93	78.21	85
积石山县	84	7	65.34	65.71	67.65	71.98	85.07	70.67	71.00	72.04	79.92	86

资料来源：根据《甘肃发展年鉴》（2020）和甘肃省统计局提供的数据处理而来。

（十三）甘南州所辖县域竞争力评价分析

合作市县域综合竞争力得分为72.54，在全省居第63位、在甘南州居第1位，处于一般劣势。分项来看，合作市在社会保障和人居环境上具有一般优势，在公共服务和科学教育上处于中势，在宏观经济、产业发展和基础设施上处于一般劣势，在社会结构上处于明显劣势。合作市在人居环境和社会保障方面具有较强竞争力，在宏观经济、产业发展、基础设施和社会结构方面竞争力偏弱。

临潭县县域综合竞争力得分为69.70，在全省居第77位、在甘南州居第5位，处于明显劣势。分项来看，临潭县在社会保障上具有明显优势，在科学教育上具有一般优势，在基础设施和人居环境上处于中势，在公共服务和社会结构上处于一般劣势，在宏观经济和产业发展上处于明显劣势。临潭县经济滞后和产业不足是县域发展最大制约因素。

卓尼县县域综合竞争力得分为70.77，在全省居第73位、在甘南州居

121

第 4 位，处于一般劣势。分项来看，卓尼县在社会保障上具有明显优势，在人居环境和科学教育上具有一般优势，在产业发展、基础设施和公共服务上处于一般劣势，在宏观经济和社会结构上处于明显劣势。卓尼县各项指标间差异较大，县域发展非均衡特点突出。

舟曲县县域综合竞争力得分为 71.13，在全省居第 70 位、在甘南州居第 2 位，处于一般劣势。分项来看，舟曲县在社会保障和人居环境上具有一般优势，在公共服务、社会结构和科学教育上处于中势，在产业发展和基础设施上处于一般劣势，在宏观经济上处于明显劣势。

迭部县县域综合竞争力得分为 71.05，在全省居第 71 位、在甘南州居第 3 位，处于一般劣势。分项来看，迭部县在社会保障上具有明显优势，在人居环境和科学教育上具有一般优势，在基础设施上处于中势，在公共服务和社会结构上处于一般劣势，在宏观经济和产业发展上处于明显劣势。经济滞后和产业不强是迭部县县域发展主要制约因素。

玛曲县县域综合竞争力得分为 65.25，在全省居第 85 位、在甘南州居第 8 位，处于明显劣势。分项来看，玛曲县在社会保障上具有一般优势，在人居环境上处于中势，在基础设施和公共服务上处于一般劣势，在宏观经济、产业发展、社会结构和科学教育上处于绝对劣势。玛曲县县域发展整体水平较低。

碌曲县县域综合竞争力得分为 67.69，在全省居第 81 位、在甘南州居第 6 位，处于明显劣势。分项来看，碌曲县在社会保障上具有明显优势，在人居环境和科学教育上具有一般优势，在公共服务上处于中势，在基础设施上处于一般劣势，在宏观经济、产业发展和社会结构上处于明显劣势。碌曲县各项指标得分差异较大，表明县域发展不均衡性较为突出。

夏河县县域综合竞争力得分为 66.05，在全省居第 83 位、在甘南州居第 7 位，处于明显劣势。分项来看，夏河县在社会保障和科学教育上具有一般优势，在人居环境上处于中势，在公共服务上处于一般劣势，在宏观经济、产业发展、基础设施和社会结构上处于明显劣势（见表 16）。

表 16　2019 年甘南州县域竞争力一级指标得分及排名情况

| 县（市、区） | 全省排序 | 市(州)排序 | 2019 年县域竞争力得分 | | | | | | | | | 上年综合竞争力全省位次 |
			综合	宏观经济	产业发展	基础设施	社会保障	公共服务	人居环境	社会结构	科学教育	
合作市	63	1	72.54	73.02	74.47	70.39	84.15	75.07	80.99	68.62	77.64	59
临潭县	77	5	69.70	67.15	68.28	79.28	86.58	72.27	77.64	71.42	81.67	80
卓尼县	73	4	70.77	68.42	72.32	73.34	86.72	71.78	80.03	69.54	83.24	79
舟曲县	70	2	71.13	69.59	70.42	74.66	82.46	75.53	81.45	75.00	78.50	67
迭部县	71	3	71.05	68.18	69.88	75.73	86.05	73.42	83.66	71.07	81.92	76
玛曲县	85	8	65.25	68.45	67.92	71.56	82.17	73.16	78.13	65.00	69.10	83
碌曲县	81	6	67.69	66.26	65.00	70.48	89.62	75.88	82.86	66.10	83.13	82
夏河县	83	7	66.05	68.12	67.72	65.00	83.73	73.39	79.52	68.18	80.45	84

资料来源：根据《甘肃发展年鉴》（2020）和甘肃省统计局提供的数据处理而来。

农 村 篇
Rural Articles

B.4
甘肃省农村解决相对贫困的长效机制研究

赵前前　徐毅成　王　博　马进虎　马廷魁*

摘　要：　新时代坚决打赢打好脱贫攻坚战、建立解决农村相对贫困的长效机制，是党中央对当前精准扶贫工作以及精准脱贫后如何持续治理贫困问题的根本要求。本报告从农村贫困的新形态着手，分析甘肃省农村贫困的现状和产生原因，进而从要素与结构、运行功能和运行机制以及外延生态环境三个方面，考虑建立甘肃省农村解决相对贫困的长效机制。

关键词：　农村　相对贫困　长效机制　甘肃

---

* 赵前前，中共甘肃省委党校（甘肃行政学院）甘肃发展研究院副院长、教授；徐毅成，甘肃政法大学公共管理学院副教授；王博，中共甘肃省委党校（甘肃行政学院）图书和文化馆助理馆员；马进虎，中共临夏州委党校（临夏州行政学院）讲师；马廷魁，西北民族大学新闻学院副教授。

党的十九届四中全会提出，新时代我们要坚决打赢打好脱贫攻坚战，建立一系列解决农村相对贫困的长效机制。这是党中央对现阶段精准扶贫工作以及精准脱贫后如何持续治理贫困问题的根本要求，按照党中央的统一部署和"两个确保"的要求——到 2020 年，现行标准下的贫困人口全部脱贫、贫困县全部摘帽，但是消除绝对贫困不等于完全消灭了贫困，新的贫困形式和形态还会出现，下一步解决新的贫困形态问题就摆在党中央、国务院和全国人民面前。

根据国家统计局农村贫困监测调查所的数据，党的十八大以来，全国农村贫困人口从 2012 年底的 9899 万人减到 2019 年底的 551 万人，累计减少9348 万人；贫困发生率从 2012 年高达 10.2% 下降至 2019 年的 0.6%，累计下降近 9.6 个百分点。全国建档立卡贫困人口人均纯收入也从 2016 年的4123 元增加到 2019 年的 9057 元。2020 年是我国全面打赢脱贫攻坚战的收官之年，也是我国全面建成小康社会目标实现之年，打赢脱贫攻坚战，要全面解决农村居民生产生活的基本问题，确保全国人民共同迈入小康社会。在所有贫困居民摆脱贫困，能够获得足够的生产、生活保障之后，绝对贫困人口将逐渐退出历史舞台。但是，解决绝对贫困问题只是长征路上的一小步，也仅仅是我国反贫困战略取得的阶段性顺利，因此，新时代解决全社会范围内更加广泛的相对贫困问题将是我国反贫困工作的重中之重。

根据贫困发生理论，贫困是一个相对的状态，已脱贫的群众还存在随时返贫的可能性，甚至某些边缘户一不小心就会变成新的贫困群体。面对和解决相对贫困问题，必须建立长期的、行之有效的机制，对不同时期、不同地区的不同贫困人口和家庭采取不同方法，帮助他们发展生产、增加收入、提高物质和文化生活水平。地处西部、资源禀赋缺乏、发展相对缓慢的甘肃省，必须以全面深化农村改革为契机，努力构建解决相对贫困的长效机制，以更好地巩固脱贫攻坚成果。

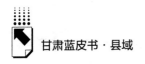

一　农村贫困新形态：从绝对贫困
转向相对贫困

当前，我国对贫困人口的界定主要是以收入为标准，收入低于当年的不变价的为绝对贫困（即按 2012 年不变价的每人每年 2300 元，2014 年 2800元，2019 年为 3800 元）。除收入这一维度外，我国自开展精准扶贫精准脱贫以来，还提出了"两不愁、三保障"的硬性扶贫标准，即"稳定实现扶贫对象不愁吃、不愁穿，保障其义务教育、基本医疗和住房"。就目前情况而言，我国现行的脱贫标准依然是强调绝对贫困，其目标是帮助贫困人口摆脱生活的困境，满足贫困人口最基本的物质生活需求。2020 年全面打赢脱贫攻坚战之后，我国贫困的形态将从绝对贫困转向相对贫困，从单一的收入贫困逐步向多维度的贫困转变，相对贫困和多维度贫困将成为今后一个时期我国贫困新形态。

（一）实现从绝对贫困转向相对贫困

不难发现，相对贫困的概念从三个不同的方面积极推动了贫困研究范式的转型发展。相对贫困不仅丰富了贫困概念，而且拓展了贫困的学科视野，更是推动了减贫政策的实施和减贫手段的多元化。

贫困的概念从绝对贫困逐步发展到相对贫困，贫困研究的内容也从单一的经济学范畴，逐渐向经济、政治、社会及文化多元化综合分析转变，这使相对贫困的内涵和意义更加丰富和复杂了。相对贫困从经济基础、文化发展、社会结构、地方性知识等方面对贫困主体产生了影响。因此，相对贫困不仅仅是经济贫困，更是制度、权利、文化等多维度贫困交织的态势。

随着边缘户的出现，农村内部贫富分化程度慢慢加重加深，农村的相对贫困现象凸显。农村内部的社会分化逐步加重加深，农村相对贫困不仅给后减贫时代带来挑战，而且也遇到了前所未有的新的减贫要求。应通过以下三点对未来农村相对贫困进行重点治理：一是逐步消除政策和制度的排斥，逐渐提升治理贫困的惠普性，让大众受益，而且消除边缘贫困户和非建档立卡贫困户的心理落差和相对剥夺感；二是对农村内部发展机会进行拓展，激发群众的内生动力，不断增强脱贫成果的持续性；三是加强能力建设和产业扶贫建设，提高群众抗风险能力，自发巩固脱贫成果，防止出现返贫现象。

（二）建立更高层次的脱贫目标

2020年全面打赢脱贫攻坚战之后，解决相对贫困和多维度贫困问题将成为今后一个时期我国脱贫工作的新任务。首先，中国的脱贫事业进入了高质量发展阶段，在这一阶段解决相对贫困问题是脱贫事业的重要体现。其次，就本质而言，相对贫困依然体现在个人收入和平均收入差距较大上。按照国际通用的标准，通常将收入低于社会人均收入（或中位数收入）一定比例（50%）并维持那种社会生活状态的人群定义为相对贫困人口。到目前为止，相对贫困的衡量标准在我国尚未统一，但是，依然有不少省份已经明确指出了本省的"相对贫困衡量标准"。比如广东省在2016年以本省2014年农村居民可支配收入的33%（即人均4000元）作为新的扶贫标准，并且认定相对贫困人口176.5万人。中国东西部、南北各区域经济发展存在明显的差异，难以在全国层面上制定统一的相对贫困标准，而应根据各区具体情况制定适合自身的相对贫困标准。最后，未来在解决相对贫困时，要更加兼顾"后脱贫时代"多维贫困标准，尤其是要在"三保障"上下足功夫，不断提高其保障标准，使减少相对贫困和多维贫困同步进行。

（三）建立解决相对贫困的长效机制

这几年我国各地的脱贫攻坚实践，总体上呈现的是一种较低水平的以输血为主的帮扶，这种帮扶方式真正解决了绝对贫困的问题。在精准脱贫的基础上开展的乡村振兴要着重解决相对贫困问题，还需要党委、政府及相关部门不断调整和创新各项制度、机制和帮扶方式，建立一套符合实际的解决相对贫困的长效机制。建立一套行之有效的适合中国农村扶贫实践的能够解决相对贫困的长效机制，对于确保政府扶贫体系的建立、政府扶贫职能的发挥、农村相对贫困问题的解决，甚至整个国家经济、社会和文化协调可持续发展都具有不可估量的意义。解决相对贫困长效机制的设计，首先要明确机制和扶贫机制的含义，19 世纪生物学率先运用机制这一概念，现代社会学、经济学和管理学等多领域广泛采用机制这一概念。机制原意为机器的构造和工作原理，或者是包括有机体的构造、功能和相互关系的内部工作方式。社会科学中的机制是指事物的各部分之间的关联及其运转方式。机制把涉及对象的动静态结构结合起来，研究其结构与运行、内外部之间的联系，以及从中体现出的一般规律。扶贫系统的结构和运行机理被叫作扶贫机制，扶贫机制是决定扶贫成效的核心，本质上关系扶贫系统的内在联系、功能和运行原理。

建立解决相对贫困的长效机制，就是要用动态的眼光把政府扶贫系统作为一个有机整体进行考察，将政府扶贫系统的静态组成结构和多阶段、多环节的动态扶贫行为过程结合考察，并在此基础进一步考察研究扶贫系统与环境之间的关系。形成与作用完全由自身决定的扶贫机制作为政府扶贫系统的内在结构与机理，因其客观存在、内部结构、既定功能，必然要产生与之相适应的管理机制。因此，构建解决相对贫困长效机制，可以从三个层次来分析，要素与结构方面的扶贫长效机制是第一要素，运行功能和运行机制方面的扶贫长效机制是第二要素，外延生态环境方面的扶贫长效机制是第三要素。以上这三个层面要素共同构成了我国扶贫长效机制完整的、具体的内涵，第一层面是扶贫系统的物质和非物质的承担者，是内核和构成要素。第二层面是第一层面的存在前提和发展保障，是扶贫系统的运行原理和机理。第三层面是扶贫系统的外在环境影响因素，一个国家扶贫机制的构建和运行受其生态环境影响。

二 甘肃省农村贫困现状及其产生原因

（一）甘肃农村基本情况

1. 地形地貌

甘肃地貌复杂，除海洋之外，其他地貌均有，如山地、平川、高原、河谷、草原、沙漠、戈壁等，分布纵横交错，地势西南低东北高，狭长状地形，东西横跨 1655 公里，南北纵向 530 公里，地貌形态复杂，大致可分为六大地形区域：河西走廊以北地带、祁连山地、河西走廊、甘南高原、陇中黄土高原、陇南山地。甘肃位于西北内陆，东西海洋气流不易到达，绝大部分地区干旱，是带有较强大陆性的温带季风气候。省内年均温在 0～16 摄氏度，各地海拔各异，昼夜温差大。全省各地年降水量大致从东南向西北递减，乌鞘岭以西降水较少，陇南山区和祁连山东部降水偏多。

2. 村庄人口

2018 年底甘肃常住人口有 2637.26 万人。其中，乡村的人口有 1379.55 万人，占总人口的 52.31%。从各个市州的乡村人口分布来看，乡村人口主要集中在天水、定西、陇南、庆阳、临夏和平凉这几个市州，人口数量分别是 195.76 万、181.93 万、173.86 万、139.63 万、131.72 万、124.75 万（见表 1）。

表 1 2018 年甘肃各市州城乡人口情况

单位：万人，%

地区	年末常住人口	城镇		乡村	
		人口数	比重	人口数	比重
甘肃省	2637.26	1257.71	47.69	1379.55	52.31
兰州市	375.36	304.15	81.03	71.21	18.97
嘉峪关	25.20	23.60	93.65	1.60	6.35
金昌市	46.86	33.02	70.47	13.84	29.53
白银市	173.42	87.79	50.62	85.63	49.38
天水市	335.49	139.73	41.65	195.76	58.35
武威市	182.78	77.33	42.31	105.45	57.69
张掖市	123.38	58.67	47.55	64.71	52.45
平凉市	211.91	87.16	41.13	124.75	58.87
酒泉市	112.70	69.33	61.52	43.37	38.48
庆阳市	226.66	87.03	38.40	139.63	61.60
定西市	282.17	100.24	35.52	181.93	64.48
陇南市	263.43	89.57	34.00	173.86	66.00

续表

地区	年末常住人口	城镇		乡村	
		人口数	比重	人口数	比重
临夏州	205.88	74.16	36.02	131.72	63.98
甘南州	72.02	25.93	36.00	46.09	64.00

资料来源：《甘肃发展年鉴》（2019年）。

2019年末甘肃省有常住人口2647.43万人，比上年末增加了10.17万人。其中，城镇人口有1283.74万人，占常住人口的比重即常住人口城镇化率是48.49%，比上年末的人口城镇化率提高了0.8个百分点。而乡村的人口是1363.69万人，占总人口的比重是51.51%（见表2）。

表2 2019年甘肃年末人口数及其构成

单位：万人，%

指标	年末数	比重
常住人口	2647.43	100.00
其中:城镇	1283.74	48.49
乡村	1363.69	51.51

资料来源：甘肃统计局：《2019年甘肃省国民经济和社会发展统计公报》，2020年3月30日。

甘肃下辖的地级市有14个，包括12个地级市、2个自治州的86个县区（17个市辖区、5个县级市、57个县、7个自治县）1233个乡镇（546个乡、687个镇）。2018年甘肃省有16118个村民委员会、97186个村民小组、505.47万户农户（见表3）。

表3 2010～2018年甘肃村庄情况

单位：个，万户

年份	2010	2015	2017	2018
村民委员会	16162	16133	16134	16118
村民小组	96998	97431	97242	97186
农户	480.63	493.76	501.07	505.47

资料来源：《甘肃发展年鉴》（2019年）。

3. 经济社会

在供给侧结构性改革、脱贫攻坚以及乡村振兴等的共同推动下，甘肃省农村居民收入增长较快，生活和消费水平不断提高。

在农民收入方面，2018 年甘肃省农村居民人均可支配收入为 8804.1 元，比上年增长了 9.0%（见表 4）。甘肃省农村居民人均可支配收入水平比全国平均水平（14617 元）要低 5813 元，在全国 31 个省（市、区）中排最后一位；其增速要比全国平均水平（8.8%）高出 0.2 个百分点，排在全国第 13 位，比 2017 年的位次向前进步了 12 位。到 2019 年甘肃省农村居民的人均可支配收入增加到了 9628.9 元，比 2018 年增长了 9.4%。从甘肃省农村居民人均可支配收入的构成来看，其四项收入有增长也有减少。其中工资性收入（2769.2 元）比上一年增长了 9.3%；经营性收入是 4322.0 元，比上一年增长了 13.0%；财产性收入为 129.5 元，比上一年减少了 38.8%；转移性收入为 2408.2 元，比上一年增长了 7.8%（见表 5）。

表 4　2015～2018 年甘肃农村居民收入情况

单位：元

指标	2015 年	2017 年	2018 年
人均可支配收入	6936	8076	8804.1
工资性收入	1975	2275	2535
经营性收入	3025	3556	3824
财产性收入	128	142	212
转移性收入	1808	2102	2234

资料来源：《甘肃发展年鉴》（2019 年）。

表 5　2019 年甘肃农民收入情况

单位：元，%

指标	绝对数	同比增长
人均可支配收入	9628.9	9.4
工资性收入	2769.2	9.3
经营性收入	4322.0	13.0
财产性收入	129.5	-38.8
转移性收入	2408.2	7.8

资料来源：甘肃统计局：《2019 年甘肃省国民经济和社会发展统计公报》，2020 年 3 月 30 日。

在农民支出方面，2018 年甘肃省农村居民人均消费支出 9065 元，比上年增长 12.9%。2019 年人均消费支出 9693.9 元，相比上年增长 6.9%。随着收入不断增长，农村居民在居住、医疗保健等方面的消费支出明显增加，耐用消费品升级换代加快，生活质量不断提高，八大类消费总体呈现增长的趋势（见表 6）。

表 6 甘肃农民消费支出情况

单位：元，%

指标	2015 年	2017 年	2018 年	2019 年	2019 年增长率
人均消费支出	6830	8030	9065	9693.9	6.9
食品烟酒	2244	2438	2695	2827.0	4.9
衣着	466	508	558	551.9	-1.1
居住	1221	1562	1726	1866.9	8.2
生活用品及服务	445	485	514	577.6	12.4
交通通信	812	1016	1078	1195.5	10.9
教育文化娱乐	854	994	1202	1330.5	10.7
医疗保健	670	891	1133	1183.0	4.5
其他用品及服务	118	137	160	161.5	0.9

资料来源：《甘肃发展年鉴（2019）》《2019 年甘肃省国民经济和社会发展统计公报》。

4. 农业经营主体和土地利用情况

通过查阅甘肃省第三次全国农业普查数据，全省共有农业经营单位 3.95 万个，有 7.57 万个农民合作社在工商部门注册。全省共有经营户 441.51 万（其中，规模农业经营户 3.58 万）和农业生产经营人员 875.48 万。全省有 4.95 万眼能够正常使用的机电井、0.53 万个排灌站、0.22 万个能够使用的灌溉用水塘和水库。全省灌溉了 1101.25 千公顷耕地，其中 112.31 千公顷的耕地有喷灌、滴灌、渗灌设施；在主要灌溉用水水源中，有 29.1% 的户和农业生产单位使用地下水，有 70.9% 的户和生产单位使用地表水。全省有 5372.67 千公顷耕地（国土部门数据），实际经营耕地面积（生态防护林除外）6098.29 千公顷，实际经营牧草地（草场）12857.50

千公顷。

5. 农村基础设施和基本公共服务

甘肃省第三次全国农业普查数据表明，有7.3%的乡镇在乡镇地域范围内有火车站，1.3%的有码头，15.6%的有高速公路出入口；通公路的乡村达到99.9%，主要道路有路灯的乡村占38.2%。最远自然村、居民定居点以距离村委会五公里以内为主。全省农村的通电率达到100%，通天然气的占2.3%，通电话的达到100%，安装有线电视的占52.9%，通宽带互联网的占77.9%，有电子商务配送站点的占30.4%。全省生活垃圾集中处理或部分集中处理的乡镇占87.3%。全省有图书馆、文化站的乡村占99.2%。全省有幼儿园和托儿所的乡镇占97.4%，有小学的乡镇占98.6%，有幼儿园和托儿所的村占35.7%。全省有医疗卫生机构的乡镇占99.8%，有职业（助理）医师的占99.1%，有社会福利收养性单位的占34.0%，有卫生室的村占90.6%。

（二）甘肃省农村贫困现状

甘肃认真贯彻习近平总书记关于扶贫工作的重要论述精神，按照党中央、国务院对脱贫攻坚工作的部署和要求，始终把打赢脱贫攻坚战作为首要政治任务和第一民生工程，贯彻精准方略，坚持目标标准，聚焦深度贫困，使脱贫攻坚取得了决定性成效，贫困地区面貌发生了历史性变化。但是甘肃仍属欠发达地区，生态环境脆弱，基础设施落后，产业结构单一，群众生活困难，经济和社会发展水平远远滞后于全国，贫困人口减少的速度远远要低于东部地区和全国平均水平，甘肃农村贫困人口的分布更加向南部、东部、中部和少数民族地区集中。这种集中不仅表现为数量上所占的比重，也表现在贫困状况比其他地区严重，贫困特征更加复杂和多样化。

1. 农村贫困人口从绝对贫困转向相对贫困

随着社会经济的发展，政府在脱贫攻坚工作上的力度不断加大以及广大农民自身的努力，农村没有解决温饱问题的绝对贫困人口将在2020年末实现清零。2013 年底到 2019 年底，甘肃省贫困人口中建档立卡户从 552 万减少到 17.5 万，贫困发生率也由 26.6% 下降到 0.9%，75 个贫困县已经有 67 个成功脱贫摘帽、占 89%，7262 个贫困村也已有 6687 个退出贫困序列、占 92.08%。通过 2020 年的努力，甘肃剩余 8 个县 394 个贫困村 17.5 万人口也将如期实现脱贫。可以预见的是，甘肃农村绝对贫困人口将实现清零，农村绝对贫困状况将得以消除（见表 7）。

表 7 2011～2019 年甘肃脱贫攻坚情况

单位：万人，%

指标	2011 年	2016 年	2017 年	2018 年	2019 年
脱贫人口	—	101.9	67	77.6	93.5
贫困人口	842.2	227	188.6	111	17.5
贫困发生率	40.5	10.9	9.6	5.6	0.9

绝对贫困问题解决了，这些之前处于绝对贫困线之下的农村人口，大多数还是处于相对贫困的范围，且存在随时返贫的危险。所以，相对于其他省份甘肃省贫困问题依然十分严峻，贫困问题依然是制约甘肃社会和经济发展的重要因素。

2. 贫困地区和人口分布在各市州差异明显

一是农村人口分布主要集中于陇东南地区。甘肃农村人口主要集中在天水、定西、陇南、庆阳、临夏和平凉，分别有 195.76 万、181.93 万、173.86 万、139.63 万、131.72 万和 124.75 万，占各市州人口的 58.35%、64.48%、66.00%、61.60%、63.98% 和 58.87%。另外，甘南虽然常住人口才 72.02 万，但是乡村人口有 46.09 万，占比为 64%。农村人口基数和占比大，意味着这些地区属于脱贫攻坚的重点和难点之地。

二是贫困县主要集中在陇东南和甘南、临夏等地。在国务院扶贫开发领导小组确定的国家扶贫开发工作重点县和集中连片特殊困难地区县名单中，甘肃省共有 43 个县成为国家级贫困县。其中天水市有武山县、甘谷县、张家川县、秦安县、清水县、麦积区五县一区，定西市有漳县、临洮县、陇西县、岷县、通渭县、渭源县、安定区六县一区，陇南市有武都区、礼县、两当县、文县、宕昌县、西和县、康县六县一区，庆阳市有宁县、华池县、合水县、环县、镇原县五县，临夏州有临夏县、东乡县、积石山县、和政县、康乐县、广河县、永清县七县，甘南州有舟曲县、夏河县、临潭县、卓尼县、合作市四县一市。

三是脱贫攻坚主要集中在陇东南和甘南、临夏等地。从现实的脱贫攻坚行动来看，甘肃脱贫攻坚也主要集中于陇东南，"两州一扶"扶贫成效在这些地方也较为明显。但是，即使到2019年末，甘肃剩下的宕昌县、西和县、礼县、通渭县、岷县、东乡县、临夏县、镇原县等8个未脱贫县仍旧集中于上述地区。2020年，全省更是举全省之力来实现上述八个县的脱贫工作。

3. 特殊群体贫困问题依旧突出，返贫情况不容小觑

导致贫困的原因很多，但是主要集中于四大类——自然灾害、重大疾病、残疾和懒惰。比如甘肃省有各类残疾人120余万，其中农村就有残疾人近百万。一个家庭中如果有成员得了重大疾病或残疾丧失了劳动力，便会形成恶性循环——家庭陷入贫困的可能性会因由疾病和残疾造成的劳动力缺乏而大大增加，同时，疾病和致残的概率也因为缺少有效的公共健康手段和医药服务而有所增加。

在这一特殊群体中，农村老人和儿童更是需要关注的对象。自身生产能力的减弱和农村社会养老保障的缺乏，加上家庭经济能力不足，老年人往往会受到贫困的侵扰，没有钱看病、营养跟不上等是通常的具体表现。而儿童的贫困问题主要聚焦在营养不良和缺乏受教育的机会以及受教育的程度低等方面。

除了特殊群体贫困问题和尚未脱贫的绝对贫困人口以外，之前脱贫的农村人口普遍属于低收入群体，并没有远离脱贫线。一方面，这些贫困人口自身拥有的资产（土地）质量较差，很难转化成生产经营性和财产性收入，另一方面，这些贫困人口综合能力较差，在现有资产经营管理中缺乏相应的知识和能力来改变这种被动状态，加之社会保险等社会保障系统不完善，以

及就业结构不合理、劳务输出成本过高、过于依赖土地这种生产要素种种原因，这些低收入群体存在极大的脆弱性，任何一个要素的失控都会导致他们陷入返贫的困境。

（三）甘肃农村贫困形成原因

1. 生态致困

所谓生态贫困，就是生态灾害导致部分人口生产、生活条件遭到破坏，从而生存和发展所需要的生产资料和生活资料相对不足，进而形成的相对贫困。人类是自然界的产物，与自然环境存在密不可分的关系。如果人类与自然和谐发展，自然界就会为人类的生存和发展提供良好的客观条件和丰富的物质基础；但是，如果人类与自然的关系不协调，自然界又会给人类造成巨大的伤害，甚至会毁掉人类赖以生存的基本资源和生活环境。目前，自然环境比较脆弱，生态灾害相对比较频繁。国家统计局数据显示，2010～2018年，平均每年发生地质灾害 13033.22 次；平均每年农作物受灾面积达 2648.69 万 hm^2，占农作物平均播种面积的 16.3%；平均每年自然灾害受灾人口 27114.24 万人次，直接经济损失 3911.59 亿元。因此，生态灾害的发生是造成人类相对贫困的直接原因和主要因素。

2. 资本致困

资本贫困是指金融资本、自然资本和人力资本等缺乏，导致扩大再生产能力不足，在生产和生活水平的进一步提升中处于相对低层次的发展和低速度的增长状况中，进而形成的相对贫困。随着社会的不断发展和进步，人类财富的拥有量增加，生活水平也不断提高。在此进程中，每个人的财富变得越来越多，但是资本具有代际传递效应，由于每个群体、每个家庭拥有资本的差异较大，因此贫富差距也会变得愈来愈明显。皮凯迪在《21世纪资本论》中指出，在 100 年的时间里，有资本的人财富翻了 7 番，是原始资本的 128 倍，而整体经济规模只会比 100 年前扩大 8 倍。根据国家统计局数据，我国 20% 的低收入户 2018 年人均可支配收入仅占高收入户的 10.77%，比 2002 年的 14.52% 下降了 3.75 个百分点，而 20% 的高收入户 2018 年收入总额占农村居民收入总额的44.33%，比2002年的43.72%上升了0.61个百分点。

3. 能力致困

能力贫困是指居民家庭成员在教育、健康等方面存在缺陷，导致生产上的经营成本增高，产出效益偏低；生活上健康投入上升，生存质量下降；择业上分工限制增多，就业渠道狭窄，造成收入的相对低下和生活成本的相对增加，从而出现的相对贫困。人的能力不仅包括受教育的程度、掌握科学技术的水平，还包括个人的体质、身心健康状况等诸多因素，而能力的大小直接决定了劳动力的就业状况，也决定了个体在生产活动中获取生产资料和生活资料的多少，更决定了其家庭的生活水平和生活质量的高低。然而能力的缺失必然会导致低技术水平和低生产收益、高强度劳动和高生活成本，从而大大提高了相对贫困的概率。刘小燕运用灰色关联度分析方法，分析农村劳动力就业、自然环境、医疗、教育等对农村贫困的影响强度，得出劳动力就业的影响程度最大，其后依次为自然环境、教育、医疗。

4. 精神致困

精神贫困是指社会成员在思想、道德、价值、追求等方面观念和水平落后于社会，在思想、行动中缺乏生产和生活的精神动力以及脚踏实地的实践能力，从而陷入相对贫困的生活状态。精神贫困的实质说到底就是勤劳节俭、自立自强和荣辱观念的缺失，存在"听天由命"的思想，形成了因为懒惰而贫困，因为贫穷而"等靠要"，因坐享其成而道德沦陷的路径。同时，必须关注的是贫困文化在一些人的心中根深蒂固，由于贫困文化具有较强的代际传递效应，所以许多贫困人口的思想处于极为保守的状态，他们安于现状，不愿做出任何改变，而且更厌恶风险，因而常常出现行为失当的表现。行为失当一般人都会存在，但在相对贫困的人口中这种行为特征会更加明显。因此，精神贫困在致贫因素中具有顽固性和承延性。

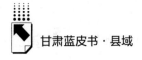

三 甘肃原有扶贫机制在解决相对贫困上
遇到的问题和面临的挑战

（一）存在贫困对象不准确现象

一方面，甘肃省各级政府工作人员对精准扶贫的相关政策掌握得不够彻底、准确，从而在宣传、解读相关政策的时候存在不到位、不够准确的情况，并且这些相关政策只是以文件的形式简单地下发到村委会，而文件却停留在村委会，群众对政策的知晓度特别低，甚至有些群众根本就不知道有这样的政策，从而错失享受政策的机会。另一方面，在有些基层政府工作人员、村委会干部中存在懒政现象，没有按照文件精神认真贯彻落实相关精准扶贫的方针政策，存在责任心不强、服务意识淡薄等现象，而且传统的人情关系思想根深蒂固，没有按照精准扶贫标准"12345"程序审定，而在很大程度上存在优亲厚友的情况，导致存在"人情对象、关系对象"等建档立卡户对象，甚至在有的地方这个问题比较严重。

（二）执行过程复杂

绝对贫困下，在审核扶贫对象时容易过于追求简单化，找到资金或者物质单一层面即可，而相对贫困下，容易造成识别和甄选扶贫对象需要做大量的工作。政府可能为了平衡、均衡指标，在原有绝对贫困户的基础上简单作出遴选。

（三）家庭经济情况难以准确衡量

因为家庭的收入情况很大程度上属于隐私问题，其他人很难准确掌握。从外面到村庄开展工作的相关人员，更难掌握村庄各个家庭的收入情况。他们在调查家庭的收入情况的时候，主要基于以下几个方面判断，即家庭成员的口述、其他村民对这家收入的描述，以及这户的存款和房子装修等情况。这几个指标中最能准确反映家庭收入的是家庭户主的口述，但是由于信息不对称，村民往往会由于实际测算困难或出于追求利益最大化考虑无意或有意隐瞒实际收入，从而导致工作人员无法准确衡量家庭的实际经济情况。

（四）农村人口的流动性贫困增加

随着我国新型城镇化进程的加速，越来越多的农村人口进入城市工作和生活，全国常住人口城镇化率也超过了60%。农村人口不断受到现代化的冲击，不管是生活方式还是思维观念都随之发生了改变。我国农村决胜决战脱贫攻坚后将会全面开启乡村振兴，这也意味着政府把目标和任务从解决农村绝对贫困问题转向解决相对贫困问题。总体而言，进城务工的农民已经不属于贫困人口，但是进入大城市务工后，他们就变成了城市中的相对贫困人口。这种变化是城镇化进程中人口流动加剧造成的一种社会现象，即特定空间的非贫困人口，出于某种原因从一个地方迁徙到另一个新的特定空间，就存在从非贫困转为贫困的可能，也就是说陷入了新的贫困——流动性贫困。

（五）返贫风险和返贫程度增加

当前的扶贫机制和运行实践存在两大不足：一是返贫预警防范机制不完善，导致基层在扶贫实际操作中缺乏必要的理论指导和政策依据，二是返贫因素过多导致返贫风险增大从而化解难度增加。这直接导致了农民返贫风险和返贫程度的增加。到2020年，广大农村会正式摆脱绝对贫困，需要建立预警返贫的风险防范机制从而进一步巩固脱贫攻坚的成果。但是，就目前我国农村脱贫攻坚的实际情况而言，各个层面对贫困户脱贫之后的持续关注不够，不管是在政策的制定和执行方面还是在人文关怀方面。即便有关注的，关注对象也仅局限于一小部分特殊脱贫对象，关注时间也仅局限于脱贫后一两年范围内，对那些长期处于贫困线边缘的脱贫人口和非贫困人口的关注明显不够。

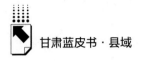

四 甘肃省农村解决相对贫困长效机制的建立

在经济持续快速增长的宏观背景下，必须要从理论和实践上对甘肃经济社会发展的最短板高度重视，寻找突破贫困滋生和循环的措施。而构建甘肃农村解决相对贫困长效机制，可以从以下三个方面来考虑。

（一）构建基于要素结构层面的农村解决相对贫困长效机制

要素结构也就是机制的内核和构成要素，是构建农村解决相对贫困机制时首先要考虑的层面。根据亚里士多德的"四因说"，组织的基本要素分为四大类，即目的要素、物质要素、形式要素和动力要素。扶贫机制作为特殊的组织形式，也是由这些构成。所以，扶贫机制的内核要素以及结构是由价值取向、职能、机构、人员、管理制度等要素以及它们排列组合构成。

1. 价值取向

价值取向就是在农村解决相对贫困长效机制的设计时政府所考虑的使命、目标和原则。为人民服务是我国政府成立之初就坚持的一个原则，也一直没有改变。这从历次的扶贫政策都可以看出来，这是我国政府的使命使然。

2. 职能

这是政府为完成国家反贫困事业需要承担的职责和所应发挥的功能，既体现在经济领域也体现在社会领域。建立解决相对贫困长效机制在职能上要体现在实现农民稳定增收、农村居住条件改善、农村治理成熟以及农村社会邻里关系和谐等方面。

3. 机构

根据内部各机构之间分工以及职能配置，可以将行政机构分为领导机构、职能机构、办公机构、派出机构、信息机构、咨询机构、监督机构和行政机关等八种类型。① 建立甘肃农村解决相对贫困长效机制，其机构主要由

---

① 孙关红、胡雨春、任军锋：《政治学概论》，复旦大学出版社，2004。

扶贫办和农业农村厅组成,辅之乡村振兴战略中负有职能担当的其他部门,如自然资源部门、生态环境部门等。

4. 人员

行政人员是在行政过程所需要的第一要素,其肩负着实现行政目标的任务和使命。甘肃农村建立解决相对贫困长效机制的人员主要由扶贫办和农业农村部门的扶贫人员、各部门派出的帮扶人员、乡镇帮扶干部以及派驻的驻村工作队成员和第一书记们组成。

5. 管理制度

管理制度是指扶贫系统中除所必需的物质要素之外的一些非物质要素。甘肃农村建立解决相对贫困长效机制,管理制度主要由权责体系、工作程序和工作流程、规章制度以及信息沟通等构成,这些有别于物质要素。

上述五个要素组成了农村解决相对贫困长效机制的基本内核。从要素结构层面来看,一定时期内五个要素和形成的结构相对稳定,这也是扶贫长效机制的微观层次。然而,随着外部环境的变化,五个要素也要优化组合从而形成特有的组织结构。

(二)构建基于功能机理层面的农村解决相对贫困长效机制

这是农村解决相对贫困长效机制的运行原则和机理,是第一层面得以存在和发展的保障。农村解决相对贫困长效机制是由若干个子机制有机组合而成的,主要表现为三大机制:运行机制、发展机制和约束机制。所以,建立甘肃农村解决相对贫困长效机制,也要从上述三大机制入手。

1. 构建"相对贫困线 + 致贫原因"的精准识别机制

精准识别是解决相对贫困长效机制的出发点,考虑到贫困人口的收入水平相对较低,且致贫因素复杂,所以应建立"相对贫困线 + 致贫原因"的城乡多维一体化精准识别机制。这一机制要求在识别相对贫困人口时,不仅要以相对贫困的收入线为衡量依据,还要将收入和致贫因素相结合,从多个角度精准定位相对贫困人口,对于相对贫困线的制定,应充分考虑区域和城乡差别,根据经济发展水平、城乡差距、乡村振兴战略实施状况和贫困人口分布特征等制定相对标准的相对贫困线。

2. 构建以实施乡村振兴战略为重点的长效运行机制

扶贫机制中各个要素相互联系、相互作用,为确保相对贫困的各项工作目标和任务得以完成,必须建立一套协调、灵活、高效的解决相对贫困的长效运行机制。该机制主要包含了农村解决相对贫困过程中的信息机制、战略和战术决策机制,执行机制、沟通机制、反馈机制,以及政体整合机制等。而为了能够让甘肃相对贫困得以有效解决,要围绕国家提出的乡村振兴战略来开展工作,也就是说要构建以实施乡村振兴战略为重点的运行机制。

3. 构建以"项目+资金+人员+政策"为内容的长效发展机制

发展机制也叫动力机制,主要由三个方面构成,即利益驱动、政令排动和社会心理推动,发展机制一般包括人才开发和管理机制、投入机制、竞争机制、积累机制以及激励机制等。甘肃农村建立解决相对贫困长效机制,要从乡村振兴中的产业等项目推进、资金投入、人员供给和政策设计等方面入手。

4. 构建以"监督与考核评价"为内容的约束机制

约束机制主要包括权力约束、利益约束、责任约束和社会心理约束这四个方面的约束因素。控制机制、监督机制、预警机制、应急处理机制还有制约机制都属于一般的约束机制。要想构建甘肃农村解决相对贫困的长效机制,就必须把"监督与考核评价"当成主要内容。一方面,不仅要建立起相对贫困区域少贫政策,切实了解相对贫困人口的少贫情况,切实把少贫资源合理用于相对贫困人口,还要进一步跟进监督少贫和返贫情况并且及时处理,要保证少贫政策能够有效实施。另一方面,要重视对相对贫困的考核评价机制,把可持续脱贫当成一项攻坚战,要想坚决打赢这场攻坚战,就要对贫困人口的脱贫质量进行深层次的考核评价。

5. 持续完善以"城乡公共服务均等化"为目标的社会保障制度

近年来,随着经济社会的发展,教育、养老以及医疗卫生水平等在很大程度上制约着相对贫困人口少贫脱贫,应该把乡村振兴作为发展的主要途径,抓紧建立健全城乡一体化的公共服务体系。

（三）构建基于外部环境层面的农村解决相对贫困长效机制

良好的机制能够让一个系统接近于一个自适应系统，会根据外部条件变化而快速反应，调整原来的目标，做出最优决策从而达到最优目标。所以，农村解决相对贫困长效机制也是一个开放的系统，会受到多方面因素的影响，就是外部环境的影响。这里的外部环境主要指政治、经济、文化、社会、科技、法律、自然环境以及国际环境等。构建甘肃农村解决相对贫困长效机制，要考虑政治环境、经济环境、社会环境、文化环境等外部环境要素。建立符合甘肃农村实际的可持续稳定脱贫机制，尤其需要建立"政府—社会—市场"三方协同的相对贫困治理机制。当前，我国脱贫攻坚的驱动力主要来自政府的动员和政策要求，必须通过长效、稳定的制度框架来保障解决相对贫困机制的可持续性，通过政府、社会和市场三方的协作来建立解决相对贫困长效机制。

参考文献

甘肃省人民政府第三次全国农业普查领导小组办公室、甘肃省统计局：《甘肃省第三次全国农业普查主要数据公报（第一号）》，2018 年 2 月 28 日。

赵前前：《我国政府管理机制设计研究》，《商业时代》2011 年第 10 期。

王磊：《建立解决相对贫困的长效机制》，《中国社会科学报》2019 年第 12 期。

董帅兵、郝亚光：《后扶贫时代的相对贫困及其治理》，《西北农林科技大学学报》（社会科学版）2020 年第 6 期。

包兴荣：《建立解决相对贫困问题的长效机制》，《社会主义论坛》2020 年第 10 期。

东波、王剑峰：《后脱贫时代中国农村贫困的逻辑研判及其应对》，《齐齐哈尔大学学报》（哲学社会科学版）2020 年第 9 期。

王帅、王春城：《面向相对贫困治理的内生动力激发长效机制》，《石家庄学院学报》2020 年第 5 期。

余少祥：《后脱贫时代贫困治理的长效机制建设》，《江淮论坛》2020 年第 4 期。

叶敬忠：《中国贫困治理的路径转向——从绝对贫困消除的政府主导到相对贫困治理的社会政策》，《社会发展研究》2020 年第 3 期。

孙关红、胡雨春、任军锋：《政治学概论》，复旦大学出版社，2004。

向德平、向凯：《多元与发展：相对贫困的内涵及治理》，《华中科技大学学报》（社会科学版）2020 年第 6 期。

王朝霞、洪文泉：《三十一个县区摘掉贫困帽》，《甘肃日报》2020 年 3 月 4 日。

郑会霞：《"后扶贫时代"的贫困治理：趋势、挑战与思路》，《河南社会科学》2020 年第 10 期。

张琦、杨铭宇、孔梅：《2020 后相对贫困群体发生机制的探索与思考》，《新视野》2020 年第 3 期。

李迎生：《后脱贫攻坚时代构建一体化的反贫困制度体系》，《中国特色社会主义研究》2020 年第 6 期。

左停、苏武峥：《乡村振兴背景下中国相对贫困治理的战略指向与政策选择》，《新疆师范大学学报》（哲学社会科学版）2020 年第 3 期。

江治强：《全面建成小康社会后相对贫困及其治理》，《中国党政干部论坛》2020 年第 1 期。

雷勋平、张静：《2020 后中国贫困的特征、治理困境与破解路径》，《现代经济探讨》2020 年第 8 期。

秦国文：《促进脱贫攻坚和乡村振兴有机衔接》，《新湘评论》2020 年第7 期。

B.5
甘肃农村全面建成小康社会
面临的问题与难点

何　剑*

摘　要：　2020年是全面建成小康社会的收官之年。全面建成小康后，我国将继续为实现2035年社会主义现代化目标而努力奋斗。下一阶段，"三农"工作的重心，将由脱贫攻坚转到乡村振兴。本报告在归纳总结甘肃农村脱贫攻坚取得的成绩、经验的基础上，深入分析甘肃农村全面建成小康社会中存在的问题与难点，提出下一步促进甘肃农业、农村高质量发展的对策建议。

关键词：　甘肃农村　全面小康　乡村振兴

自党的十八大提出全面建成小康社会的奋斗目标以来，甘肃省经过七年多艰苦的努力，全省经济、政治、社会、文化、生态等各项事业迈上新的台阶；脱贫攻坚取得历史性突破，贫困发生率由2012年底的33.2%下降到2019年底的0.9%；人民生活水平大幅提高，稳定实现了贫困居民"两不愁，三保障"目标；农村面貌焕然一新，人居环境整治取得阶段性成效；特色农业发展势头良好，城乡融合步伐持续加快。在取得这些显著成绩的同时，应当看到，受自身资源禀赋、区位条件限制，与其他省份尤其是中东部

---

* 何剑，硕士，甘肃省社会科学院农村发展研究所助理研究员，研究方向为农业经济和农村发展。

省份相比，甘肃发展的基础还十分薄弱，尤其是在近年来外部环境不景气、经济下行压力增大的背景下，要与全国一道全面建成小康社会、消除绝对贫困，仍然有一些难点亟待破解。

习近平总书记指出，没有农村的小康，特别是没有贫困地区的小康，就没有全面建成小康社会。全面小康，自然也包含"小康覆盖的区域要全面"这一应有之义。从发展的不平衡、不充分角度看，目前，甘肃全面建成小康社会的重点和薄弱点在农村地区，农村能否如期顺利实现全面小康，关乎甘肃全面建成小康工作的成败。在当前国家实施乡村振兴战略的背景下，深入分析总结甘肃农村在全面建成小康中存在的问题和短板，不仅对于如期实现全面建成小康的目标，而且对于在 2020 年之后的后小康时代，推动脱贫攻坚政策与乡村振兴战略的有效衔接，为深入实施乡村振兴战略奠定坚实基础，都是十分必要的。

一 甘肃农村全面建成小康社会的形势研判

（一）2018年末甘肃农村全面建成小康社会的实现程度分析

在全面建成小康社会实现程度的评估方面，甘肃省于 2017 年发布了"甘肃全面建成小康社会统计监测指标体系（修订稿）"。以此为参考，并借鉴其他研究成果，本报告构建"甘肃农村全面建成小康社会评估指标体系"，如表 1 所示。依据"甘肃农村全面建成小康社会评估指标体系"，对甘肃农村全面建成小康社会实现程度进行评价。

1. 各指标实现程度

（1）二级指标实现程度

甘肃农村全面建成小康社会二级评价指标实现程度如表 2 所示。可以看出，截至 2018 年末，在 20 项指标中，有 12 项实现程度为 100%，即已经达到全面建成小康标准；未达到全面小康标准的指标中，有 6 项已接近标准，实现程度均超过 90%；其余 2 项指标，即单位 GDP 用水量和农村第一产业

表 1　甘肃农村全面建成小康社会评估指标体系①

一级指标	权重	二级指标	权重	单位	属性	标准
经济发展	0.149	1. 农村居民人均可支配收入（按 2010 年不变价）②	0.072	元	正向	≥9302
		2. 农村第一产业就业人员比例	0.021	%	逆向	≤35
		3. 常住人口城镇化率	0.028	%	正向	≥50
		4. 城乡居民人均可支配收入比	0.029	农村为1	逆向	≤3.3
人民生活	0.426	5. 农村居民人均居住面积	0.054	m^2	正向	≥33
		6. 农村居民钢筋混凝土和砖木结构住房比例	0.073	%	正向	≥95
		7. 农村自来水普及率	0.054	%	正向	≥90
		8. 农村卫生厕所普及率	0.043	%	正向	≥85
		9. 农村每百户家庭计算机拥有量	0.131	台	正向	≥20
		10. 农村居民家庭恩格尔系数	0.030	%	逆向	≤40
		11. 文教娱乐支出占农民生活消费总支出比重	0.041	%	正向	≥7
社会进步	0.264	12. 新农合参合率	0.049	%	正向	≥95
		13. 农村人口平均受教育年限③	0.041	年	正向	≥9
		14. 农村地区孕产妇死亡率	0.077	$1/10^5$	逆向	≤22
		15. 农村地区 5 岁以下儿童死亡率	0.064	‰	逆向	≤10
		16. 农村每千人拥有职业（助理）医师数	0.033	人	正向	≥1.95

---

①　此指标体系以甘肃省社会科学院 2018 年度重点课题"甘肃农村全面建成小康社会实现指标评估"中的研究成果为主要参考。各指标标准值的确定，主要参考依据是：国家统计局《全面建成小康社会统计监测指标体系》《甘肃全面建成小康社会统计监测指标体系》《甘肃省"十三五"卫生和人口发展规划》《甘肃省人口发展规划（2016 - 2030）》《甘肃省儿童发展规划（2011 - 2020）》《甘肃省医疗卫生服务体系规划（2016 - 2020 年）》《农村人居环境整治三年行动方案》《甘肃省畜禽养殖废弃物资源化利用工作方案》《甘肃省循环农业产业发展专项行动计划》，同时借鉴了其他省份关于农村全面小康社会标准的一些规定。

②　根据"甘肃全面建成小康社会统计监测指标体系（修订稿）"，城乡居民人均可支配收入标准为不低于 20000 元（按 2010 年不变价），同时城乡居民可支配收入比小于 3.3，由此计算出农村居民人均可支配收入标准为不低于 9302 元。

③　农村人口平均受教育年限是根据《中国人口和就业统计年鉴》中"各地区乡村分性别、分受教育程度的人口"得出的估算数据。

续表

一级指标	权重	二级指标	权重	单位	属性	标准
生态环境	0.161	17. 农田化肥施用强度	0.046	kg/hm²	逆向	≤225
		18. 对生活垃圾进行收集、运输的行政村比例	0.026	%	正向	≥100
		19. 畜禽养殖废弃物综合利用率	0.025	%	正向	≥75
		20. 单位 GDP 用水量①	0.064	m³/10⁴元	逆向	≤115

就业人员比重，实现程度较低，分别为 84.43% 和 60.64%。单位 GDP 用水量偏高，主要原因是农业灌溉用水量较高，说明甘肃应更进一步发展农业节水技术，深挖节水灌溉潜力。尽管随着工业化和城镇化的推进，农村从事第一产业的劳动力比例在逐年降低，但到 2018 年末，甘肃农村第一产业就业人员比例仍然达到 57.7%，与 35% 的全面小康标准尚有不小差距，与 26.1% 的全国平均水平差距更大。与此相对应的是，2018 年甘肃省第一产业增加值占 GDP 比重为 11.2%，这反映了甘肃省目前农业劳动生产率偏低的事实。

表 2 甘肃农村全面建成小康社会二级评价指标实现程度（截至 2018 年末）

单位：%

二级指标	全面小康实现程度
农村居民人均可支配收入	94.65
农村第一产业就业人员比例	60.64
常住人口城镇化率	95.38
城乡居民人均可支配收入比	97.06
农村居民人均居住面积	100
农村居民钢筋混凝土和砖木结构住房比例	100
农村自来水普及率	100
农村卫生厕所普及率	94.27

---

① 甘肃省农业用水量占总用水量的比重，历年来都保持在 80% 以上，而工农业生产用水比例也在 1:9 左右，因此用单位 GDP 用水量可以较好衡量农业用水的经济效率。

续表

二级指标	全面小康 实现程度
农村每百户家庭计算机拥有量	100
农村居民家庭恩格尔系数	100
文教娱乐支出占农民生活消费总支出比重	100
新农合参合率	100
农村人口平均受教育年限	92.89
农村地区孕产妇死亡率	100
农村地区 5 岁以下儿童死亡率	100
农村每千人拥有职业(助理)医师数	100
农田化肥施用强度	100
对生活垃圾进行收集、运输的行政村比例	95
畜禽养殖废弃物综合利用率	100
单位 GDP 用水量	84.43

资料来源:《甘肃发展年鉴》、《甘肃调查年鉴》、《中国农村统计年鉴》、《中国卫生健康统计年鉴》、《甘肃省水资源公报》、前瞻数据网,以及甘肃省政府相关规划、方案、文件。

(2) 一级指标实现程度

由各二级指标实现程度,计算出四项一级评价指标全面小康实现程度,如表3所示。

表3 甘肃农村全面建成小康社会一级评价指标实现程度 (截至 2018 年末)

单位:%

一级指标	全面小康实现程度
经济发展	91.10
人民生活	99.42
社会进步	98.90
生态环境	93.01

一级评价指标实现程度均在 90% 以上。其中,人民生活实现程度最高,达到99.42%;其次是社会进步,实现程度为98.90%。人民生活和社会进步两项指标已非常接近全面小康水平。实现程度相对较低的是生态环

境和经济发展。

2. 总体实现程度

由一级指标实现程度计算可得，截至 2018 年末，甘肃农村全面建成小康社会总体实现程度为 97.01%。

（二）甘肃农村全面建成小康社会的主要短板

对表 2、表 3 进行归纳总结，可以发现目前甘肃农村全面建成小康社会的主要短板：一是农业效益不高和城乡一体化建设滞后，表现在农业劳动人口过多、城乡收入差距偏大以及城市化率偏低；二是农村人力资本不足，对发展现代农业制约较大，表现为农民受教育程度低、科技文化素质不高；三是农村生态环境有待进一步改善，虽然持续推进的农村人居环境整治行动取得了显著成效，农村环境质量明显提高，但在水资源节约保护及高效利用方面仍有较大提升空间。

二 甘肃农村全面建成小康社会存在的问题

如前所述，到 2018 年末，甘肃农村全面建成小康社会的总体实现程度为 97.01%，其中一些指标已达到全面小康标准。目前，一方面要尽力补齐短板，确保各项指标如期达标；另一方面也要认真思考在 2020 年之后，即在后小康社会，甘肃农业农村如何实现高质量发展、乡村振兴战略如何持续深入推进的问题。对于评价体系中因指标选取、计算方法的局限而未能反映的问题，也应加以分析和总结。

（一）农民收入增长较快，但城乡收入绝对差距逐年增大

近年来，甘肃农村居民收入增长较快，人均可支配收入增速高于城镇居民，但由于农民收入基数较小，尽管增速更快，但与城镇居民的绝对差额仍在拉大。以 2013 年至 2019 年为例，农民人均可支配收入由 5589 元增长到9629 元，但同时城乡收入绝对差额也由 14285 元增大到 22695 元，年均扩

大1000元以上，如表4所示。问题的关键在于，农村居民往往并不十分关心收入增速，而更在意收入的实际增加值以及与城镇居民收入的绝对差额。城乡收入绝对差距的逐年拉大，势必会影响到农民获得感的提升。

表4　甘肃省城乡居民人均可支配收入

单位：元，%

年份	农村居民	名义增速	城镇居民	名义增速	城乡收入绝对差额
2013	5589	—	19873	—	14285
2014	6277	12.31	21804	9.71	15527
2015	6936	10.51	23767	9.00	16831
2016	7457	7.51	25693	8.11	18237
2017	8076	8.30	27763	8.06	19687
2018	8804	9.02	29957	7.90	21153
2019	9629	9.37	32323	7.90	22695

资料来源：《中国统计年鉴》。

（二）农村生产要素配置错位，农民兼业化现象突出

如前所述，甘肃农村第一产业从业人员比例高达57.7%，但实际调查发现，甘肃农村从事农业的人口似乎并不多：青壮年多在外打工，某些乡村土地撂荒、弃耕现象严重。对于这一矛盾的一种合理解释，就是大部分农村劳动力处于"兼业化"状态。一方面，一部分农村劳动力尤其是青壮年劳动力，向往城市生活，希望在城市安居乐业；另一方面，目前尚不均等的公共服务和不完善的社会保障体系，加之高昂的城市生活成本使他们虽然能够进城，但存有一定后顾之忧，往往"留得下，稳不住"，而农村土地、宅基地等财产对他们就起到了很大的生活托底和保障作用。因此，处于"兼业化"状态的农民，并没有真正做到放弃务农、放弃土地，只是将短期的、周期性的进城务工当作增加收入的手段。兼业现象的存在，虽然在一定时期内有助于增加农民收入，但长期来看对农业发展较为不利。农业与其他产业之间比较收益的差距使兼业农民至多将农业作为最后的生活保障，而不可能

做到专心务农。农村劳动力的兼业化，导致农业劳动生产率长期处于较低的水平，而究其产生原因，就是农村生产要素配置错位，劳动力供给过度，而资本、技术、信息等先进生产要素供给不足，造成经济学家 W. A. Lewis 所指出的农村"隐性失业"问题。

（三）农业效益不高，农民增收后劲不足

从收入结构来看，近年来甘肃农民收入多元化趋势逐渐显现。除经营性收入稳步提升外，转移性收入大幅增长，工资性收入先增后降、再恢复性增长，如图1所示。总的来看，经营性收入在农民可支配收入中占比明显降低。2004年经营性收入、工资性收入、财产性收入和转移性收入之比为66.3：28.5：1.4：3.8，到2018年这一比例变为43.4：28.8：2.4：25.4，其间工资性收入一度与经营性收入持平，成为占比最大的一部分收入。收入多元化于农民而言固然是好事，但三种收入比例的消长也表明农民增收主要依靠在外务工和政府转移支付，而农业的贡献则相对下降，这也从侧面反映了目前农业经营效益不高的困境。①另外，工资性收入的波动也给农民增收带来不稳定因素。甘肃工业发展较为滞后，本地缺少中小型制造业企业，对技能型人才需求不旺，加之职业教育体系不完善，导致目前农村青壮年劳动力多以"重体力，轻技能"为主要特征，整体科技文化素质不高，从事的非农产业也多集中在餐饮、家政、建筑等低端行业，且以短期打零工为主，因此收入很不稳定且缺乏保障。从图1已经看到，2015年，国内外经济下行的不利影响开始凸显，外出务工农民大量返乡，造成工资性收入断崖式下降。工资性收入欠稳定，财产性收入和转移性收入受产权及财政制度约束，增长空间也十分有限，因此长远来看，甘肃农民增收的最可靠途径还是实现农业的提质增效，扩大经营性收入。

---

① 工资性收入中不排除受雇于农业合作社所得等与农业有关的收入，同时经营性收入也可能来自非农经营。这里只考虑目前大多数情况。

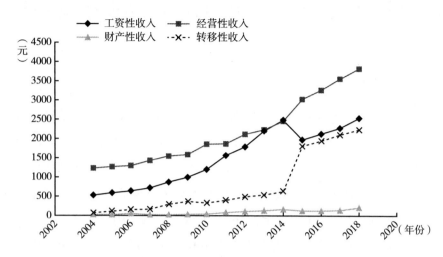

图1　甘肃农村居民可支配收入结构

资料来源：《甘肃发展年鉴》。

（四）边缘贫困人口多，返贫和新致贫风险高

一是贫困户稳定脱贫的基础并不牢固。如前所述，甘肃农民增收仍过多依赖于转移性收入以及不稳定的工资性收入，同时经营性收入中传统产业经营收入占比较高，真正来自产业融合等新兴业态的贡献并不多，收入结构性失衡问题突出。同时部分脱贫群众由于未掌握职业技能或不愿接受相关培训，抗风险能力弱，存在再次返贫的可能性。一些贫困户对家庭发展缺乏清晰谋划，"等、靠、要"思想严重，"精神贫困"成为自我发展道路上的掣肘。二是扶贫产业可持续性不强。在脱贫攻坚压力下，一些地方一哄而上地上马某些扶贫项目，虽然产生立竿见影的效果，但往往发展特色不足、同质化现象严重，加之对市场前景和市场风险考虑不足，扶贫项目发展可持续性较差。三是政策的"悬崖效应"引发新的致贫隐患。脱贫攻坚和帮扶政策的集中性和靶向性，导致扶贫资源向贫困村、贫困户过量输送，而一些生活水平仅略高于贫困户的非建档立卡户，即所谓的"边缘户"，由于未能享受到相关政策扶持，一旦未来生活处境恶化，将很有可能转变为新的贫困户；

而一些原本发展前景较好的非贫困村，也由于未能及时得到扶贫政策的支持，反而落后于贫困村，出现一定程度的"悬崖效应"。

（五）相对贫困问题日益突出

在城乡收入绝对差额增大的同时，农村内部的贫富差距问题也不容忽视。虽然甘肃农民收入总体呈上升趋势，但如果按收入水平将其五等分，就会发现，高收入、中高收入组收入增长明显快于低收入、中低收入组，且低收入组收入增长十分缓慢，在2018年甚至出现负增长。2009年，高收入组和低收入组人均可支配收入相差5296元，到2018年这一差额增大到22243元，如图2所示。而中等收入组和其他组别的收入差距同样也在拉大，如表5所示。这种趋势所致结果就是农村居民内部收入差距逐步拉大。在总体收入水平提高的同时，内部收入差距会呈现总体扩大的趋势，这符合统计学上的解释。但如果任由这种差距增大而不加以干预和熨平，势必会影响全面建成小康社会的整体成效，降低人民群众的幸福感与获得感。

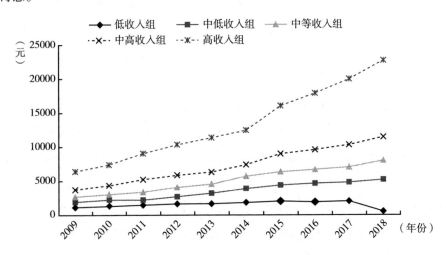

图2 甘肃农村居民按五等分组人均可支配收入

资料来源：《甘肃发展年鉴》。

表5　甘肃农民各收入组与中等收入组人均可支配收入差额

单位：元

年份	低收入组（20%）	中低收入组（20%）	中高收入组（20%）	高收入组（20%）
2009	−1540	−760	1053	3755
2010	−1748	−809	1307	4381
2011	−1906	−1157	1862	5688
2012	−2442	−1371	1799	6286
2013	−2900	−1351	1777	6834
2014	−3888	−1812	1692	6762
2015	−4334	−1957	2661	9750
2016	−4799	−2031	2915	11246
2017	−5021	−2226	3285	12981
2018	−7510	−2816	3451	14733

资料来源：《甘肃发展年鉴》。

（六）农村自我发展能力不强，地方财政支出压力较大

农村地区要得到长期稳定、快速的发展，关键在于"造血"而非"输血"，而做大做强产业是增强农村自我发展能力的不二选择。目前，甘肃农村产业基础仍较为薄弱，制约了其自我发展能力的提升。一是产业层次较低。产业类型仍以传统种养为主，一、二、三产业融合链条短，农产品附加值偏低。二是农产品加工业尤其是精深加工不足。目前甘肃省农产品加工产值与农业总产值比值仅为1.54∶1，远低于2.1∶1的全国平均水平。三是新型农业经营组织数量少、规模小、生产经营方式单一。农民专业合作社以生产型居多，以服务型为主的新型合作组织发育程度较低。四是金融支撑能力弱。金融机构受自身利润要求、风险规避、运作模式等因素限制，基金签约率较低，难以在结构调整、产业集聚、市场引导等方面发挥有效作用。农村金融机构、金融产品、贷款抵押形式相对较少，同时贷款手续复杂、融资渠道窄、融资成本高等问题比较突出。五是人才匮乏。农民技术水平和文化素质普遍不高，复合型和专业型人才不足，新型经营主体在科技创新、企业管理等方面的能力亟待提高。

近年来，甘肃省实施了一系列强农惠农举措，在促农增收方面取得了显著成效，但农村自身发展能力偏弱，特别是县域工商业发展滞后导致县域对农村在资金、技术、人才、市场等方面的支撑不足，使一些地区的农村发展过度依赖于地方财政，无形中增大了财政支出的压力。近年来，甘肃省农林水事务支出占财政总支出的比重明显上升，由2009年的11.08%上升到2018年的17.98%，如图3所示。同时，由于经济发展滞后，甘肃财政自给程度较低。2018年甘肃省财政自给率为23.1%，比全国水平低18.9个百分点，更低于一些经济发达省份（见表6）；甘肃县级财政自给率为17.2%，比全国水平低31.8个百分点。在脱贫攻坚任务重、民生保障压力大的形势下，甘肃财政支出刚性增长和财政收入明显不足的矛盾一时难以得到有效缓解。

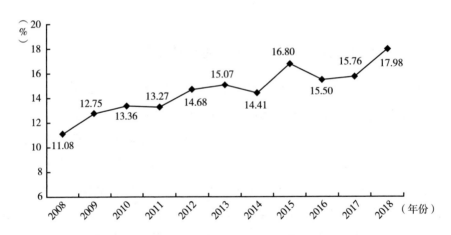

图3 甘肃省农林水事务支出占财政总支出的比重

资料来源：《甘肃发展年鉴》。

表6 2018年部分省份财政自给率

单位：%

财政自给率前10位	财政自给率	财政自给率后10位	财政自给率
上海	85.1	贵州	34.4
北京	80.6	云南	32.8
广东	76.9	吉林	32.7

续表

财政自给率前 10 位省份	财政自给率	财政自给率后 10 位省份	财政自给率
浙江	76.5	广西	31.7
江苏	74.0	宁夏	31.0
天津	67.8	新疆	30.7
山东	64.2	黑龙江	27.4
福建	62.2	甘肃	23.1
山西	53.5	青海	16.6
重庆	49.9	西藏	11.7

资料来源：《中国财政年鉴》。

三 2020年后甘肃农村更高水平全面小康建设的思路与对策

党的十九大报告指出，在全面建成小康社会的基础上，再奋斗十五年，基本实现社会主义现代化。因此，在 2020 年全面建成小康之后，仍然需要继续建设更高水平的全面小康。2020 年后甘肃"三农"工作的重心，一方面是巩固全面小康成果，防范返贫和新致贫风险；另一方面是推进脱贫攻坚政策与乡村振兴战略的有效衔接。在新的背景下，以往的扶贫、脱贫政策势必要经历三个转变，即由绝对贫困治理转向相对贫困治理、由收入贫困治理转向多维贫困治理、由超常规扶贫攻坚转向常规性贫困治理。遵循这一思路，提出以下 2020 年之后甘肃农村更高水平全面小康建设的对策建议。

（一）巩固全面小康社会建设成果

全面小康是一个建设目标，也是一种需要巩固和保持的状态。农村全面小康社会建成后，城乡差距依然很大，农民生活水平依然需要提高。因此，当务之急是巩固农村全面小康成果，防范化解返贫风险，消除新致贫隐患。一是实施顶层设计，编制巩固农村全面小康社会成果规划。二是做好贫困预警监测，建立反贫困长效机制。要建立贫困人口生产生活跟踪机制，及时摸清非贫困户和边缘贫困户现状，将贫困"边缘户""边缘村"纳入扶贫范围，构建贫困户分级评价标准，转变以往贫困户"全得"、临界贫困户"全无"的扶贫资源分配模式。三是全面实施乡村振兴战略，推进共同富裕。

（二）推进脱贫攻坚政策与乡村振兴战略的有效衔接

一是推进减贫战略由解决绝对贫困向解决相对贫困转变。2020年脱贫摘帽只是消除了农村绝对贫困，在实施乡村振兴战略阶段仍然存在较为普遍的相对贫困问题。2020年之后的贫困治理需要转到以治理相对贫困为目标，更加注重减贫措施的区域性和协调性，更加注重返贫人口、边缘贫困人口、失去劳动能力人口、易地扶贫搬迁户、进城农民工等特殊群体的贫困治理。要根据不同情况对相对贫困的低收入群体精准施策、综合施策，从教育培训、就业创业、医疗保障、公共服务等多个领域予以扶持。二是将现有脱贫政策纳入乡村振兴战略实施轨道。要增强扶贫产业的持续性和群众脱贫增收的稳定性，为深入实施乡村振兴战略打好基础。要全面推进特色产业发展、人居环境整治、乡村生态保护、文明乡风塑造、基层治理提升、乡村民生改善、人才科技支撑、农村党建引领等行动，制定目标任务，明确责任单位。三是尽快出台"甘肃省脱贫攻坚与乡村振兴有效衔接机制的实施意见"。

（三）夯实产业发展基础

一是增强农村产业的持续性。进入乡村振兴阶段，产业发展要摒弃以往"短平快"的思维，要更加注重农产品市场建设和品牌建设，建立符合市场规律的价格机制，进一步完善市场诚信体系。在强调产品"特色化"的同时不能忽视产业"规模化"。县级主管部门要做好统筹规划，在"一村一品""一乡一品"的基础上，邻近的乡、村之间可适当进行产业联合，形成规模经济。一方面可避免资源浪费、重复建设和产品同质化，另一方面通过联合增强抵御风险的能力。要进一步完善农业保险机制，充分保障农民利益，在产业培育中充分评估投资经营的风险。二是加强农业供应链建设。产业发展终究是一个经济问题，要改变以往行政力量推动、政府"唱主角"的模式，更加强调市场在产业培育和壮大中的作用，进一步优化农产品供应链，完善农户、合作组织、加工企业、供销商、消费者等各主体间的信息共享机制和利益分配机制，提高贫困人口参与产业发展的深度和广度，加强核心企业培育。三是推动城乡产业融合发展。以促进农村劳动力就地就近就业、土地及特色资源等要素高效利用和促进城市人才、资本、技术下乡为目的，搭建城乡产业融合发展平台。要以现代农业为重点，以乡村生态休闲、文化旅游等新业态为重要补充，创建一批城乡融合典型项目，推动城乡要素跨界配置和产业有机融合。

（四）加快引导农村生产要素集聚

一是深化土地制度改革，激活土地要素。深化农村宅基地制度改革，适当放活宅基地和农民房屋使用权。扩大农村集体经济组织的经营自主权，允许农村集体经济组织以出租、合作等方式盘活利用闲置农房及宅基地，优先发展农村新产业新业态，增加农民财产性收入。完善宅基地用益物权，加快推进"房地一体"的农村宅基地使用权确权登记颁证工作。二是加强人力资本建设，激活劳动力要素。通过营造良好氛围，积极鼓励青年农民返乡创业、扎根农村。要挖掘农村本土"能人"，提升农民自身素质。要聚焦乡村产业振兴新需求，以服务好高校毕业生、科技特派员、乡村能人、返乡农民工等创新主体为目标，建设科技创新创业载体平台。三是创新金融运作机制，激活资本要素。健全多层次的农村金融服务体系，优化普惠金融便民点布局和功能，促进金融服务向乡村覆盖、信贷资源向乡村流动。在村民自愿的基础上，通过政府运作，成立乡村富余基金，选择稳定化的投资机会，为乡村带来稳定的财产性收入。构建区域一体化的农业融资担保体系，鼓励农业担保公司跨省开展业务合作。

B.6
甘肃省农村人居环境整治
进展及问题研究

李　晶*

摘　要： 改善农村人居环境是实施乡村振兴战略的一项重要任务。甘肃省经济社会发展相对落后，农村人居环境发展差异较大，一些地区存在严重的脏乱差问题，对全面建成小康社会和满足农民群众期盼形成阻碍。自中共中央办公厅、国务院办公厅作出《农村人居环境整治三年行动方案》工作部署以来，甘肃省委、省政府将农村人居环境整治作为社会主义新农村建设的一项重要内容，制定《甘肃省农村人居环境整治三年行动实施方案》，分目标制定"三大革命"和"六项任务"等方案，并取得阶段性成效。本报告根据调研所得省内全域农村人居环境整治现状，将实际整治进展情况与方案要求和目标进行比较分析，客观地评价甘肃省农村人居环境整治工作的实施成效，分析存在的问题及其原因，并提出相应地对策和建议。

关键词： 农村人居环境　甘肃　乡村振兴

　　改善农村人居环境，建设美丽宜居乡村，是全面建成小康社会和实施乡

---

* 李晶，博士，甘肃省社会科学院农村发展研究所助理研究员，主要研究方向为农业生态水文。

村振兴战略的一项重要任务。当前，学术界对农村范围内的人居环境的研究较少，对农村人居环境的定义尚未明确、统一，较多的是将吴良镛的"人居环境"定义与乡村环境特点相结合做出阐释——农村人居环境是由农村社会、自然及人工三大环境构成的、村民一切生产生活及社交娱乐活动的空间承载场所，是人居环境的重要组成部分，综合体现了农村整体发展状况。[①]

2018 年 2 月，中共中央办公厅、国务院办公厅印发的《农村人居环境整治三年行动方案》中提出，到 2020 年实现"农村人居环境明显改善，村庄环境基本干净整洁有序，村民环境与健康意识普遍增强"的目标。[②] 当前，甘肃省农村人居环境发展相对落后，发展不平衡，村庄建设有计划没规划、有新居没新村、有新村没新貌，脏乱差问题在一些地区普遍存在……总而言之，甘肃省农村人居环境与全面建成小康社会和满足农民群众期盼存在一定差距。为全面贯彻落实中共中央办公厅、国务院办公厅的决策部署，切实改善甘肃省农村人居环境，加快建设幸福美好新甘肃，甘肃省委、省政府制定《甘肃省农村人居环境整治三年行动实施方案》。该方案建立省负总责、县抓落实的工作推进机制，通过深入扎实推进"三大革命"（厕所革命、垃圾革命、风貌革命）和"六项任务"（生活污水治理、废旧农膜回收利用与尾菜利用、畜禽养殖废弃物及秸秆资源化利用、村庄分类、"四好农村路"建设、村级公益性设施共管共享），改善甘肃省大部分农村人居环境，建立长效的运行管护机制，从而形成适合当地实际情况的整治模式和做法。

一 甘肃省农村人居环境整治现状

（一）稳步推进"厕所革命"

全省各地农村稳步推进"厕所革命"。全省积极探索适应当地气候、经济

---

① 左玉辉：《环境学（第二版）》，高等教育出版社，2010。
② 包福存、魏立娟：《美丽乡村背景下农村人居环境问题研究》，《法制与社会》2019 年第 9 期。

适用、群众接受的改厕模式，着力推广"卫生旱厕改建"和"卫生水厕改建"两种模式，大力开展试验示范和新技术、新产品研发，如双瓮漏斗改良式、水冲式和旱厕改建模式群众接受程度普遍较高，在许多农村得到广泛应用。整治期间，全省共选取2061个基础条件好、村民改厕意愿强的村，整村推进农村改厕。截至2019年底，全省76.7%的行政村建成卫生公厕，改建新建农村卫生户厕共55.73万座，超额完成"全年改造卫生户厕50.57万座、70%的行政村有1座卫生公厕"的目标。其中，无害化卫生户厕41.92万座，占75.22%，卫生旱厕13.81万座，占24.78%。同时，全省卫生户厕普及率由2018年底的10.02%提高到2019年底的22%。

甘肃省在大力推进农村"厕所革命"过程中积累的经验、研发的技术获得社会高度认可。中央电视台就民勤等地农村改厕经验和做法进行了专题报道；张掖兰标生物科技有限公司研发的"无水免冲生物马桶"荣获全国农村改厕技术产品创新大赛三等奖；武威市、靖远县、会宁县等地在粪污资源化利用方面的经验和做法得到农业农村部充分肯定，并在武威市召开了全国农村可再生能源利用技术培训班，推广甘肃省的经验和做法。

（二）深入推进"垃圾革命"

全省各地统筹推进农村"垃圾革命"。为贯彻落实《甘肃省农村人居环境整治三年行动实施方案》，全省积极推进无垃圾专项治理行动，加快完善建设农村生活垃圾收运、处理等设施，推进实行生活垃圾分类，健全运行管护制度，完善村庄保洁机制。截至2019年底，全省配备村庄保洁人员11.76万名，配备农村垃圾保洁、收集、运输车3.24万辆，建成无害化垃圾处理设施303座。[①] 全省做到对生活垃圾自行收集、运输的行政村达1.5万个左右，占行政村总数的95%；做到对生活垃圾自行处理的行政村达1.2万个左右，占行政村总数的80%。为确保"垃圾革命"工作落实到位，杜绝任何形式的垃圾"顽疾""死角"，2018～2019年底，利用无人机航拍和

---

① 《让乡村更美更宜居——甘肃全力抓好农村人居环境整治纪实》，中国甘肃网，2020年1月16日。

卫星遥感等先进技术手段排查垃圾"顽疾""死角"4.47 万处，并已经清理完全；排查非正规垃圾堆放点 625 处，整治清理 589 处，整治效率94.2%。除此之外，农村垃圾治理方式方法灵活丰富。例如，省内一些地方采取购买第三方环卫服务等方式开展农村生活垃圾治理，实行户分类、村收集、乡转运、县集中处理，实现了城乡环卫一体化。

（三）扎实开展"风貌革命"

全省各地扎实开展"风貌革命"。为彻底解决村庄环境脏乱差问题，打造村庄干净、整洁、有序的风貌，全省各级政府积极发动群众，由易到难、扎实推进以"三清一改"为主要内容的村庄清洁行动，并先后多次开展村庄清洁行动春节战役、春季战役、夏季战役、秋冬战役。2018～2019 年，全省累计参与村庄清洁行动 457 万人次，共清理农村生活垃圾 178 万吨，治理污水、废弃水塘 1 万余处，清扫漂浮垃圾的沟渠 13 万余公里，清理沟渠淤泥 12 万余吨。村庄清洁行动评估验收结果显示，嘉峪关市、甘南州、兰州新区、兰州市、天水市被评为优秀等次，金昌市、平凉市、定西市、庆阳市、张掖市、白银市、陇南市、酒泉市、武威市、临夏州被评为良好等次，康县、清水县、崇信县、临泽县、合水县、卓尼县、嘉峪关市和红古区、金川区、安定区 10 个县（市、区）被评为省级"村庄清洁行动先进县"，陇南市被评为"拆危治乱先进市"。

全省因村施策，根据当地实际情况开展一系列的农村风貌整治活动。例如，陇南市开展的具有当地突出特色的"拆危治乱"行动，拆除危房共45.7 万余间、残垣断壁 57.7 万余米，复垦土地 1.15 万余亩；康县发挥乡村风情优势，全域打造美丽乡村，着力发展乡村旅游、生态旅游；积石山县开展"百日大会战"，集中整治农村脏乱差问题；临泽县村庄庭院门前建有小花园、小菜园，门后改庭院、改圈舍、改厕、改炕、改厨等，以家家环境小改善推动村村大变样。①

---

① 《甘肃省农村人居环境整治取得成效》，《甘肃日报》2020 年 2 月 3 日。

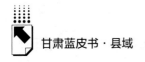
（四）"六项任务"进展顺利

一是扎实推进农村生活污水治理工作。2018～2019 年，全省重点打造 111 个行政村农村生活污水治理试点示范，并发布甘肃省农村生活污水处理设施水污染物排放标准，① 摸清全省现有农村生活污水处理设施底数，积极探索符合当地实际的农村生活污水治理模式和路径。

二是积极推进废旧农膜回收利用与尾菜利用工作。2019 年全年共回收农田废旧薄膜 18.18 万吨，回收率达 81.72%；综合处理利用尾菜 407.9 万吨，处理利用率达44.7%。② 永昌县元生公司、榆中县康源公司、凉州区柏树庄沼气站和双城镇小果园村小型沼气站对尾菜、畜禽粪便、秸秆等农业废弃物进行综合处理利用，实现种养结合、农牧互补、循环利用。

三是有序推进畜禽养殖废弃物及秸秆资源化利用工作。截至 2019 年底，甘州区全区推进畜禽养殖废弃物资源化利用项目，崆峒区、凉州区、玛曲县推进畜禽养殖废弃物资源化利用项目并已经启动实施。2019 年全年甘肃省处理转化畜禽粪污 5729 万吨，综合利用率达 75%；规模养殖场粪污处理设施装备配套率达到 93%，大型规模养殖场粪污处理设施装备配套率达到 100%；秸秆饲料化利用项目和秸秆汽喷破壁发酵饲草生产技术应用推广试点项目顺利实施。

四是全面完成村庄分类工作。2018～2019 年，对 15861 个行政村、73051 个自然村进行调查，其中 10235 个行政村编制村级各类规划，占比 64.52%；14425 个自然村编制各类规划，占比 19.74%。完成 19242 个村庄分类工作，村庄大致分为集聚提升类、城郊融合类、特色保护类、搬迁撤并类及看不准类等。其中，集聚提升类村庄有 11629 个，占分类村庄的 60.44%；城郊融合类村庄 3074 个，占分类村庄的 15.98%；特色保护类村

---

① 《甘肃省全面整治农村人居环境"14 乱"问题》，每日甘肃网，2020 年 2 月 12 日。
② 《我省全面整治农村人居环境"十四乱"问题》，甘肃政务网，2020 年 2 月 26 日。

庄 1385 个，占分类村庄的 7.2%；搬迁撤并类村庄 1460 个，占分类村庄的 7.58%；看不准类村庄 1694 个，占分类村庄的 8.8%。

五是建设"四好农村路"。具备条件的乡镇和建制村通硬化路率达到 100%，具备条件的建制村通客车率达到 99.83%，39 个县试点推行农村公路灾毁保险，广河县、合水县被命名为"四好农村路"全国示范县，深化农村公路管理养护体制改革有序推进。

六是进一步推进村级公益性设施共管共享工作。截至 2019 年底，全省乡村公益性岗位达到 11.5 万个，做到每个行政村拥有 4~6 名公益性岗位人员，基本实现行政村共管共享理事会全覆盖。

二 农村人居环境整治的主要措施与经验

（一）加强组织领导，持续高位推进

一是建立组织领导机制。省委、省政府建立省负总责、县抓落实的工作推进机制，成立省委、省政府主要领导任组长的省委农村工作领导小组（省实施乡村振兴战略领导小组），下设包括改善农村人居环境、农村"厕所革命"、村级公益性设施共管共享在内的 8 个专项工作组，定期研究农村人居环境整治工作中的突出问题。

二是压茬部署推进。省委、省政府分管领导多次下基层开展调研，听取工作汇报，先后召开全省农村人居环境整治工作会议，深入分析并研究解决工作推进过程中的困难问题，具体指导推动。

三是建立协调推进机制。制定并印发《甘肃省农村人居环境整治工作分工方案》，细化各项重点任务，明确牵头单位、配合部门，形成省委农办、省农业农村厅牵头抓总、统筹推进，省直有关部门各负其责、协作配合的协同推进机制。各市（州）、县（市、区）成立相应工作机构，召开专题会议研究部署相关工作，全省上下形成党政"一把手"亲自抓、分管领导直接抓、一级抓一级、层层抓落实的工作格局。嘉峪关、张掖、酒泉、武

威、天水等市建立市级领导包抓县区、县区领导包抓乡镇工作制度，进一步落实工作责任。

（二）完善政策措施，强化要素保障

一是加大资金投入。省级财政在十分困难的情况下，将农村"厕所革命"和村庄清洁行动纳入省政府为民办实事项目，持续加大对农村人居环境整治工作资金支持力度。制定并完善奖励机制，实行农村"厕所革命"和村庄清洁行动奖补办法，切实发挥激励引导作用。截至2019年底，全省农村"厕所革命"投入资金28.58亿元，其中，中央财政奖补资金2.16亿元、省级奖补资金3亿元、市级奖补资金1.97亿元、县级奖补资金7.65亿元、群众自筹和投工投劳折价约13.8亿元。村庄清洁行动共投入资金26.84亿元，其中，省级奖补资金2亿元、市级奖补资金1.34亿元、县级奖补资金10.9亿元、群众自筹和投工投劳折价约12.6亿元。此外，省级财政安排农村人居环境专项资金0.35亿元、全域无垃圾专项治理资金0.5亿元、农村生活污水治理试点专项资金0.13亿元、秸秆饲料化资金0.1亿元、废旧农膜回收利用和尾菜利用资金0.35亿元。

二是强化资金管理。依照中央农办、财政部、农业农村部关于开展农村"厕所革命"整村推进财政奖补工作的一系列通知，甘肃省财政厅、省农业农村厅联合印发了《关于开展农村"厕所革命"财政奖补工作的通知》和《关于做好村庄清洁行动财政奖补工作的通知》，省农业农村厅制定印发了《关于做好农村"厕所革命"中央财政奖补政策组织实施工作的通知》和《关于做好农村"厕所革命"和村庄清洁行动财政奖补政策组织实施工作的通知》，对奖补资金支持范围、奖补标准、使用管理等作出具体要求，以此指导各地加强奖补资金绩效管理，严格落实资金用途，提高实用效益。市县结合实际制定工作方案，合理确定目标任务，统筹整治项目、奖补资金和基础设施建设，建立了财政引导、农民投入、社会参与的农村人居环境整治投入机制。

（三）坚持分类推进，强化培训指导

一是从实际出发分类指导推进。结合省内各地村庄实际经济条件和发展水平，坚持农民主体、多方参与，统筹推进人居环境整治工作，确保实现建管并重、长效运行的目标。

二是加强工作调度。省、市、县、乡、村分级建立农村人居环境整治重点任务工作台账。省农业农村厅每月对各市州工作进展和省直牵头单位工作情况进行一次调度，并向省委、省政府领导专题报告。组织开展信息业务培训，指导各地认真填报农业农村部农村人居环境整治信息系统，确保数据的准确性。

三是积极开展政策培训和技术指导。省农业农村厅、省生态环境厅、省卫生健康委等部门就农村人居环境整治重点任务方向和内容编印一系列手册及指南，如《农村人居环境整治工作政策汇编》、《甘肃省农村改厕技术指导手册》及《甘肃省农村生活污水治理技术指南》等。并多次举办农村改厕、生活污水治理、农膜与尾菜综合利用、畜禽粪污与秸秆综合利用等方面的培训班（会），召开改厕企业座谈会，成立农村厕所革命卫生技术指导组。各地普遍采取以会代训、专题培训、印发资料、组织观摩等形式，开展政策技术培训指导。省级举办培训班（会）15期，培训2800余人次；市、县、乡、村共举办农村人居环境整治各类培训班（会）12760余期，培训900余万人次，基本实现每户有1名政策技术明白人。

（四）强化督促检查，确保工作实效

一是建立考核监督制度。省委、省政府出台《甘肃省实施乡村振兴战略考核办法（试行）》，将农村人居环境整治工作作为一项重要考核内容。省纪委办公厅印发《农村人居环境整治工作监督方案》，省政府督查室开展专项督查2次。农村人居环境整治重点任务牵头单位分别出台考核验收办法，以县为单位组织开展检查验收，考核结果纳入实施乡村振兴战略考核。

二是广泛开展督导检查。省农业农村厅实行厅级干部包抓市州、处级干

部督导县区的工作制度，并组织开展 3 轮督导。省改善农村人居环境专项工作组办公室对工作推进过程中问题较多的市县开展 4 次约谈，发出提醒告知函 20 余份。指导各地提高改厕工作质量，防范和排查解决农村改厕过程中模式不符合实际、质量把控不严、技术指导不到位等 10 个方面 66 种问题，开展专项督查 4 次，特别是在央视《焦点访谈》栏目曝光凉州区改厕问题后，第一时间对凉州区进行专项督查，在全省组织开展了改厕问题大排查。

三是多种监督措施并举。省住建厅运用无人机航拍和卫星遥感技术全面开展垃圾堆积清理排查，组织开展专项督查和年度考核 5 次，联合省电视台开展明察暗访 23 次，对问题较多的临夏州、静宁县、环县等市县开展约谈 4 次，向市州反馈督查限期整改通报 23 次，对反馈的问题整改情况进行"回头看" 18 次。

（五）注重宣传发动，营造浓厚氛围

一是采取多种方式教育引导群众。各地各部门通过各种媒介，广泛宣传农村人居环境整治政策措施，将保护环境卫生纳入村规民约，教育引导农民群众提升文明卫生素质和环境保护意识，自己动手建设清洁家园。省住建厅在甘肃电视台开设全域无垃圾专项治理宣传专栏《净美甘肃》，已制作播放 42 期，播出红黑榜 298 条。省卫生健康委举办了"共推厕所革命、共促卫生健康"主题宣传活动。

二是总结推广典型做法和经验。省农业农村厅编印《农村厕所革命宣传手册》，编发《农村人居环境整治简报》 37 期，积极协调省内主流媒体宣传各地经验和做法，在第十七届国际农产品交易会农村人居环境整治工作成果展上，详细介绍了甘肃省农村人居环境整治工作经验、做法和工作成效。

三是创新宣传动员方式。省妇联在全省推动实施"巾帼家美积分超市"项目，每个点投资 5000 元，全省共建立 3528 个"巾帼家美积分超市"。村民们通过垃圾分类、捡拾地膜等换取积分，"巾帼家美积分超市"用废旧物品兑换各种日常生活用品，激发群众参与环境卫生整治、创建"美丽庭院"

的积极性，自觉抵制陈规陋习，树立卫生环保意识，净化美化人居环境。宕昌县组织开展"巾帼共建美丽家园"行动，天水市秦州区中梁镇动员群众"天天扫院子、月月洗被子，建成好园子、住上好房子"，永登县龙泉寺镇开展"小手拉大手"活动，广泛调动了群众参与的积极性、主动性。

三 甘肃省农村人居环境整治工作 存在的问题及原因

（一）存在的问题

甘肃省农村人居环境整治工作已经开展多年，农村基础设施建设、生活生产垃圾处理、生活污水整治、房屋改造等工作已投入大量专项资金，村民居住环境得以改善，农村人居环境整治取得显著成效，但对照国家三年行动方案要求，还存在不少差距和不足，农村人居环境整治工作还面临一些困难和问题。

一是工作推进还有差距。部分地方对村庄清洁行动的重要性、复杂性、艰巨性认识不足，推动方式简单化，突击搞卫生、改厕所，村庄清洁长效机制建设跟不上，导致村庄脏乱差问题很容易反复；一些地方资金投入不足，难以发挥奖补资金撬动社会力量、激发农民参与积极性的作用；有些地方推进工作脱离当地实际，盲目拔高标准，吊高了群众胃口，建设标准不高，整治成效不够明显。

二是村庄规划缺乏科学性。甘肃省村庄分散，管理不便，土地资源浪费严重，而且过去村民多违章私自建设院落，侵占了耕地资源，导致土地资源有效利用率下降。因此，如何科学地、有规划地将分散的农户集中到大片农户聚居地也是农村人居环境整治的关键所在。村庄规划合理与否关乎其他工作能否顺利开展，如道路、饮水、污水垃圾处理、村级活动场所、文化体育设施、便民服务网点等公共服务基础设施的建设。村庄合理规划不仅节约自然资源、人力、物力、财力，还可以提高治理效率。

三是改建设施利用率低，发挥作用小。省内绝大部分村庄自来水管道设施相对完善，但实际利用率不高，大部分村民仍然使用原来的生活水源，自来水利用率较低；一些地区村民传统的卫生习俗根深蒂固，对厕所进院入室还不易接受，政府投资建设的清洁厕所使用率不高，甚至成为废物堆积点；有的村民对如何选择改厕模式、粪污怎样处理、后期怎么管护等问题还有疑虑，政策知晓率还比较低，宣传政策、动员群众、调动群众积极性方面的工作做得还不够。如何提高农村卫生厕所的利用率，充分发挥公共设施的作用，从根本上改善村民生活，将是后期所面临的问题。

四是政府主导，村民观望，公益设施共管共享难。村民是人居环境治理的最终受益者。人居环境建设和维护单纯依靠政府，村民参与积极性不高、依赖心理严重。农村公共设施建设活动都由政府主导，大多数村民存在只使用不维护的心理，当农村人居环境治理遇到瓶颈时，或公共设施遭到破坏需要维修时，村民等待政府维修，持观望态度，缺乏主人翁意识。

（二）原因分析

农村人居环境整治涉及面广泛，工作内容繁多且复杂，因而甘肃省农村人居环境治理的问题是多方面的。究其原因，主要有以下几点。

一是省级财政能力有限，投入资金少。甘肃省长期处于经济欠发达状态，社会经济发展整体水平远落后于中国东部发达省份。省级财政在十分困难的情况下，采取财政拨款补贴或银行贷款的措施，将农村"厕所革命"和村庄清洁行动纳入省政府为民办实事项目，持续加大对农村人居环境整治工作资金支持力度。但是农村人居环境整治项目内容多，所需资金庞大，而且后期运营维护费用也是一笔可观支出，仅依赖政府财政补贴犹如杯水车薪。除此之外，甘肃省农村产业发展缓慢，经济发展较为落后，县镇财力薄弱，对农村人居环境整治的资金支持力度有限，使人居环境整治资金矛盾更加突出。

二是政府宣传力度小，村民参与度低。基层工作人员对人居环境的概念和建设内容解释不够详细，村民对为什么要创建人居环境、创建人居环境给村民带来什么利益以及如何高效地完成人居环境整治等理解得不够透彻，甚至绝大部分村民认为农村人居环境是政府的面子工程，从而导致村民参与积极性不高，对处理生活垃圾、生活污水，保护环境等方面的工作草草应付，内心并未真正参与到建设中来。

三是村民环保意识淡薄。省内广大农村地区的村民缺乏对于人居环境的认知，对改善人居环境的认识一直处于被动接受状态，认为人居环境建设是国家或政府的事情，跟自己没有必然关系。因此，在推动农村人居环境整治工作过程中，许多村庄的村民参与度不高，不积极配合，甚至出现扰乱行为，严重阻碍了人居环境整治工作的推进。

四 对策建议

一是切实提高思想认识。认真学习贯彻习近平总书记关于改善农村人居环境的重要指示批示精神，全面贯彻落实省委、省政府部署要求，补短板、强弱项，细化实化农村人居环境整治工作措施，进一步提高整治工作成效和农民群众满意度。

二是坚持实事求是、以人为本及持续改进原则。针对省内各地经济、人口、资源、文化等方面的差异，实事求是，因村施策，探索适合实际情况的人居环境整治之路；坚持一切工作围绕农民，做到真正意义上的服务于村民；积极调动村民参与积极性，依靠群众的智慧和力量建设美好家园；坚持从长远、全局角度出发，持续努力改善农村人居环境，加强乡镇之间、村与村之间的交流学习，借鉴好的经验和措施，实现协调可持续发展。

三是科学规划村庄建设。综合考虑村庄现有基础设施、地形地势、生活习惯及未来发展需求等因素，在尊重村民意愿及注重村庄环境保护的基础上科学制订规划方案，对规划各环节集中专家进行论证考核，力争做到村庄规划具有科学性、民主性和整体性。

四是加大政府宣传力度。指导各地采取多种方式，大力宣传中央和省委、省政府关于改善农村人居环境的部署要求、政策措施，以及相关法律法

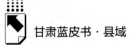

规、卫生知识、典型经验等，教育引导农民群众形成良好的卫生意识和文明生活习惯，积极参与农村人居环境整治工作，建设美丽宜居家园。例如，地方政府负责部门通过微信公众号、微信朋友圈视频、抖音等媒体形式广泛开展宣传活动，鼓励村民摒弃不文明、不卫生的观念，增强农民讲文明、树新风的意识，积极带动农民自发改善人居环境，为农村人居环境改善工作的有序推进奠定基础。

五是扎实推进农村"三大革命"。坚持"好"字当头，2020年全省计划改建新建50万座卫生户厕，实现行政村卫生公厕全覆盖，进一步制定过硬措施办法，加大指导推动力度，稳扎稳打、保质保量。加快推进农村生活垃圾收运体系和处理设施建设，继续治理非正规垃圾堆放点，推进就地分类、源头减量。

六是健全完善长效机制。健全完善村庄保洁机制和公益性设施运行管护机制，加大政策和资金支持力度，保障人员到位、资金到位、制度到位；依靠市县（市、区）主体责任，定期调度工作进展情况，推动建立村庄保洁长效工作机制。

七是加大组织推动力度。各地各级有关部门加强组织领导，科学制定并形成符合当地实情的实施方案和整治思路，定期进行工作通报，以此推进工作进度；落实省直相关部门定期会商制度，及时了解掌握工作进展情况，协调解决重难点问题，形成推动工作的合力；压实市县抓落实的责任，加强部门间协作配合，加大宣传培训力度，及时组织开展督促检查，适时召开工作推进会、现场观摩会，推动全面完成农村人居环境整治三年行动目标任务。

B.7
南水北调西线工程促进甘肃农业
发展的前期研究

徐吉宏*

摘　要： 本报告在对甘肃整体经济、农业、土地开发利用等状况分析
的基础上，深入探讨水资源短缺是制约甘肃农业发展的瓶颈
问题，从而提出南水北调西线工程促进甘肃农业发展的几点
启示：彻底解决水资源矛盾，拓宽土地开发空间；加快农业
经济一体化发展，打造核心增长极；加快农业"走出去"步
伐；巩固和深化脱贫攻坚成果，推进乡村振兴；大幅度改善
甘肃乃至整个北方和西部生态环境。

关键词： 南水北调西线工程　水资源短缺　农业发展　甘肃

　　南水北调西线工程无疑是人类历史上最大的水利工程，其实施对西北地
区乃至全国经济、社会的发展及生态环境的改善都具有重大而深远的意义。
甘肃地处我国西北，属我国严重干旱缺水地区，其省情、水情对南水北调西
线工程的需求迫在眉睫，西线工程实施对解决甘肃干旱缺水问题、加快荒漠
化治理、巩固脱贫攻坚成果、促进甘肃经济社会可持续发展具有重大意义，
更将为甘肃农业发展拓展巨大的生存和发展空间。

＊ 徐吉宏，硕士，甘肃省社会科学院农村发展研究所副研究员，主要研究方向为农村发展及地
理信息技术。

一 南水北调西线工程概况

南水北调工程是实现我国水资源优化配置的战略举措，也是缓解我国西北和华北地区水资源短缺的国家战略性工程。自 20 世纪 50 年代陆续提出南水北调工程东线、中线、西线方案，东线一期（2013 年）和中线一期（2014 年）工程已经建成输水，西线工程则长期处于讨论层面。1952 年黄河水利委员会（简称黄委会）主任王化云最早提出西线调水，并组织了赴青海、四川、西藏的实地考察；后来有关部门明确由黄委会负责西线方案；黄委会遂提出从长江水系引水的西线方案，该方案成为南水北调总体规划和全国水资源综合规划、黄河流域综合规划中确定的项目，其前期论证已历时 60 余年。20 世纪 90 年代以来，又先后出现了大西线（朔天运河）方案、长江水利委员会怒江方案、藏水入疆、红旗河、藏水入蒙、藏水入甘等诸多的线路思路。

西线前期工作已走过 68 年，积累了大量基础资料，研究了众多引调水方案，如大西线（朔天运河）方案、长江水利委员会怒江方案、藏水入疆、红旗河、藏水入蒙、藏水入甘等诸多方案，但西线通水的梦想还没有实现。2019 年 11 月 18 日，中共中央政治局常委、国务院总理李克强主持召开南水北调后续工程工作会议，明确提出开展南水北调西线工程规划方案比选论证等前期工作，持续深化南水北调西线工程前期论证，为早日开工建设创造条件。[1] 2020 年 1 月 3 日，习近平总书记在中央财经委员会第六次会议上作出关于加强南水北调西线工程规划方案论证和比选的重要指示，[2] 按照水利部的统一安排，水利部黄河水利委员会于 4 月、5 月先后两次开展了方案比选考察，并酝酿了新的比选方案。此项工作开始加速，西北省区终于盼到了曙光。

---

① 中华人民共和国中央人民政府网，http://www.gov.cn/premier/2019 - 11/18/content_5453188.htm。

② 中华人民共和国水利部网，http://www.mwr.gov.cn/xw/sjzs/202005/t20200529_1405895.html。

二 甘肃发展现状

（一）甘肃经济社会发展现状

从经济综合实力来看，2009～2018 年甘肃省地区生产总值年均增长
9.47%，低于全国 0.72 个百分点；财政收入年均增长 10.52%，高于全国
0.17 个百分点。2018 年，甘肃地区生产总值达 8246.1 亿元，较 2009 年增长
2.47 倍；财政收入达 1641.71 亿元，相较 2009 年增长 2.72 倍；人均地区生产
总值达 31336 元，较 2009 年增长 2.40 倍。同时，从表 1 可以看出，地区生产
总值、财政收入占全国的比重均不足 1%，居全国第 28 位，仅高于海南、宁
夏、青海、西藏；人均地区生产总值不足全国平均水平的 1/2，居全国第 31
位（见表 1、图 1）。反映了甘肃经济发展迅速，但整体水平依然很低。

表 1 2018 年甘肃与全国经济发展指标对比

指标	全国	甘肃	排名
GDP（亿元）	919281.1	8246.1	28
财政收入（亿元）	183359.84	1641.71	28
人均 GDP（元）	66006	31336	31

资料来源：2019 年甘肃省发展年鉴、2019 年中国统计年鉴。

从三次产业结构来看，2009～2018 年甘肃第一产业增加值年均增长
7.49%，高于全国年均增速 0.71 个百分点；第二产业增加值年均增长
6.23%，低于全国年均增速 2.35 个百分点；第三产业增加值年均增长
12.76%，高于全国年均增速 0.55 个百分点。从产业构成来看，第一产业
比重年均递减 1.8 个百分点，第二产业比重年均递减 2.96 个百分点，第三
产业比重年均递增 3.01 个百分点。2018 年，三次产业结构由 2009 年的
13.40∶45.76∶40.84 调整为 2018 年的 11.17∶33.89∶54.94（见图 2）。可以
看出，甘肃产业结构不断优化调整，由第二产业主导发展过渡到以第三产业
为主。同时，甘肃第一产业（农业）比重虽然逐步下降，但在全国范围内，

农业比重仍处全国前列，居全国第8位，在一定程度上侧面反映了农业依然是甘肃传统产业之一的现实。

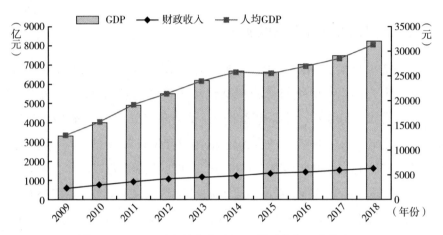

图1 2009～2018年甘肃省GDP、财政收入、人均GDP

资料来源：2010～2019年甘肃省发展年鉴、2010～2019年中国统计年鉴。

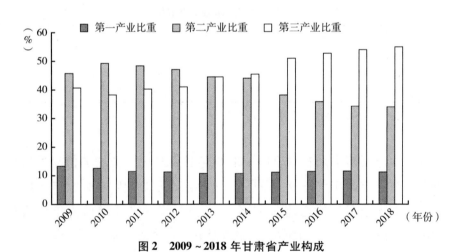

图2 2009～2018年甘肃省产业构成

资料来源：2010～2019年甘肃省发展年鉴。

从城镇化水平来看，2009～2018年甘肃城镇化率年均增长3.86个百分点，高于全国1.75个百分点。2018年，甘肃城镇化率达47.69%，较2009年增长了15.04个百分点，低于全国11.89个百分点（见图3），居全国第

30 位。反映了近年来甘肃省城镇化水平快速提高，但仍处于全国较低水平，也侧面说明甘肃城镇化具有巨大的潜力。另外，据有关专家估算，甘肃要实现 70% 的城镇化率至少需要 10 年时间。

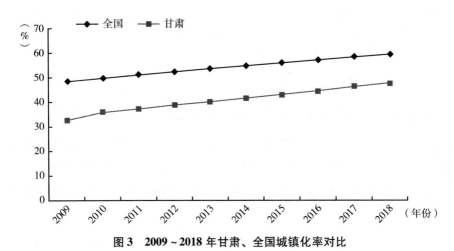

图 3　2009～2018 年甘肃、全国城镇化率对比

资料来源：2010～2019 年甘肃省发展年鉴、2019 年中国统计年鉴整理。

从收入水平来看，2009～2018 年甘肃城镇居民人均可支配收入年均增长 9.17%，农村居民人均可支配收入年均增长了 10.52%。2018 年，甘肃城镇居民人均可支配收入达 29957 元，较 2009 年增长了 2.40 倍；农村居民人均可支配收入为 8804 元，较 2009 年增长了 2.72 倍。与全国水平相比，城镇居民人均可支配收入仅为全国的 76.32%，居全国第 30 位；农村居民人均可支配收入仅为全国的 60.23%，居全国第 31 位（见表 2）。反映了甘肃农村居民人均可支配收入大幅度提高，但仍处于较低水平。

表 2　2018 年甘肃与全国城镇化率、居民人均可支配收入指标对比

单位：%，元

指标	全国	甘肃	排名
城镇化率	59.58	47.69	30
城镇居民人均可支配收入	39250.84	29957	30
农村居民人均可支配收入	14617.03	8804.13	31

资料来源：2019 年甘肃省发展年鉴、2019 年中国统计年鉴整理。

从扶贫攻坚状况来看，自精准扶贫战略实施以来，甘肃举全省之力，扎实推进脱贫攻坚，取得了实质性进展，基本实现"两不愁、三保障"目标任务，贫困地区面貌发生翻天覆地的变化。贫困人口由2013年底的552万人减少到2019年的46万人，贫困发生率由26.5%下降到2.2%，贫困地区农村居民人均可支配收入由2398元增加到8591.7元。

（二）甘肃农业发展现状

从农业经济总量来看，2009～2018年甘肃农林牧渔业总产值年均增长7.44%，高于全国0.73个百分点。2018年，甘肃农林牧渔业总产值达1659.36亿元，是2009年的2.05倍（见图4），占全国农林牧渔业总产值的1.46%，居全国第24位。反映了甘肃农业呈持续稳定增长趋势，但总体水平较低。

从农业内部结构来看，2009～2018年甘肃省农、牧、渔业比重分别年均增长0.33个百分点、2.26个百分点、0.87个百分点，林业、农林牧渔服务业比重年均递减3.32个百分点、4.80个百分点。2018年，甘肃农业内部结构调整为70.27:1.99:19.22:0.12:8.40，与2009年相比，农、林、渔业产业比重分别上升了2.28个百分点、3.85个百分点、0.01个百分点，林业、农林牧渔服务业比重下降了0.8个百分点、5.34个百分点（见图4）。反映了甘肃农业仍以农业为主（70%以上），农业依然是甘肃传统主导产业，且"投高、产低"。

从粮食产量来看，2009～2018年甘肃粮食产量年均增长2.57%，高于全国年均增速0.46个百分点；粮食单位面积产量年均增长2.68%，高于全国年均增速1.28个百分点。2018年，甘肃省粮食总产量达115.14亿kg，较2009年增加了25.83亿kg，连续8实现110亿kg以上产量任务；人均粮食达436.65kg，略低于全国平均水平（471.48kg/人）；单位面积粮食产量达4352.8kg，较2009年增加了1010.73kg（见图5），仅占全国单位面积粮食产量的1/3，居全国第29位。总体来看，近年来，甘肃省粮食综合生产能力大幅提升，人均水平、单位面积产量逐步提高。

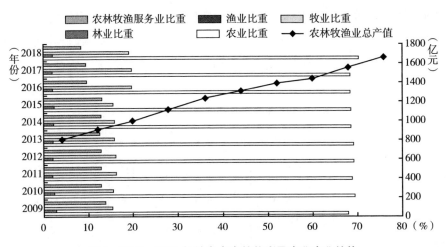

图4　2009～2018年甘肃省农林牧渔及农业产业结构

资料来源：2010～2019年甘肃省发展年鉴。

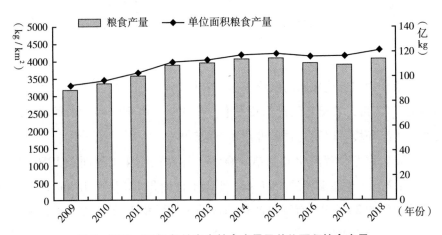

图5　2009～2018年甘肃省粮食产量及单位面积粮食产量

资料来源：2010～2019年甘肃省发展年鉴。

三　甘肃土地开发利用状况

2018年，甘肃省土地总面积4258.89万hm²。其中：耕地537.67万hm²，占12.62%；园地25.52万hm²，占0.60%；林地609.58万hm²，占14.31%；

草地 1417.23 万 hm^2，占 33.28%；城镇村及工矿用地 79.97 万 hm^2，占 1.88%；交通运输用地 27.04 万 hm^2，占 0.63%；水域及水利设施用地 74.73 万 hm^2，占 1.75%；未开发土地 1487.16 万 hm^2，占 34.92%（见表3）。

表3　2018 年甘肃及河西地区土地利用状况

单位：万 hm^2，%

土地利用类型	甘肃		河西地区	
	面积	比重	面积	比重
耕地	537.67	12.62	113.38	21.10
园地	25.52	0.60	2.71	10.62
林地	609.58	14.31	96.88	15.89
草地	1417.23	33.28	756.62	53.39
城镇村及工矿用地	79.97	1.88	22.62	28.29
交通运输用地	27.04	0.63	10.23	37.83
水域及水利设施用地	74.73	1.75	57.62	77.10
未开发土地	1487.16	34.92	1397.46	93.97
合计	4258.89	100.00	2457.52	57.70

资料来源：2019 年甘肃省自然资源公报。

甘肃作为欠发达地区的农业省份，农村人口占全省人口的 52.29%，人均耕地 3.27 亩，农田有效灌溉面积仅 24.88%，由于气候、水资源、地形地貌、生态环境等因素，甘肃可开发土地较少。

甘肃省第五次荒漠化监测结果显示，甘肃荒漠化土地面积 1950.20 万 hm^2，占全省土地总面积的 45.8%；沙化土地面积 1217.02 万 hm^2，占全省土地总面积的 28.6%；有明显沙化趋势的土地面积 177.55 万 hm^2，占全省土地总面积的 4.2%。[①]

此外，在甘肃可开发利用土地中，河西 5 市占全省 57.70% 的土地面积，未开发土地占全省 93.94%，荒漠化土地占全省的 67.4%（其中，戈壁面积占全省的 58.2%）。据专家估算，如果河西地区得到南水北调西线工程调水，至少增加 1.5 亿亩耕地，并使 2.16 亿亩劣化牧草地变成优质草场。

[①] 《甘肃省第五次荒漠化和沙化监测情况公报》，http://www.gansu.gov.cn/art/2016/6/16/art_36_276647.html。

四 水资源短缺是制约甘肃农业
发展的瓶颈

水资源是人类生存和社会发展必不可缺的重要资源。甘肃地处西北内陆，属于我国欠发达地区，更是我国水资源严重短缺省份。随着经济社会发展、城镇化进程加快、人口增加，水资源严重短缺问题已成为限制甘肃经济社会发展、城镇化进程的主要因素，更是甘肃农业发展的瓶颈。

（一）水资源短缺，水资源利用率不高

甘肃境内水资源主要分属黄河、长江、内陆河3个流域12个水系。[1]降水量由东南向西北递减，分布极不均匀。2018年，甘肃年均降水量347.2mm，仅占全国年平均降水量的一半，居全国第30位；甘肃水资源总量为354.89亿 m^3，居全国第24位。其中，地表水资源量345.63亿 m^3，地下水资源量167.29亿 m^3，均居全国第20位。人均水资源量为全国平均值的64.24%，居全国第20位，干旱缺水成为甘肃基本现状。

2018年，甘肃农业用水量占全省总用水量的79.4%，农业是甘肃的用水大户。用农业水资源产出率来衡量农业水资源产出的水平（地区农业水资源产出率＝农业生产总值/农业用水量），2018年，甘肃农业水资源产出率为11.60%，低于全国平均水平的5.93%；农业耗水率达71.7%（见表5），高于全省各用户综合耗水率（66.7%）5个百分点。反映了甘肃农业节水措施效果不好，农业水利配套设施薄弱，农业水资源产出较低。

---

[1] 李丽莉、肖洪浪、张涛：《缺水约束下甘肃循环农业发展模式研究》，《开发研究》2013年第5期。

表4 2018年全国、甘肃水资源量对比

指标	全国	甘肃	位次
降水量（mm）	682.5	347.2	30
水资源总量（亿 m^3）	27462.5	354.89	24
地表水资源量（亿 m^3）	26323.2	345.63	20
地下水资源量（亿 m^3）	8246.5	167.29	20
人均水资源量（m^3）	1971.85	1266.58	20

资料来源于：2018年甘肃省、中国水资源公报。

表5 2018年甘肃农业用水、需水、耗水情况

单位：mm，亿 m^3，%

流域	用水量	需水量	耗水量	耗水率	综合耗水率
内陆河	88.0	68.33	91.6	69.8	72.5
黄河	65.0	27.34	74.0	66.2	69.8
长江	55.1	1.40	60.1	72.5	66.2
全省	79.4	97.07	85.3	71.7	71.7

资料来源于：2018年甘肃省、中国水资源公报。

（二）水资源分布极不均匀

甘肃水资源地区分布极不均匀，水、土及人口矛盾突出。2018年，甘肃黄河流域水资源总量172.59亿 m^3，占全省水资源总量的48.63%；长江流域水资源总量121.53亿 m^3，占全省水资源总量的34.25%；内陆河流域水资源总量60.76亿 m^3，占全省水资源总量的17.12%。然而，黄河、长江、内陆河流域土地面积占全省的33.51%、8.99%、57.50%，人口占全省的70.26%、11.47%和18.21%，与其水资源不匹配，水、土及人口矛盾突出（见表6）。

（三）水资源供需不平衡

2018年，甘肃需水量为122.41亿 m^3，供需缺口10.10亿 m^3，缺水程

表6　2018年甘肃各流域水资源量、土地面积、人口统计

单位：亿 m³，万人，hm²

流域	地表水资源量	地下水资源量	水资源总量	土地面积	人口
黄河流域	169.62	63.95	172.59	142688	1854.42
长江流域	121.53	44.10	121.53	38285	302.58
内陆河流域	54.47	59.23	60.76	244822	480.26

资料来源于：2018年甘肃省、中国水资源公报。

度 8.3%。其中：黄河流域缺水量为 3.38 亿 m³，缺水程度为 8.1%，长江流域缺水量为 0.24 亿 m³，缺水程度为 8.7%，内陆河缺水量为 6.48 亿 m³，缺水程度为 8.3%（见表7）。按照水利部和甘肃省政府联合批复的《甘肃省水资源综合规划》，到 2030 年，全省总用水量为 154.46 亿 m³，缺水量为 28.86 亿 m³。

表7　2018年甘肃及各流域缺水程度

单位：亿 m³，%

流域	缺水量	缺水程度
黄河流域	3.38	8.1
长江流域	0.24	8.7
内陆河流域	6.48	8.3
全省	10.10	8.3

资料来源于：2018年甘肃省水资源公报。

（四）水资源开发难度大

甘肃黄河流域聚集了全省 70.26% 的人口、67.32% 的耕地，有效灌溉面积 28.84%，[①] 水资源开发难度最大，主要原因有以下三方面。一是国家黄河 "87" 分水分配方案，限制甘肃所分配的水资源，而其分配标准在国家南水北调西线工程生效前不能突破。二是甘肃黄河支流的大部分地区属典

---

① https：//baijiahao.baidu.com/s？id=1653690441529792987。

型的黄土高原地，已修建水库因泥沙淤积等问题，调蓄能力明显不足，而小型提水工程成本高且保证程度低。三是黄河流域水资源开发利用率已达79%，远远超过了国际上公认的警戒线（40%），甘肃省政府已明确黄河干流区域除国家已批准开工建设的铁路、公路、港口、电力、通信等重点项目外，严禁占地新建或改建任何工程项目。① 长江流域拥有全省34.25%的水资源，却仅仅占全省8.99%的土地面积，5.28%的耕地，有效灌溉面积71.92%，山大沟深，自然灾害频繁，水土流失严重，集中开发难度大，水资源开发潜力相对较大。河西内陆河流域聚集了全省57.50%的土地，土地平整，仅占21.13%耕地，有效灌溉面积86.59%，水资源开发利用率高达115%，其中：石羊河、黑河、疏勒河水资源开发利用率分别为139%、135%、72%。② 但生态环境极其脆弱，沙漠化问题严重。主要原因是地下水超采严重，引起河流断流、湖泊干涸、沙漠化等生态问题。

五　南水北调西线工程对甘肃农业发展启示

第一，彻底解决水资源矛盾，拓宽土地开发空间。河西地区占全省57.7%的土地面积，未开发土地占全省93.94%，荒漠化土地占全省67.4%（其中，戈壁面积占全省的58.2%）。河西地区至少可增加1.5亿亩耕地，并使2.16亿亩劣化牧草地变成优质草场，扩大农业发展及相关产业空间。同时，取消甘肃耕地"红线"，有利于拓展甘肃经济社会发展空间。

第二，加速经济一体化建设，打造新经济核心增长极。打造河西"绿色粮仓"基地，至少增加30000万吨粮食，分担部分国家粮食安全任务。河西地区具有热量丰富、光照足、昼夜温差大等优势，适合灌溉农业。应推动种植业、养殖业、加工业等产业跨越发展，推进现代农业、生态农业、循环农业集群化发展，提升农业综合竞争力，推动与丝绸之路沿线国家与地

---

① http://www.gs.gov.cn/art/2014/1/26/art_4211_163368.html。

② 冯雷平、齐广平：《甘肃省经济社会发展水资源保障对策措施研究》，《农业科技与信息》2017年第19期。

区合作。

第三，有利于拉动经济增长，加快工农业"走出去"步伐。南水北调西线工程建设需要大量的投资，投资可直接或间接拉动经济成倍增长。投资者不仅会有国内政府、民间组织，也有国际组织和友人，将进一步提升甘肃知名度，加快工农业"走出去"步伐。

第四，有利于扩大内需，解决产能过剩问题。南水北调西线工程建设需要大量的钢材、沙石、水泥等材料，并可带动交通运输等相关企业飞速发展；带动劳动力转移，缓解就业压力。

第五，有利于加速城镇化进程。河西地区扩土建设需要大量的人力资源，一方面增加南水北调西线工程沿线甘肃境内移民，另一方面吸引大量的人力资源，建设美丽幸福河西。

第六，有利于巩固脱贫攻坚成果，为实现乡村振兴提供有力支撑。南水北调西线工程甘肃段沿线涉及地区，绝大多数为自然环境恶劣的山区，将其人口移至河西地区，还可将少部分转化为护林员等工人身份，彻底打破其脱贫致富瓶颈，走上可持续发展之路。对沿线林区保护自然生态环境、恢复植被、发展旅游业等有积极的作用。

第七，大规模调水有利于大幅改善甘肃乃至整个北方和西部的生态环境。南水北调西线工程引水从河西走廊流向新疆东部、内蒙古西部，在河西走廊两侧山脉的作用下，水气循环会发生巨变，祁连山的生态将会恢复；新疆罗布泊重变水泽；内蒙古居延海再现泽国，并且根治中国北方的沙尘暴。①

结　语

南水北调西线工程是功在当代、利在千秋的伟大工程。2020年全国两会，宁夏、陕西、青海、新疆、内蒙古的全国政协委员联名提交了《关于

---

① 王福生：《关于南水北调西线工程的思考和建议》，《甘肃日报》2020年6月4日，第8版。

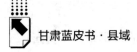

加快建设南水北调西线工程，为黄河流域生态保护和高质量发展提供水资源保障的提案》，甘肃全国人大代表提交了《南水北调西线工程的建议》①，甘肃全国政协委员马东平《建议加快比选确定南水北调西线规划方案》②，受到了前所未有的关注；9月筹备成立了中国南水北调集团有限公司。

甘肃是南水北调西线工程受益最多的省份，为此建议：首先甘肃成立以省级领导为组长的领导机构，成员覆盖专家学者、社会人士、相关职能部门负责人，组织实施调研，积极科学谋划，科学论证，形成高质量的调研报告，供决策参考。同时，积极与部委领导、中央协调、争取对甘肃发展最有利的西线调水方案，最终推动比选方案的落地。其次积极谋划与西线调水工程匹配衔接的水利等项目，以及科研项目等。

---

① 新华网，http://www.nx.xinhuanet.com/newscenter/2020-05/26/c_1126033019.htm。

② 甘肃省社会科学院网，http://www.gsass.net.cn/zhongdaxiangmunew/zsrgnew/xmrz/2020-08-15/2114.html。

B.8
甘肃农村土地管理与改革的
难点与问题研究[*]

——庆阳市调查报告

滕海峰 李含琳 李桢 王永明 李楠 郑彦宏[**]

摘 要： "三权分置"改革的实施，使现阶段农户享有较为完整的土地产权，已经可以满足其土地合理使用的基本需求。同时，合作社、家庭农场等新型经营主体是流转土地、高效配置、现代经营的市场主体、关键因素，也是"推进小农户和现代农业发展有机衔接"的根本载体和现实途径。实践表明，新型经营主体的培育与发展成效显著，但与政策要求和农民期盼相比，仍有待进一步提升。今后，既要广泛宣传和深入贯彻农村土地承包政策，推进农村土地集约化管理，提高农村土地利用率，更要持续推进合作社规范运行与质量提升，更进一步做实做强村集体经济。

关键词： "新土改" 新型经营主体 村集体经济 甘肃庆阳

* 本报告为2017年国家社科基金项目"陕甘宁异地移民扶贫迁出区荒芜土地现状调查与整治对策研究"（批准号17XJY019）、2020年甘肃省委党校（甘肃行政学院）科研支撑项目"甘肃省易地移民扶贫迁出区荒芜土地现状调查与整治对策研究"（批准号20ZCZD04）阶段性成果。

** 滕海峰，中共甘肃省委党校（甘肃行政学院）经济学教研部副主任、副教授，研究方向为区域经济；李含琳，中共甘肃省委党校智库首席专家、经济学教授；李桢，中共甘肃省委党校（甘肃行政学院）公共管理教研部讲师；王永明，中共甘肃省委党校（甘肃行政学院）经济学教研部副教授；李楠，中共甘肃省委党校（甘肃行政学院）后勤服务中心经济师；郑彦宏，中共通渭县委党校副校长、讲师。

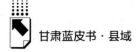

党的十八大以来，为了加快土地流转、推动适度规模经营、发展现代农业，党中央和国务院从农村土地经营制度、新型经营主体培育等方面提出了相应的改革要求和政策体系。其中，较为突出的是进行了以"所有权、承包权、经营权"为核心的"三权分置"改革（以下简称"新土改"）。近年来，甘肃积极响应和推动这项综合改革的实施，丰富了土地集体所有权、农户承包权、土地经营权的有效实现形式，创新了农村土地的经营理念、经营方式与经营模式，一定程度上推动了农业农村现代化发展。但是，在农村土地管理与改革的过程中，也存在土地流转方式单一、经营主体与服务主体培育质量有待提高等长期以来要解决但又难以很好解决的现实问题。

一 文献梳理与问题提出

（一）研究现状

目前，国内关于实施农村土地管理和改革的相关研究，主要集中在以下这些问题：一是农地制度影响经济绩效的途径，主要有地权稳定性效应、资源配置效应以及社会保障效应等；① 二是土地征收、农村集体经营性建设用地、农户宅基地等建设用地改革应走市场化之路；② 三是农地"三权分置"的相关政策转化为可操作的法律实现机制，应以坚持农地集体所有权为前提，以稳定农地既有法权关系为基础，以农地权利财产化为指向；③ 四是"新土改"要与农村微观经济基础重建同步推进，④ 才能发挥政策红利；五是"新土改"的实施引起了农村土地经营方式的创新；⑤ 六是实践表明，在

---

① 姚洋：《中国农地制度：一个分析框架》，《中国社会科学》2000 年第 2 期。
② 孔祥智：《农村的"三块地"改革应走市场化之路》，《农村工作通讯》2015 年第 8 期。
③ 蔡立东、姜楠：《农地三权分置的法实现》，《中国社会科学》2017 年第 5 期。
④ 李含琳、滕海峰：《"新土改"要与农村微观经济基础重建同步推进》，《甘肃农业信息》2017 年第 6 期。
⑤ 滕海峰、李含琳：《"新土改"对农村土地经营制度的影响及其政策应对——甘肃调查》，《甘肃理论学刊》2018 年第 1 期。

农民集体层次，土地集体所有制凸显更为优越的制度优势；[1] 七是"三权分置"旨在解决农村土地的保障功能与农村土地利用效率之间的矛盾。[2]

（二）现实背景

在城镇化快速推进和农业农村现代化的背景下，农村土地流转、多元利用、规模使用、现代经营等方面发生了显著变化。一是在大部分农村，普遍存在农户土地"流出"需求，但能够"流入"土地，并进行现代适度规模经营的主体较少，两者之间仍然存在现实的结构性矛盾。二是2019年中央一号文件、2020年中央一号文件，从坚持和完善农村基本经营制度的角度出发，提出了家庭农场、农民合作社培育的重要意义、政策体系及发展路径。这些旨在推动新型农业经营主体和服务主体培育工作的系列政策，政策效应已初步显现，但农村龙头企业、种养大户、合作社等新型经营主体的数量与规模都还有待进一步提升。三是在农村市场经济发展过程中，《中共中央国务院关于保持土地承包关系稳定并长久不变的意见》（2019.11）、新修订的《中华人民共和国土地管理法》与《中华人民共和国农村土地承包法》等党的文件、国家制度、法律体系的完善与实施，将会引起农村土地管理与改革新的变化，亟须对其中存在的难点与问题给予及时的关注。

（三）研究述评与问题提出

总体而言，国家从顶层设计与制度安排的角度出台了相关政策，推动农村土地流转、科学配置和高效利用，学术界众多学者从经济学等多个学科、不同视角对此展开研究，在学理分析、实证研究方面取得了丰硕成果。但是，还存在一些需要突破和改进的地方：一是在研究对象上，需要从农村土

---

① 郑淋议、钱文荣、洪名勇、朱嘉晔：《中国为什么要坚持土地集体所有制——基于产权与治权的分析》，《经济学家》2020年第5期。

② 韩宁：《中华人民共和国成立以来农村土地经营政策演进研究》，《重庆理工大学学报》（社会科学）2020年第34期。

地的保障功能转向土地使用效率的提升；二是在研究思路上，不仅仅要研究"新土改"过程中"应该干什么、不应该干什么"，更要注重"谁来干、效率如何提升、成果如何分配"的问题。本报告基于甘肃省"新土改"实施情况的综合分析，以庆阳市为样本区域，梳理农村土地管理与改革的有效举措与发展成效，重点分析和研究在此过程中的难点及存在的现实问题，以问题为导向，提出对策建议，旨在落实政策、及时化解矛盾和风险，为甘肃省各级地方政府决策提供参考和依据。

（四）样本选择与调查方法

样本区域选择。之所以选择庆阳市作为样本区域来重点分析农村土地管理与改革中存在的难点与问题。原因有四。一是庆阳农耕文明历史悠久，素有"陇东粮仓"之美誉，现代农业产品享誉国内外。二是庆阳地貌类型多种多样，山、川、塬兼有，沟、峁、梁相间，土地使用类型区域差异显著。三是庆阳市部分地区也是我国贫困人口发生率比较高的地区之一，通过实施产业扶贫和搬迁扶贫等举措，在盘活土地、现代经营、产业发展等方面取得了较好成效。四是新型经营主体培育与土地流转紧密结合，有效推动了土地流转和现代农业的发展。

调查研究方法。注重全省分析与典型市县的个案调查相结合。本报告在对全省的情况进行综合调研与分析的基础上，重点以庆阳市为样本，进行个案分析，强调对具体问题更加具有操作性的讨论。

二 甘肃省土地资源条件及
"新土改"实践

甘肃位于黄土高原、青藏高原、内蒙古高原三大高原和西北干旱区、青藏高寒区、东部季风区三大自然区域的交会处，地形复杂，山脉纵横交错，海拔相差大，高山、草甸、盆地、平川、沙漠和戈壁兼而有之。

（一）土地资源条件

1. 土地资源

根据甘肃省第二次全国土地调查、2018 年度土地变更等调查，截至 2018 年 12 月 31 日，全省土地总面积为 4258.89 万公顷（其中含宁夏回族自治区飞地 5322.53 公顷）（见表 1）。[①]

表 1　甘肃省主要土地类型及其构成（2018 年底）

单位：万公顷，%

土地类型	耕地	园地	林地	草地	城镇村及工矿用地	交通运输用地	水域及水利设施用地	其他土地
面积	537.67	25.52	609.58	1417.23	79.97	27.04	74.73	1487.15
比重	12.62	0.6	14.31	33.28	1.88	0.64	1.75	34.92

2. 土地质量

甘肃省耕地质量中等偏下。根据《2019 年甘肃省自然资源公报》，全省耕地和永久基本农田保护面积分别为 537.67 万公顷和 399.24 万公顷；全省初步划定永久基本农田储备区 4.12 万公顷；平均耕地质量等别 12.6 等，比 2019 年提高 0.1 等，低于全国平均水平。

3. 水土匹配

甘肃是全国水资源缺乏和最为干旱的省份之一，同时存在时空分布不均衡的问题（见表 2）。

表 2　甘肃省三大流域水资源总量、土地面积、人口占全省比重

单位：%

流域	水资源总量	土地面积	人口
黄河流域	44	32	69
长江流域	35	8	13
内陆河流域	21	60	18

---

① 甘肃省自然资源厅：《2019 年甘肃省自然资源公报》，http://zrzy.gansu.gov.cn/content - a1870555ef924c1286e7389e09b2ddbe.htm。

（二）"新土改"实践

根据党中央、国务院的相关制度安排，甘肃省委、省政府下发和实施了《关于引导农村土地经营权有序流转发展农业适度规模经营的实施意见》（甘办发〔2015〕16号）、《关于完善农村土地承包权所有权经营权分置办法的实施意见》（甘办发〔2017〕6号）等系列文件和政策举措，有效推动了家庭农场、农民合作社等新型经营主体的培育及其主导下的土地流转、规模经营、效率提升。

截至2018年6月底，全省已建立县（市、区）级农村土地流转服务中心84个，乡（镇）农村土地流转服务站1182个、村级农村流转服务点14042个。初步形成了县（市、区）有服务中心、乡（镇）有服务站、村有服务点的土地流转服务体系。在相关制度保障下，全省土地流转面积达1320.1万亩，流转率达26.9%，其中，流入农户594万亩、流入合作社385.2万亩、流入企业191.7万亩、流入其他经营主体149.2万亩。土地规模经营面积793.4万亩，占流转总面积的60%。规模经营主体31270个，50～100亩的16547个，101～500亩的10977个，501～1000亩的2445个，1000亩以上的1301个（见表3、表4）。①

表3 甘肃省土地流转面积情况

单位：万亩，%

流转对象			2014年底	2018年6月
流转总面积			982	1320.1
其中	流入农户	面积	515.30	594
		占流转总面积的比重	52.47	45.0
	流入专业合作社	面积	229.00	385.2
		占流转总面积的比重	23.32	29.18
	流入企业	面积	125.60	191.7
		占流转总面积的比重	12.79	14.52
	流入其他经营主体	面积	112.10	149.2
		占流转总面积的比重	11.42	11.3

注：根据甘肃农业信息网相关公布数据整理。

---

① 《2018上半年全省农村土地流转工作情况》，甘肃农业信息网，http://nync.gansu.gov.cn/zhengfuxinxigongkai/xinxigongkaimulu/qsnctdlzqk/20180913/09111892648532d932e.htm。

表 4　甘肃省流转土地规模经营单位情况

单位：个，%

经营单位			2014 年底	2018 年 6 月
流转土地 50 亩以上的经营单位			17799	31270
其中	50～100 亩	数量	9597	16547
		占 50 亩以上经营单位的比重	53.92	52.92
	101～500 亩	数量	5736	10977
		占 50 亩以上经营单位的比重	32.23	35.10
	501～1000 亩	数量	1565	2445
		占 50 亩以上经营单位的比重	8.79	7.82
	1000 亩以上	数量	901	1301
		占 50 亩以上经营单位的比重	5.06	4.16

注：根据甘肃农业信息网相关公布数据整理。

三　庆阳市土地资源条件及土地流转现状

庆阳市辖 7 县 1 区，总人口 265 万人，其中农业人口 230 万人，年均气温 8.8～10.2℃，降雨量 480～663 毫米。被农业农村部列入北方农牧交错带农业结构调整的重点区域，是全省优质农畜产品生产基地，早胜牛、陇东黑山羊、环县羔羊等大宗优质农畜产品享誉国内外。

（一）土地资源条件及利用现状

根据《2019 年甘肃省自然资源公报》，庆阳市土地总面积 4067.55 万亩。根据庆阳市国土部门详查，全市有耕地 1038.75 万亩，2018 年实际经营耕地 701.57 万亩，其中园地 80.97 万亩，作物种植 620.6 万亩（扣除复种面积），播种面积在全省列定西之后，排第二（见表 5）。从种植情况看，全

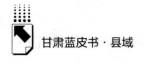
表5　庆阳市主要土地类型及其构成情况（2018年底）

单位：万亩，%

土地类型	耕地	园地	林地	草地	城镇村及工矿用地	交通运输用地	水域及水利设施用地	其他土地
面积	1038.75	31.65	1151.85	1536.6	160.5	32.55	16.05	99.6
比重	25.54	0.78	28.32	37.78	3.95	0.80	0.39	2.45

市农作物播种面积744.03万亩（复种面积123.4万亩）。从种植结构看，谷物和其他作物播种面积677.71万亩，蔬菜播种面积47.94万亩，瓜果作物播种面积13.69万亩，中药材播种面积4.69万亩，谷、菜、瓜、药种植结构为91.2∶6.4∶1.8∶0.6。从种植种类看，粮食作物面积584.6万亩（复种面积123.4万亩），油料播种面积77.28万亩，烟叶播种面积1.61万亩，其他作物青饲料播种面积14.21万亩。粮经饲种植结构为78.6∶19.5∶1.9。果园面积80.97万亩，其中苹果园面积66.35万亩，占园林水果面积的81.9%。[①]

（二）土地流转经营

1. 土地流转规模

基于相关制度设计与政策落实，庆阳市充分发挥县、乡、村三级农村土地流转服务体系职能，督促县区建立完善工商资本租赁农地监管和风险防范机制，统一土地流转合同文本，强化矛盾纠纷调处，积极推动农村土地有序流转。截至2019年底，全市8县区、120个乡镇、1261个村都建立了土地流转服务体系和矛盾纠纷调处体系，累计流转土地面积169.9万亩，流转率25.4%，培育50亩以上规模经营主体1502个，规模经营面积51万亩（见表6、表7）。[②]

[①] 庆阳市统计局：《庆阳市农业生产效益分析》，http：//tjj. gansu. gov. cn/HdApp/HdBas/HdClsContentDisp. asp? Id = 17456。

[②] 本报告所使用的情况和各种数据，都是依据是庆阳市委、市政府及其主管部门提出的资料整理所得，属于第一手资料。

表 6 2014~2019 年庆阳市流转土地规模经营单位数量情况

单位：个，%

经营单位		2014年	2015年	2016年	2017年	2018年	2019年
流转土地 50 亩以上的经营单位		1144	1373	1696	1905	1491	1502
其中	50~100 亩 数量	734	788	926	1032	832	843
	占 50 亩以上经营单位的比重	64.1	57.3	54.6	54.2	55.7	56.1
	101~500 亩 数量	276	417	576	654	451	457
	占 50 亩以上经营单位的比重	24.1	30.3	34	34.3	30.2	30.4
	501~1000 亩 数量	87	108	127	146	132	132
	占 50 亩以上经营单位的比重	7.6	7.9	7.5	7.7	8.9	8.8
	1000 亩以上 数量	47	60	67	73	80	70
	占 50 亩以上经营单位的比重	4.1	4.4	4.0	3.8	5.4	4.7

2. 土地流转方式

庆阳市农村土地流转方式主要有转包、转让、互换、出租、股份合作等，其中以出租和转包为主。2017 年、2018 年、2019 年，通过出租和转包两种形式流转的土地占流转土地总面积的比重分别为 79.4%、79.7% 和 80.9%（见表 7）。

表 7 2014~2019 年庆阳市土地流转方式

单位：万亩，%

流转方式		2014年	2015年	2016年	2017年	2018年	2019年
流转总面积		108.4	133.7	151.7	166.7	166.7	169.9
其中	转包 面积	37.2	46.7	53.1	56	59.2	53.4
	占流转总面积的比重	34.30	34.90	35	33.50	35.50	31.40
	转让 面积	4.2	4.3	4.65	4.6	3.3	3.3
	占流转总面积的比重	3.90	3.20	3.10	2.80	2	1.94
	互换 面积	13.7	14.8	15.58	16.1	14.4	14.5
	占流转总面积的比重	12.60	11.10	10.30	9.60	8.70	8.60
	出租 面积	42.6	55.5	65	76.6	73.6	84
	占流转总面积的比重	39.30	41.50	42.90	45.90	44.20	49.50
	股份合作 面积	2.5	4.40	5.08	5.4	6.9	5.3
	占流转总面积的比重	2.30	3.30	3.40	3.20	4.10	3
	其他 面积	8.3	8	8.22	8	9.3	9.3
	占流转总面积的比重	7.60	6.00	5.40	4.80	5.60	5.50

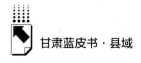

3. 流转对象

庆阳市农村土地承包经营权主要流向农户、专业合作社、企业及其他经营主体等。流向农户的土地占流转总面积的比重,从 2014 年的 46.3% 下降至 2019 年的 31.4%;流向农民专业合作社的土地占流转总面积的比重,逐渐提升,从 2014 年的 28.65% 提高到 2019 年的 34.0%,流入企业的土地占流转总面积的比重,逐渐提升,从 2014 年的 9.1% 提高到 2019 年的 22.2%(见表 8)。新型经营主体规模化经营的趋势日渐明显。

表8 2014～2019 年庆阳市土地流转对象

单位:万亩,%

		流转对象	2014年	2015年	2016年	2017年	2018年	2019年
		流转总面积	108.4	133.7	151.7	166.7	166.7	169.9
其中	流入农户	面积	50.3	59.7	64.6	65.7	51.5	53.3
		占流转总面积的比重	46.3	44.6	42.6	39.4	30.9	31.4
	流入专业合作社	面积	31	41.8	51.6	57.7	55.5	57.7
		占流转总面积的比重	28.65	31.2	34	34.6	33.3	34.0
	流入企业	面积	9.9	13.0	15.7	19.7	38.0	37.7
		占流转总面积的比重	9.1	9.7	10.4	11.8	22.8	22.2
	流入其他经营主体	面积	17.3	19.3	20	23.6	21.7	21.0
		占流转总面积的比重	15.9	14.4	13.2	14.2	13.0	12.3

四 庆阳市新型经营主体培育及土地经营管理

近年来,庆阳市先后制定出台了《关于加快贫困村农民合作社建设和提升工作的通知》《庆阳市培育发展家庭农场三年行动计划(2020 - 2022年)》等相关政策,坚持注重分类指导与规范运行,高质量推动农村新型经营主体培育,重组农村微观经济基础,为科学配置和高效利用农村土地资源奠定了制度基础与发展主体基础。合作社、家庭农场、龙头企业等新型经营主体的带动和引领，进一步促进了土地流转、提高土地利用效率，使种养殖及农产品加工业成为庆阳市农业增效、农民增收、巩固脱贫攻坚成果的强有力保障。

（一）新型经营主体类型

1. 农民专业合作社

截至 2020 年 6 月底，庆阳市共创办养殖、种植、加工、销售等各类农民专业合作社 7825 个，入社成员有 20.2 万人，辐射带动非成员农户 20.1 万户。特别是在全市 570 个贫困村，创办 2716 个合作社，1233 个"331＋"合作社。其中接纳入股资金的合作社 963 家，参与入股经营的贫困户 6.9 万户，2019 年实现分红 6010 万元。

2. 家庭农场

截至 2020 年 6 月底，庆阳市累计培育发展家庭农场 540 个，其中：从事种植业的 257 个，从事养殖业的 150 个，从事种养结合的 133 个。家庭农场经营耕地总面积 7.58 万亩，50 亩以上的有 339 个。全年家庭农场经营总收入 3172.6 万元，收入在 10 万元以上的有 168 个。家庭农场劳动力总数 3644 人，其中常年雇工 1609 人。

3. 龙头企业

近年来，庆阳市按照"县县有大型龙头企业落户，业业有大型龙头企业引领"的思路，累计引进培育 135 家农业产业化龙头企业参与重大农业项目建设，一大批项目得到落地实施，带动了产业发展，夯实了发展基础。引进福建圣农集团发展肉鸡产业；引进东方希望集团、正大集团发展生猪产业；引进中盛农牧、庆环制种公司发展肉羊产业；引进海升集团、融诚集团、居立公司、正洋公司发展苹果产业。在饲草、肉牛、中药材等产业方面，也同步实施了一大批农业产业化建设项目。相继组织实施高标准农田建设项目，建设高标准农田 48.1 万亩。

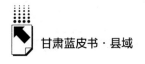

（二）新型经营主体产业分布

1. 总体产业分布

庆阳市 7825 个合作社中，种植业类 2525 个，占 32.27%；畜牧业类 2916 个，占 37.27%；林业类 864 个，占 11.04%；服务业类 496 个，占 6.34%；其他类 1021 个，占 13.05%，覆盖了全市所有主导产业和特色产业。

2. 农业细分产业分布

全市共有肉羊合作社 968 个，养殖规模 82.89 万只；肉牛合作社 351 个，养殖规模 4.39 万头；生猪合作社 440 个，养殖规模 14.34 万头；肉鸡合作社 299 个，养殖规模 207.73 万只；苹果合作社 931 个，面积 17.44 万亩；瓜菜合作社 208 个，面积 3.28 万亩；中药材合作社 524 个，面积 17.22 万亩；饲草合作社 153 个，面积 20.19 万亩。

五　庆阳市进一步推动农村土地管理与改革的重难点及现实问题

（一）重点难点

根据庆阳各地农村土地流转及使用情况的调查，农业自身相对于工商业而言的低效益特点，一定程度上减弱了农民进行农作物种植的积极性，使大批量的农村青壮年人口选择进城务工，希望流转土地。农村大多存在土地流转的结构失衡问题，即愿意流出土地的农户很多，但能够流入土地并对土地进行现代化规模经营的主体很少，使很多土地被撂荒或粗放经营。也就是说，决定土地流转与经营效率的关键，是一个地区的新型经营主体的培育数量与质量，这也是一个地区土地管理与改革工作进一步提升的重点和难点所在，主要原因有以下几点。

一是近年来农村推行的"新土改"政策体系，使现阶段农户享有较为完整的使用权、收益权和转让权等核心权能和包括入股与抵押融资在内的他项权能，已经可以满足他们土地合理使用的基本需求，[①] 已基本不存在土地流转、土地抵押、现代经营的制度性约束。

二是传统农业生产具有小规模、分散决策与经营、缺乏监管等特点。在面对国际国内农产品广泛流通的大市场过程中，农户在市场信息收集与研判、市场价格谈判与决策、规模化品质化生产、市场开拓与营销等方面，与企业、合作社、家庭农场等紧凑型、规模型、市场型市场主体相比，具有很大的不足与难以弥补的短板。

三是客观实践表明，我国建设现代农业的前进方向和必由之路是发展多种形式适度规模经营，但也要看到，小农户家庭经营是我国农业的基本面。因此，要处理好现代农业发展与小农户之间的关系。党的十九大报告和近年中央一号文件反复强调"推进小农户和现代农业发展有机衔接"。

四是从"新土改"政策实施及各地实践来看，合作社、家庭农场等新型经营主体是推动土地流转和规模经营的市场主体，也是"推进小农户和现代农业发展有机衔接"的根本载体和现实途径。所以，不论是土地有效配置还是我国现代农业发展，新型经营主体的培育工作至关重要。

（二）现实问题

尽管各地对此很重视，但由于人才匮乏等方面的原因，新型经营主体培育工作与政策要求、农民期盼相比，还有很大的不足。

1. 合作社带动能力不强

庆阳市贫困村合作社规范化程度大幅提升，规范化程度达到76.53%，但非贫困村规范化程度仍然较低，691个非贫困村还有76.5%的合作社运营不够规范，近40%的合作社尚未运营。总体而言，绝大多数合作社在服务内容上还以生产资料供给、技术培训等低层次服务为主，

---

① 郑淋议等：《中国为什么要坚持土地集体所有制——基于产权与治权的分析》，《经济学家》2020年第5期。

大多停留在原料型、初加工型生产阶段，缺少能带动社员开展标准化生产、"三品一标"认证、统一品牌营销的合作社。由于缺乏产业项目支撑，合作社自身发展能力不足，从而对土地资源的盘活能力与高效使用能力较弱。

2. 专业人才匮乏

农民是专业合作社与家庭农场的主体，普遍存在文化程度偏低，掌握专业知识较少，政策认知水平不高，缺乏经营管理和市场营销经验等问题。合作社与家庭农场中懂技术、善经营、会管理的综合性人才少；农村青壮年外出务工者较多，合作社缺乏能熟练操作农机、从事标准化种植养殖的技术工人。同时，随着合作社与家庭农场的迅速发展，农经、市场监管等部门难以实现"零距离"和全覆盖的指导服务，乡镇农经农业服务中心缺乏专业人才，作用发挥不充分，技术指导服务不到位。

3. 农经管理工作队伍不健全

目前，县区农经部门承担着农村土地承包、农村产权制度改革、农村宅基地管理、新型经营主体培育、村级集体经济发展、农村集体"三资"监管、土地纠纷调处等多项工作，工作十分繁重。但县区农经人员力量严重不足，乡镇农经机构不健全，除镇原、华池、庆城、西峰农经干部在10人以上，其他4县农经干部不足10人；西峰区、镇原县、庆城县的乡镇独立设置农经机构，其他5县与财政所、三农服务中心等机构合并，农经干部不固定，服务指导难以及时跟进。

4. 融资渠道不畅

虽然中央和省级财政每年都安排了一定的扶持资金，但投资总量偏少，加之市、县财力不足，扶持资金难以落实，在基础设施、贴息贷款、以奖代补、撬动民资中的杠杆作用发挥不够充分；合作社组织松散，规模偏小，缺乏可抵押资产，使评级、授信以及监督具有较大困难，信誉度不能保证，难以获得贷款支持；社会资本投资发展合作社的信心不足，融资困难制约了合作社的持续发展。

六　相关对策建议

（一）广泛宣传和深入贯彻农村土地承包政策

采取多种形式大力宣传新修订的《中华人民共和国农村土地承包法》，提高社会整体政策知晓度。深入贯彻落实《中共中央国务院关于保持土地承包长久不变的意见》，继续完善市、县、乡农村土地承包管理、流转、纠纷调处体系，加强对工商企业等社会资本流转取得土地经营权的监管和风险防范，严格农村土地经营权管理。

（二）推进农村土地集约化管理，提高农村土地利用率

一是持续加大农村存量建设用地盘活力度，深入推进农村土地全域整治，大力倒逼产业转型升级；二是强化土地市场化配置改革，深化"亩产论英雄"改革，推进农村土地制度改革；三是根据用途的不同划分土地的类别，各级政府要制定土地利用规划；四是将更多的科技因素引入现代农业的发展过程中，发展绿色无公害农业，提高耕地的利用率；五是政府也要积极引导农民，通过土地整理增加土地的使用面积，节约灌溉用水，改善土地的生态环境，以利于农村土地的保护和可持续发展。

（三）持续推进合作社规范运行与质量提升

从盘活和科学配置农村土地资源、提高土地利用效率的角度出发，持续推进合作社规范运行与质量提升势在必行。对新建成的合作社继续按照"运营规范、运营较规范、运营一般、未运营、吊销注销"五种类型，因社施策，分类指导，规范提升，重点将"运营一般"和"未运营"的合作社提升为"较规范"的，将"运营较规范"的提升为"运营规范"的，提高规范化运作水平。

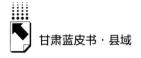
（四）加强合作社入股资金监管

按照"谁安排、谁监管、谁负责"的原则和"花钱必问效、无效必问责"的要求，加强合作社入股配股资金监管，确保贫困户入股资金安全和按期分红。指导合作社与入股贫困户综合分析同期银行贷款利率、社内产品交易量、经营收益等因素，与社员共同商讨、合理约定保底收益比例。在脱贫攻坚期内，坚持"保底收益＋按股分红"政策不变；脱贫攻坚完成后，建立"风险共担、利益均沾"的市场机制。

（五）做实做强村集体经济

村级集体经济属集体所有、村民所有，是党群间最好的利益连接点，是提升农村基层党组织组织力的重要保障，也是引领农民实现共同富裕的重要途径。《中国共产党农村工作条例》明确要求，"村党组织书记应当通过法定程序担任村民委员会主任和村级集体经济组织、合作经济组织负责人，推行村'两委'班子成员交叉任职"。积极发展多种形态的、符合市场经济规律要求的村集体经济，是高效配置农村土地资源、发展现代农业、推动产业振兴的重要途径。

参考文献

杜润生：《杜润生自述：中国农村体制变革重大决策纪实》，人民出版社，2005。

R. H. Coase, "The Nature of the Firm", *Economica*, 1937.4 (16)：386 – 405.

姚洋：《中国农地制度：一个分析框架》，《中国社会科学》2000 年第 2 期。

简新华、杨冕：《"中国农地制度和农业经营方式创新高峰论坛"综述》，《经济研究》2015 年第 2 期。

孔祥智：《农村的"三块地"改革应走市场化之路》，《农村工作通讯》2015 年第8 期。

蔡立东、姜楠：《农地三权分置的法实现》，《中国社会科学》2017 年第 5 期。

郑淋议、钱文荣、洪名勇、朱嘉晔：《中国为什么要坚持土地集体所有制——基于产权与治权的分析》，《经济学家》2020 年第 5 期。

韩宁：《中华人民共和国成立以来农村土地经营政策演进研究》，《重庆理工大学学报》（社会科学）2020 年第 3 期。

李含琳、滕海峰：《"新土改"要与农村微观经济基础重建同步推进》，《甘肃农业信息》2017 年第 6 期。

滕海峰、李含琳：《"新土改"对农村土地经营制度的影响及其政策应对——甘肃调查》，《甘肃理论学刊》2018 年第 1 期。

滕海峰、李含琳：《"新土改"与打造实力型农村企业同步推进的有效模式——甘肃省临夏州八坊清河源公司的调查报告》，《生产力研究》2019 年第 1 期。

滕海峰、魏梅莹：《"新土改"与农业经营模式创新——甘肃省平川区黄峤镇的调查报告》，《开发研究》2019 年第 1 期。

B.9
"一带一路"背景下甘肃农业
"走出去"问题研究

胡 苗*

摘 要： 本报告运用定性、定量等多种研究方法，在深入分析"一带
一路"沿线国家和地区农业需求、甘肃省"走出去"农业发
展现状的基础上，提出了甘肃"走出去"农业的发展路径。
建议甘肃将中亚、西亚、东南亚作为主要合作地区，抢抓
"一带一路"发展机遇，增加农业科技投入，提升农产品附
加值；降低农业企业"走出去"的运营成本，增强企业整体
竞争力；制定完善农业"走出去"的政策和制度体系，助力
甘肃"走出去"农业快速发展。

关键词： 农业 "走出去" "一带一路" 甘肃

2013 年，习近平总书记西行哈萨克斯坦、南下印度尼西亚，先后提出
建设"丝绸之路经济带"和"21 世纪海上丝绸之路"重大倡议。① 2020 年
5 月 14 日，中共中央政治局常委会会议首次提出"构建国内国际双循环相
互促进的新发展格局"。7 年多来，随着中国与沿线国家和地区的双、多边
合作机制日益完善，农业产业实现优势互补，极大地促进了对外农业的发

---

* 胡苗，硕士，甘肃省社会科学院农村发展研究所副研究员，主要研究方向为农村经济学。
① 《大道致远，海纳百川——习近平主席提出"一带一路"倡议 5 周年记》，http：//
www. xinhuanet. com/2018 - 08/26/c_ 1123330829. htm。

展。甘肃地处丝绸之路黄金段，在国内国际双循环相互促进的地理节点上，要深入挖掘全省优质特色农产品，加快农业"走出去"步伐。

甘肃是一个传统农业省份，气候复杂多样、光照时间长、热量充足、昼夜温差大，环境状况优良，农产品以产量丰富、品质优良而闻名全国，目前形成的主导特色产业有林果、蔬菜、中药材、草食畜、马铃薯、玉米制种等六大类，其中，苹果、中药材、马铃薯、玉米制种产业发展优势较为突出，发展规模位于全国前列。[①] 同时，作为中国五大牧区之一，甘肃是多民族聚居地区，牛羊饲养等畜牧业是其传统支柱产业之一。

与其他地区产业"走出去"相比，甘肃农业"走出去"落在后面。从发展速度看，甘肃省对外贸易进出口总值从 2012 年的 89.05 亿元增长到 2019 年的 379.9 亿元，累计增长了 326.61%。但进出口总值占全国进出口总值的份额较小，对外开放对甘肃省经济发展的贡献率偏低，尤其是第一产业。2019 年甘肃第一产业占 GDP 的比重是 11.2%，而农产品贸易占整个进出口贸易的比重却不到 5%。从投资结构看，对外直接投资实际投资额 6.87 亿美元，而农林牧副渔业的投资额只占总额的 1.5%,[②] 远远小于二、三产业在对外直接投资中的比例，同时也说明甘肃省农业"走出去"还有较大的发展潜力、提升空间。

一　甘肃农业"走出去"发展现状

（一）顶层设计进一步加强

甘肃省紧抓"一带一路"发展机遇，先后出台了《"丝绸之路经济带"甘肃段建设总体方案》和《甘肃省参与建设丝绸之路经济带和 21 世纪海上丝绸之路的实施方案》。2015 年，省商务厅在霍尔果斯港口中哈国际疆域互

[①] 《甘肃数千吨农产品持续出口"一带一路"沿线国家》，https://baijiahao.baidu.com/s? id =1660237443868728797&wfr = spider&for = pc，2020 年 3 月 4 日。

[②] 甘肃省商务厅：《甘肃省对外投资合作稳步增长》，2019 年 1 月 25 日。

助中心建成"甘肃特点商品展现展销馆",与 14 个市州主办"甘肃特点商品走中亚系列经贸活动";① 在伊朗、哈萨克斯坦、白俄罗斯等国度举行的国际性展会上,达成了多项政府和企业间的重要协议,为"走出去"注入了强劲动力。2016 年,甘肃省政府办公厅印发了《甘肃省促进农业对外合作的实施方案》,建立了由甘肃省农牧厅牵头的甘肃省农业对外合作部门联席会议制度和工作机构。2019 年 3 月,广西和甘肃两省区在农产品双向贸易、产业双向投资、高新技术联合研发、资源信息共享等方面开展务实合作,共同探索西北内陆地区与西南沿海地区农业合作新模式,实现桂陇农业高质量融合发展。②

(二)特色农产品出口呈现上升态势

近年来,随着外贸对特色农产品需求的增加,甘肃农特产品出口已成为外贸发展的新亮点。甘肃已陆续完成陇南鲟龙鱼、庆阳小粗粮、武威黑瓜子等农特产品的初次出口,"平凉金果"出口国家和地区增加 6 个。创建了凉州区(出口皇冠梨)、渭源县(出口中药材)、礼县(出口大黄)等 3 个国家级出口食品农产品质量安全示范区和民勤县、甘州区、民乐县等 3 个省级有机产品认证示范区。③

2019 年 7 月,甘肃省政府办公厅印发了《关于进一步加强两个"三品一标"建设 打造"甘味"知名农产品品牌的实施方案》。新冠肺炎疫情期间,国家及甘肃省出台了一系列支持甘肃特色农产品扩大出口的保障措施,包括持续优化通关流程、"一对一"帮扶企业复工复产、拓展国际多元化市场等,在进出口总值下降的情况下,特色农产品出口依然保持增长态势,2020 年前 5 个月,甘肃省特色农产品出口同比增长 22.5%。其中,蔬菜、

---

① 《甘肃县域经济发展:农产品出口让农民鼓起钱袋子》,https://www.sgdj.org/140341. html,2020 年 2 月 1 日。

② https://www.sohu.com/a/298954414_ 120026159。

③ 《拓宽甘肃农业走出去的新丝路》,http://www.moa.gov.cn/xw/qg/201809/t20180928_ 6159540.htm。

果蔬汁出口均实现大幅增长，分别较同期增长 15.2%、440%，[1] 往哈萨克斯坦、越南、欧盟等国家和地区出口的农产品主要包括辣椒、番茄、洋葱等。

（三）农业国际区域合作趋于多元化

甘肃省农业对外合作自 2009 年起步以来，实现了从无到有、从少到多、从单一到多元的变化，从单一的畜产品加工领域扩展到农牧业生产、仓储、服务等。从区域投资看，亚洲 711.8 万美元，占总投资的 34.8%；哈萨克斯坦共和国 651.8 美元，占总投资的 31.8%；欧洲 1335 万美元，占总投资的 65.2%，分别投到德国、法国和白俄罗斯；从行业投资看，农业 289.5 万美元，占 26.2%；农、林、牧、渔服务业 104.3 万美元，占 9.4%；其他（红酒、中药等）713.0 万美元，占 64.4%。随着俄白哈关税同盟的实施和中哈阿拉山口、霍尔果斯口岸两条向西开放国际铁路通道的开通，甘肃通过新疆对中亚及俄罗斯等国家和地区的农产品出口量大幅增长，尤其是对中西亚国家的蔬菜、苹果、马铃薯和清真牛羊肉等优势农产品的出口量逐年上升。[2] 甘肃临夏清真食品认证中心成为中国清真产品国际认证机构。

二 甘肃农业"走出去"面临的主要困难

甘肃紧紧围绕各地农业特色产业发展需要，从政策设计、技术支持、资金配套等方面给予了大力支持，使农业"走出去"取得了阶段性成效。但甘肃农业"走出去"市场化起步较晚，农产品出口整体范围较小，还存在诸多困难：从内部条件来看，农业企业实力不强，出口产品单一；从外部条件来看，顶层设计不足，政策体系和服务体系还不完善。

---

① 《甘肃多措并举促特色农产品出口持续增长》，新华网，2020 年 6 月 27 日。
② 《甘肃省特色农业产业化发展从产业化到现代化》，《甘肃日报》2015 年 8 月 27 日。

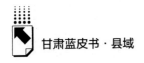
（一）农业企业实力不强，出口产品单一

1. 农业企业规模小，带动能力较弱，"走出去"能力有限

2018 年，甘肃省农林牧渔业法人单位数 40473 家，[①] 国家级农业产业化龙头企业数量 34 家（见表 1），[②] 第十批省级农业产业化重点龙头企业 131 家。打造天祝白牦牛、山丹羊肉、榆中大白菜、庆阳苹果、定西马铃薯、文县纹党、张掖玉米种子、会宁胡麻油、瓜州枸杞、永登苦水玫瑰等 10 个区域公用品牌。[③] 但与国内其他地区相比，对外农业企业规模小，带动能力较弱，差距较大。备案从事农业对外合作的 14 家省内企业总资产 61.82 亿元，仅有 1 家资产超过 30 亿元，其余 13 家企业资产均在 6 亿元以下。7 家实际从事农业对外投资的企业中，投资在 200 万美元以下的 2 家，总资产 204.5 万美元；投资 200 万~300 万美元的 1 家，总资产 219 万美元；[④] 投资 300 万~500 万美元的 4 家，总资产 1679.63 万美元，且多为民营企业，资金主要由国内母公司筹措，融资困难。

表 1　西北五省区农业经营单位

单位：个

项目	陕西	甘肃	新疆	青海	宁夏
农林牧渔业法人单位数	55119	40473	22757	22588	15556
国家级农业产业化龙头企业数	44	34	58	22	24

2. 产业支撑力度不足

甘肃是全国主要的农业大省，在马铃薯、中药材、玉米制种、酿酒原料、苹果产业、草食畜牧业等方面与其他省份相比优势明显。然而，产业整

① 中华人民共和国国家统计局：《中国统计年鉴（2017）》，http://www.stats.gov.cn/，访问日期：2019 年 3 月 10 日。
② http://www.xqj.moa.gov.cn/nycyh/201912/t20191216_ 6333304. htm。
③ 《十大"甘味"农产品入选 2019 中国农业品牌》，http://gs.ifeng.com/a/20191116/7823396_ 0.shtml，2019 年 11 月 16 日。
④ 张韬等：《浅析甘肃农业对外合作投资现状、问题及对策》，《农业经济》2017 年第 24 期。

体层次偏低已成为制约甘肃农业"走出去"的问题和短板。在农产品总量达到1亿吨的情况下，有15%的农业产品为初级加工，能够达到出口标准的农产品只占10%。^① 以甘肃定西出口的马铃薯为例，品种繁多，产量高，市场需求量大，但由于缺少专用型品种以及产品深加工技术，出口产品的附加值较低，出口产品带动产业发展的速度缓慢。同时，研发、设计、金融、物流等现代生产性服务业的发展都存在不同程度的滞后，这些都制约着产业的升级发展。

3. 企业国内外市场竞争力缺乏

2019年，《农民日报》发布了"农业产业化龙头企业500强"榜单，甘肃亚盛实业（集团）、大禹节水集团股份有限公司、天水众兴菌业科技股份有限公司三家企业上榜，^② 分别排名第236位、337位、478位。但大多数企业竞争力较弱，在国内市场还处于深入开拓阶段。甘肃省34家国家级农业产业化龙头企业，主要集中在粮油、畜禽、蔬菜、中药材和小众特色等方面，大多数成立于2000年以后，资本运营、企业内部经营管理理念相对片面，缺乏应有的技术创新能力。个别大型企业虽然重视对外宣传、企业包装、市场拓展，但仍沿用的是家族化、小作坊式经营管理模式，存在企业规章制度不健全、研发人员流失严重、科技投入较少、缺乏长期的发展规划等问题。

（二）政策体系和服务体系不完善

1. 缺少对涉农企业融入"一带一路"的平台建设

"一带一路"沿线国家（地区）经济发展水平、政治制度、意识形态、社会文化习俗等差异很大，企业"走出去"风险较大，成本较高，且农业投资周期较长、收益慢，政府要在对投资地区、投资领域做好前期规划的基础上尽可能保障企业长期有效地"走出去"。同时，政府支持农业对外投资

---

① 《甘肃省兰州市发展口岸经济的三大瓶颈》，http://www.reportway.org/guandian/2911201924010.html，2019年11月29日。

② https://www.sohu.com/a/298121788_119798，2019年2月27日。

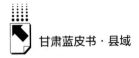

贸易与国内农业发展相互促进的政策体系不完善，公共服务不健全，企业无法及时、准确地获得投资国的税收制度、文化背景、法律和投资环境以及资金安全、市场状况等信息。

2. 缺乏外向型农业技术专家和企业经营管理人才

与"一带一路"沿线国家和地区开展农产品贸易，需要懂农业技术的外向型专家积极参与。对于甘肃来说，旱作节水农业、农作物制种、设施农业是今后交流合作的重点领域。同时，大部分企业认为，在和国外企业合作过程中，最关键的内部挑战是外向型人才短缺，特别是了解当地文化、有管理经验的复合型人才。缺乏国际化农业技术专家和企业经营管理人才是制约甘肃农业"走出去"的一大瓶颈。

3. 基础设施不完善，陆空港建设水平仍待提高

"一带一路"倡议提出后，甘肃省加快与沿线国家和地区互联互通步伐，积极开辟国际航线、国际货运班列，路网密度已达到全国平均水平的83%，通畅能力和区位优势正在进一步提升。① 但还存在航空口岸、陆路口岸、综合保税区等基础设施和配套设施功能不够完善问题，尤其是铁路掣肘货运量、运输时间，运输成本较高。交通设施的不完善直接影响了甘肃对外农业的发展。

三　加快农业"走出去"的几点建议

在以国内大循环为主体、国内国际双循环相互促进的新发展格局下，甘肃一方面要做大做强农业特色产业，加强种植结构调整，增加农民收入；另一方面加强对外合作，支持农业"走出去"。

（一）合理布局，选择重点国家（地区）和领域"走出去"

甘肃要紧抓"一带一路"开放机遇，在保障和服务国家大局的同时，

---

① 《"一带一路"建设重大机遇下甘肃产业发展的思考》，《甘肃日报》2017 年 6 月 9 日。

探寻适合甘肃发展的重点领域和国家（地区）。根据"四个法则"，选择与本地区贸易往来较多、地理位置较近、区位类似、农业使用的资源和技术相近的地区作为合作对象。[①] 在此基础上，甘肃结合当地农业特色产业，选择中亚、西亚、东南亚作为主要合作地区，加快农业重点领域"走出去"。

1. 中亚地区

中亚地广人稀，资源丰富，有天然草场 2.5 亿公顷，在苏联时期是重要的粮食、棉花、蔬菜、瓜果和畜产品的主产区。在中亚五国中，耕地面积最大的哈萨克斯坦，但其谷类单产比较低，其中小麦产量占粮食总产量的 80%，小麦单产每公顷 1 吨，仅为中国的 1/5，粮食增产潜力十分巨大。[②] 哈萨克斯坦国内市场中 49% 的禽肉、31% 的苹果、46% 的奶酪属于进口产品；[③] 塔吉克斯坦和吉尔吉斯斯坦进口的农产品主要是粮食、瓜果、蔬菜；乌兹别克斯坦进口的农产品主要是小麦。中亚国家需要进口的农产品与甘肃特色农产品（果蔬、畜牧产品）正好是优势互补；同时甘肃是霍尔果斯口岸重要的果蔬产区，并且这里的农产品无论在品种还是质量等方面，均在中国各省份排名靠前，这为甘肃农业"走出去"提供了广阔的发展空间。

同时，中亚各国农业发展水平低，农产品供给能力薄弱，农机化水平不高，化肥、农药等农资供应不足，农业发展技术与甘肃相近。甘肃可根据中亚地区需求，利用甘肃在玉米制种、马铃薯脱毒种薯繁育技术、旱作农业、水土保持、节水灌溉和特色农产品加工技术等方面的优势，在中亚地区开展农作物种植加工、仓储物流和营销基地等领域的互利合作，带动农业机械、

---

① 景娥：《"一带一路"倡议下宁夏农业"走出去"路径研究》，《北方民族大学学报》（哲学社会科学版）2019 年第 5 期。

② 《"一带一路"下，我国农业迎来哪些机遇与福利？》，https：//www.sohu.com/a/141967503_761821，2017 年 5 月 19 日。

③ 《哈萨克斯坦农产品进口依赖度仍然高》，http：//www.siluxgc.com/kz/kzNews/20200301/18748.html，2020 年 3 月 1 日。

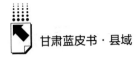
农药、化肥、种子等产品的出口。①

2. 东南亚地区

东南亚地区属热带季风气候，土壤肥沃、生物物种丰富、水资源充足，适合发展粮食、蔬菜、瓜果和糖料等热带作物。甘肃省农牧投资发展有限公司遴选了全省500多家企业的4000多种特色优质农产品进行展示销售，注册了"丝路寒旱""甘味臻选"农产品品牌商标，并与北京新发地市场、上海江桥批发市场、广州江南批发市场等全国大型农产品交易市场形成了业务往来，同时，甘肃省农牧投资发展有限公司与广西凭祥市国发商务发展有限公司等6家企业就甘肃洋葱、中药材出口东南亚及水果、名贵药材进口达成协议，为甘肃特色农产品打开了向东南亚出口的大门。②甘肃省在与东南亚地区的交流合作中，一方面，要发挥特色农产品优势，继续探寻与东南亚的合作模式；另一方面，要学习东南亚先进的农产品国际化、农产品生产技术以及在进入高端市场方面的经验，在甘肃农业"走出去"方面优化资源配置，促进农业快速发展。

3. 西亚地区

受气候影响，西亚大部分地区降水稀少、气候干旱，水资源缺乏，农产品自给率低，是世界农牧产品主要进口区之一。西亚农业开发历史悠久，西亚与甘肃土壤、气候条件相似，也为双方的合作奠定了基础。甘肃要立足旱作农业与西亚开展粮食、棉花、畜牧产品等领域的合作，通过技术联合研发与示范推广等方式，开展旱作农业、节水灌溉、种质资源及粮食产后减损，将西亚在现代农业方面的先进经验更好地运用到农业发展中，推动甘肃省旱作农业、戈壁生态农业快速发展。

（二）大力提升农产品附加值

甘肃苹果、畜牧、茶叶、中药材等特色产业产业化水平低、科技含量

---

① 《企业"走出去"扶上马送一程——外经干部谈对外投资合作》，《甘肃日报》2016年1月12日。

② 《甘肃省签订特色农产品出口东南亚协议》，https：//baijiahao.baidu.com/s？id=163148336 1215336500&wfr=spider&for=pc，2019年4月22日。

低、贸易信息及交通闭塞、特色农产品的价格和产量波动，导致农产品出口种类稀少、结构单一，严重影响了农产品成规模地"走出去"。解决这些问题应从以下几方面入手。一是要加大优势农产品科研投入，扶持一批专业性或综合性骨干农业科研机构，解决特色种养业生产中的关键技术问题，重点推广优质特色新品种及配套技术。组织相关部门、科研院所、高等院校和企业科研攻关，力争在一些关键环节、关键技术上取得突破。二是优先扶持农产品集中产区中有先进管理理念、具有发展潜力的产业化龙头企业，加大科技投入，创新产品，促进优势农产品增值。三是建立健全农产品检测体系，进一步提高特色农产品质量，促进农业发展向绿色生态化方向转变。四是大力扶持基层专业合作社，通过能人带动，将农产品市场化，提高农民的市场意识、主观能动意识。通过发展订单农业等多种形式，在企业、中介组织和农民专业合作组织（基地）之间建立稳定的利益联结机制。

（三）增强企业整体竞争力

农业企业主要涉及种植、生产加工、流通销售等环节。企业可通过技术研发，市场把控，物流、进出口环节相关服务来降低外贸企业的成本，政府可以通过减少多方协调环节、提高通关效率等措施帮助企业降低经营成本，增强企业的整体竞争力。一是创新融资模式，提高金融支持针对性和精准度。政府可积极对接政策性金融机构，加大融资模式创新力度，拓宽"走出去"农业企业的融资渠道，同时，设立甘肃对外农业专项发展基金，通过考核，给予发展前景好的企业一定的配套资金支持。二是加快交通基础设施建设，有效降低物流成本。交通基础设施建设对于当地的发展起着至关重要的作用。甘肃特殊的地理位置，且全省交通运输发展滞后。建议国家大力支持国际空港建设、陆港建设，为农产品"走出去"提供"绿色通道"，进一步降低甘肃农产品"走出去"的物流成本。

（四）制定和完善农业"走出去"的政策和制度体系

一是坚持规划先行。要编制详细的区域特色农业发展规划，指出各地区

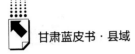

农业"走出去"的重点领域、阶段性任务、合作国家、产业布局、推进措施和重大项目安排。同时，要制定农业企业对外发展规划，明确企业的发展目标，形成具体、可操作的工作措施。

二是有计划有步骤地建立农业公共服务体系，搭建信息服务、磋商会晤、行业交流等支撑平台，为农业和农民提供基本且有保障的公共产品，创新农业生产经营方式，为深入推进农业"走出去"奠定坚实基础。

三是加强小语种人才队伍建设。构建政府主导、社会参与、资源整合的工作体系，建立外交人才库，通过政府购买服务，缓解人才缺乏的难题，以人才培养支撑农业"走出去"。协调各部门和培训机构，推进跨国农业技术人员、经营管理人员和外派劳务人员培训基地建设，培育一批精通业务、熟练掌握外语、熟悉国际贸易规则和法律法规的高层次农业涉外经营人才。

B.10
甘肃主要农产品供给保障体系研究

贾 琼 李丽莉*

摘　要： 随着农业供给侧结构性改革的深入推进，我国农产品生产供
给导向逐步由增产转向提质，绿色、生态、优质、安全的农
产品供给保障是区域农业高质量发展的主要目标。区域农产
品的供给保障主要涉及农产品供给数量、供给质量以及供给
过程三个方面。本报告主要基于有效供给、供给链理论，分
析甘肃省主要农产品供给保障的现状以及措施，从农产品供
给数量、供给质量和供给过程三个维度，提出加强甘肃省主
要农产品供给保障的对策建议。

关键词： 甘肃省　主要农产品　供给保障

2020 年中央一号文件强调"保障重要农产品有效供给"。新冠肺炎疫情
在全球暴发，对农产品的供给保障提出了新的要求。甘肃省地处我国三大高
原、三大自然区交会地带，地理过渡性强、气候类型多样使其主要农产品及
特色农产品的生产供给在全国范围具有明显的比较优势。面对复杂、不确定
的国际经济环境，稳定和保障农产品供给，对于经济体系运行及民生保障等
具有重大意义。

---

* 贾琼，甘肃省社会科学院农村发展研究所研究员；李丽莉，博士，甘肃省经济研究院副研
究员。

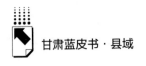
一　基本概念

（一）主要农产品

《现代汉语词典》中将农产品明确定义为农业活动中生产的物品，如稻、麦、高粱、棉花、烟叶、甘蔗、蔬菜等；主要农产品的范围一般指粮食、棉花、油料、蔬菜、水果、肉类、奶类、禽蛋和水产品。

（二）农产品供给特点

1. 周期性

农业生产过程是从种子或幼畜进入生产过程开始，到获得产品的整个生产过程。生产农产品的动物或者植物的生长具有周期性，因此农产品的供给也具有相应的周期性。

2. 地域性

不同区域的气候条件、土壤类型决定了农作物以及牲畜生长类型不同，同时受规模效益和品牌宣传等其他因素影响，不同地区往往都有代表地方特色的农业生产，形成具有地方特色的多样农产品供给。

3. 质量性

农产品供给质量主要体现在营养成分、口感、色香味等非安全性一般质量指标上，其中对安全性的要求是最主要的。因为农产品具有易腐、易损耗特性，所以农产品供给保障质量需要一定的技术支撑，如冷链物流技术，在保证农产品供给质量方面起到了关键的支撑作用。

二　甘肃省主要农产品供给现状

（一）甘肃省主要、优势农产品种类

1. 主要农产品种类及产量

甘肃省地域广阔，地貌多样，跨越多个温度带并表现为不同的自然地理类型，有高原、山地等，复杂多样的地形地貌和生态气候条件决定了其农产品品种丰富。主要农产品有粮食（包括小麦、玉米、马铃薯）、棉花、油菜、中药材、蔬菜、园林水果、肉类产品等。2010 年以来，甘肃省主要农产品产量稳步提高（见表 1）。2019 年，全省粮食播种面积 3871.5 万亩，粮食产量 1163 万吨，年增长 2.29%。

表 1   不同年份甘肃省主要农产品产量

单位：万吨

年份	2010	2015	2017	2018	2019
粮食	948.82	1154.58	1105.90	1151.43	1163
谷物	746.15	938.24	889.31	918.51	—
小麦	253.52	285.1	269.72	280.51	281.1
玉米	415.98	598.09	576.67	589.99	594.1
豆类	31.41	27.49	25.16	30.59	—
油料	66.06	76.71	77.35	70.41	63.2
棉花	7.99	4.82	3.20	3.53	3.3
甜菜	23.31	18.26	26.69	25.20	26.5
中药材	48.47	83.75	92.72	101.85	113.2
蔬菜	752.71	1086.19	1212.31	1292.57	1388.8
园林水果	197.17	304.06	397.15	370.03	438.5

资料来源：《2019 年甘肃省统计年鉴》《2019 年甘肃省国民经济和社会发展统计公报》。

2. 优势农产品种类

近年来，甘肃省特色优势农业发展按照战略性主导产业、区域性优势产业和地方性特色产品三个层次积极推进。玉米、马铃薯、蔬菜、果品、中药材、酿酒原料、制种业等一批具有地方特色的优势产业已经形成并逐步向优势产区集中，产业链条逐步延长。同时，兰州百合，民勤黑瓜子，岷县当归，庆阳黄花菜、白瓜子，陇南茶叶、黑木耳、油橄榄等一些地方性特色产品也有了很大发展。2018 年，特色优势产业种植面积 3155 万亩，中药材和玉米制种面积和产量均居全国第 1 位，形成了以马铃薯、中药材、杂交玉米制种为主，区域特色优势明显的农产品种类。

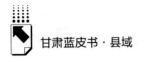
（二）主要农产品供给

1. 主要农产品生产情况

近10年来，调整优化农业结构，扎实推进粮食生产功能区划定工作，调减非优势区经济作物面积，在稳定粮食产量的基础上，着力开发特色农产品。主要农产品产量均呈上涨态势，其中中药材及园林水果等经济作物产量增速超过其他农产品。从2008年至2019年，主要农产品中粮食年均增长2.67%，棉花产量呈下降趋势，中药材及园林水果分别增长8.98%、9.42%，肉类产品也呈增长趋势，年均增长2.19%（见图1）。

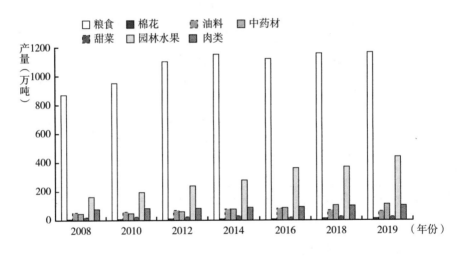

图1 甘肃省主要农产品生产情况

2. 主要农产品供给区域布局

近年来，随着农产品生产区域布局的细化，甘肃省推广"六大区域"生态农业循环模式。从区域布局看，甘肃省主要农产品生产集中在河西、陇中及陇东南地区。其中粮食生产主要集中于陇中及陇东南地区，中药材（定西中药材播种面积占全省的31.58%）及蔬菜、瓜果生产主要集中在河西、陇中、陇东南地区（见图2）。

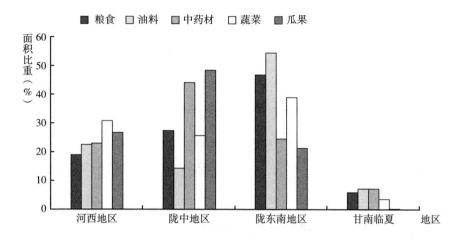

图2　甘肃省主要农产品生产空间分布

（三）主要农产品供给质量

1. 农产品质量安全保障行动

甘肃省通过开展农业质量年行动，以农产品品牌建设、种养基地标准化建设、打造信息化服务平台等措施，推动提高农产品质量安全水平。截至2019年底，创建形成省级农产品质量安全市2个、质量安全县16个，新获证地理标志农产品18个、有机农产品22个、绿色食品194个。推动农产品品种升级换代，审定主要农作物品种11个，建成国家玉米制种基地（甘肃）30万亩、省级种畜禽场179个。大力推进种养循环标准化基地建设，审核推荐制修订农业地方标准210多项，新建绿色食品原料标准化国家级生产基地1个、省级生产基地8个，农业标准化省级示范基地9个。加快农产品质量安全追溯信息平台推广与应用，推动农产品从生产到市场全过程监管和可追溯。从打造标准化生产基地、地理标志农产品品牌、质量管理信息化等方面不断推动农产品供给质量保障。

2. 主要农产品生产加工体系逐步完善

甘肃省农产品加工体系基本形成，覆盖了全省不同特色优势产业，龙头企业不断增加。首先，农产品加工领域逐步拓宽。截至2018年底，全省农业产业化龙头企业达到 2783 个，其中省级以上重点龙头企业 432 个。农产品加工由以粮食加工为主向畜产品、果蔬、中药材、玉米淀粉及地方区域性特色农产品加工等领域扩展。其次，加工能力稳步提高。2018 年底，全省建成规模以上马铃薯加工企业 100 多家，淀粉加工能力近 70 万吨；牛羊肉加工企业 36 家，年屠宰能力 67 万头；浓缩果汁加工企业 7 家；玉米制种企业 37 家，加工能力 60 多万吨；啤酒麦芽加工企业 42 家；紫花苜蓿加工厂20 多家。以马铃薯、浓缩果汁、玉米制种为主的特色农产品加工能力逐步提高。

（四）主要农产品供给过程保障情况

近年来，甘肃省在道路、运输、配送等农产品供给过程的关键支撑环节上不断提升。首先，道路条件大幅改善，实行"村村通"工程，日益便捷的公路运输为当地特色农产品物流通畅奠定基础。尤其是"通村畅乡、安全便捷"的农村公路运输网络的基本建成，为甘肃省特色农产品供给保障提供了有力的支撑。其次，储存设备、特色农产品配送发展较快。在农产品对外交流与合作方面成就突出，在北上广、义乌等地打开了特色农产品销售通道，涉及马铃薯、苹果、蔬菜、蜜瓜、小杂粮等产品，其中高原夏菜、苹果、中药材、清真食品等畅销国内外。最后，农产品供给过程信息化支撑条件进一步改善，从采集到的数据来看，已建成农民专业合作社网站 1000 多家，推动特色农产品产销衔接，开展"农超对接"。农产品供给过程保障程度不断提高。

三 存在的问题与短板

（一）供给方式陈旧，数字技术应用滞后

甘肃省农产品供给经营企业相对较少，流通加工、库存管理、物流信息服务、物流成本控制等高层次农产品物流增值服务还没有普遍开展。农产品

现有供给模式主要是"农户—批发市场—中间商贩—消费市场—消费者"，物流中间环节较多，需多次往返运输，使特色农产品供给成本高，流通时间长，降低农产品的质量，直接影响到农产品供给保障。同时，甘肃省农业信息网络覆盖面小，数字技术在农产品供给领域应用少，特色农产品生产、加工、流通等环节数字信息利用率低，特色农产品消费半径大且较分散，主要农产品供给与新的信息技术结合程度低，不利于农产品供给保障。

（二）农产品供给设施薄弱、风险大

特色农产品具有季节性、地域性、数量大及易腐性等特点，对物流环节的要求较高，配送和储存直接影响特色农产品供给质量。但目前，甘肃省多数农村农产品供给设施薄弱，主要表现为：首先，交通不便，农产品配送、冷链仓储等一体化营销设施建设不足，传统运输消耗过多，无法形成规模效应；其次，信息网络建设落后。甘肃省农产品主产区冷库冷链等设施规模不足、运输成本较高、终端冷链销售网络覆盖面小等，导致甘肃省农产品供给损失严重，果蔬、肉类、水产品流通腐损率分别达到25%、12%、15%左右。

（三）营销专业人才不足

甘肃省特色农产品营销专业人才缺乏问题突出。大部分从事农产品营销的人员都为本地农民，一方面，其受教育程度普遍较低，虽然农民在经营农产品销售过程中也会参加一些营销、网络知识等方面的技能培训，对网络营销有初步认识，但不足以应用网络形成营销体系；另一方面，随着村庄青壮年劳务输出，农产品经营者年龄结构不合理，缺少复合型农业人才，农产品供给链条人才短缺问题突出，成为制约甘肃省农产品有效供给保障的因素之一。

（四）特色农产品缺乏品牌效应

甘肃省大多特色农产品未通过质量认证，品牌建设落后。生产方式以自

耕为主，缺少科学化、专业化种植，生产、加工和销售未形成规模，产业化水平低，标准化程度较低。农产品品牌知名度不高，无法发挥集聚效应，限制了农特产品外销。出口农产品大多被贴牌重新包装，与国内其他品牌商品混装销售，消费者无法获得商品原产地保护，也无法辨别品质优劣，削弱了甘肃省独有农产品品牌优势。

四　加强甘肃省主要农产品供给保障体系建设的对策建议

（一）推动农业新基建投入，改善农产品供给基础条件

1. 加强基础设施及生产配套建设

加快完善农业生产条件，加强农田基础设施及生产配套建设是实现农产品有效供给的重要保障。一方面，推动传统农业基础设施项目。一是大力推进高标准农田建设。二是完善田间灌溉设施。三是加大对戈壁农业发展的支持。四是尽快出台农业设施用地标准并建立相应补贴机制。另一方面是以互联网技术为核心的新型农业基础设施建设，农业"新基建"以更快的速度、更少的环节、更好的流通路径提高市场流通效率，降低交易成本，实现产销有效对接。如城乡分布式冷链、智能供给链体系建设、规模工业化种养基地建设等。

2. 推广数字技术在农产品供给领域的应用

农业要素数字化、农业生产智能化、农产品供给网络化是数字技术赋智赋能农业的重要趋势和主要方式。数字技术与农业生产的融合对于科学从事农产品生产、加工、供给非常重要。甘肃省主要农产品的生产、供给要积极探索"农业＋数字技术"的可推广、可复制模式，以数字科技驱动创建"新模式、新平台、新生态"，推动农产品供给领域的转型和升级。首先，省内农业产业园区，应积极应用推广大数据、AI、云计算来打造数字化园区、数字化流通、数字化金融以及数字化供给渠道。其次，重点加强全省重

要农产品生产和市场监测，强化生产数据实时采集与监测，构建交易主体、品种、量价一体化的农产品市场交易大数据。

（二）优化主要农产品布局，增强农产品供给的数量保障

1. 改造提升农产品生产能力

深入推进农业供给侧结构性改革。大力推进高标准农田建设，在中部等干旱山区通过坡改梯等措施提高土地雨水利用效率，在河西地区大力推进高效节水基本农田建设，实现聚水增地、节水增效。落实永久基本农田特殊保护制度，加快推动甘肃省粮食生产功能区、重要农产品生产保护区、特色农产品优势区建设。大力实施高效节水灌溉工程，提高抗旱防汛防涝能力。拓展农机作业领域，推进农机装备产业转型升级，提高全省主要农产品生产供给能力。

2. 以农业产业园区建设推动农产品供给规模化

"十四五"时期，围绕绿色化引领、标准化生产、规模化经营、产业化发展，加快发展具有全国影响力、地域特色鲜明的现代丝路寒旱农业，推动农产品生产、加工的规模化。积极打造高品质"高原夏菜基地"。依托河西走廊、沿黄灌区、泾河流域、渭河流域和徽成盆地五大优势产区，提高蔬菜产业规模化、标准化发展水平，打造全国一流的高原夏菜生产基地。借鉴现代农业产业园发展模式，打造一批现代农业产业园，完善"生产基地＋龙头企业＋省外销售渠道"商业模式，瞄准北上广等国内一线消费市场，推动全省农产品网上流通，打造面向中亚、西亚、中东欧的"菜篮子"生产供应基地。

3. 强化特色优势农产品有效供给

发展农业优势特色产业是实施乡村振兴战略的重要内容，通过农业综合开发项目形式大力扶持农业优势特色产业的发展。根据国内外市场需求和甘肃本地农业优势，坚持从品种结构、生产结构和区域布局三个层面上进行调整，扬长避短，突出特色，合理确定主导产业，继续调整和优化生产结构，推进特色布局、深度开发和专业化生产，不断提高马铃薯、中药材、玉米制

种、酿造原料等一批位居全国前列的优势特色农产品的市场知名度，逐步形成牛、羊、菜、果、薯、药六大优势特色农产品发展格局。

4. 优化主要农产品生产区域布局

甘肃省农业资源禀赋差异较大，一是继续发展河西走廊灌区，使之成为全国重要的商品粮基地、制种基地和高原夏菜基地；二是强化陇中、陇东旱作农业区，使之成为重要的马铃薯、中药材、小杂粮、羊羔肉及肉牛生产基地，借助黄河流域生态保护和高质量发展战略的逐步实施，推广深化发展高效旱作农业；三是积极支持陇南山区成为全国重要的花椒、油橄榄等特色农产品基地；四是推动甘南高原、临夏及河西牧区成为全国重要的牛羊肉生产和细毛羊生产和加工基地。使不同地域有不同的主导方向与特色产品，形成各具优势的农产品供给格局。

（三）打造农产品知名品牌，强化农产品质量供给保障

1. 强化提升特色农产品品质

引导全省特色农产品优势区和种养大县，按照政府、市场两手并用、行政技术双轨承包、抓点示范整体推进的办法，引导龙头企业带动农民专业合作社联农户，采取农机农艺融合推进、良种良法配套推广、创立整村整乡整流域推进的方式，建设集中连片种养的规模化基地和产业带，确保生产出量足、质优、安全、绿色的特色农产品。示范带动优势产区和产业大县整体走上良种、生产、加工、销售一体化发展的产业化经营模式。建立产地环境评价体系、生产加工技术标准及评价体系、农产品营养品质及特色评价体系、农产品质量安全及可追溯体系，持续提升优质农产品规模化、标准化、绿色化生产水平，生产"绿色"为主导、"有机"为引领的大宗特色农产品，开展国家级和省级质量安全县创建。

2. 打造"甘味"特色农产品知名品牌体系

推动甘肃特色农产品建立知名品牌，培育具有国内外影响力的"甘味"知名品牌。构建省、市、县三级区域公用品牌、地标品牌和企业商标品牌协同发展，互为支撑的"甘味"知名品牌体系。做好甘肃农产品地理标志创

新与保护工作，在包装箱上印上明显的产地标识和商标，实施地理标志认证，健全质量安全追溯体系，以提升甘肃农产品在国际市场的产地认可度和产品知名度，为提高市场占有率打好基础。着力提升兰州定远高原夏菜产地批发市场、定西马铃薯综合交易中心、张掖高原夏菜冷链物流中心、陇西中药材交易中心、静宁苹果产地批发市场等大型农产品产地市场的集散功能，尽快形成产地集散中心、信息发布中心、仓储物流中心，大力支持特色产业发展区域新建一批农产品产地批发市场，有力促进马铃薯、高原夏菜、中药材、果品、畜禽产品等大宗特色农产品销售。

3.培育延长道地药材等特色农产品产业链

依托玉米制种、马铃薯、中药材等产业发展优势，培育甘肃省育种及种子加工产业链、道地中药材产业链、果品加工产业链，打造现代化产业链，强化重要农产品供给的质量、数量保障。以河西玉米制种基地、定西马铃薯育种基地和西部航天育种基地等为依托，推进杂交玉米、专用型马铃薯、优质高产小麦、优质高淀粉玉米、啤酒花等良种产业化，提升种子加工水平，形成良种选育、扩繁、加工、推广一体化的制种产业链。同时，以陇南、定西、河西等中药材主产区为重点，建设道地药材标准化种植基地，拓展道地药材在药膳食疗、保健食品、化妆品等领域的应用，形成优质道地药材种植、规模化精深加工、品牌化市场营销，具有地域特色和市场竞争力的中药材产业链。

（四）促进农产品物流发展，强化农产品供给过程保障

2019年《国家发展改革委员会关于推动物流高质量发展促进形成强大国内市场的意见》，围绕构建高质量物流基础设施网络体系和物流业高质量发展，在推动国家物流枢纽网络建设、加强联运转运衔接设施短板建设、完善城乡消费物流体系、积极推动物流装备制造业发展、提升制造业供给链智慧化水平等方面提出了一系列鼓励和支持政策。要逐步取消对物流企业经营范围的限制，促进现有运输、仓储、货代、批发、零售企业的服务延伸和功能整合，逐步提高物流企业服务水平和竞争能力。

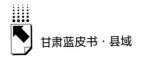

（五）健全农产品供给相关政策法律保障

1. 规划、法律法规保障

积极做好全省农业新的总体规划及各类专项规划，做好农产品供给的政策指引和保障工作。主要体现在科学制定全省、市、县各级各类农业总体规划和专项规划。建立支持农业产业园发展的政策支持体系，扎实开展临洮县、安定区、肃州区和宁县四个国家现代农业产业园的创建工作。充分发挥省内现代农业产业园的平台载体作用，使主导产业尽快走上园区引领，产加销、贸工农一体化，一二三产融合发展的路子，把农业产业园建设成为农业经济的重要增长极。重视甘肃省农业法治建设，及时研究解决依法行政、依法治农工作中的重大问题。加大关系群众切身利益的农业投入品、农产品、农业资源环境等重点领域执法力度。目前流通环节与农产品供给有关的法律规范较为少见，在未来发展中仍需要在遵循国家政策规定的同时，积极探索完善地方相关法律体系建设，以强化农产品有效供给保障方面的法律支撑。

2. 技术、人才支撑保障

强化农业科技创新与农业人才支持。强化现代农业科技支撑，加强以农业科研院所、农业企业为主体的现代农业科技创新推广体系建设，推进农业科技交流与合作创新，培育具有国内国际竞争力的农产品生产供给科研队伍，建立"一带一路"旱作农业、高效节水农产品国际合作交流示范区；继续加强国家和省级农业科技园区建设，围绕粮食、设施园艺、养殖、生态循环农业，增强农业科技创新能力；加快农作物品种选育，增强农业发展潜力；强化新品种、新技术、新模式的推广，加快农业科技成果转化应用，加强技术推广机构建设，构建农业物联网技术服务平台；积极发展新型经营主体和社会化服务，突出新型职业农民培训，提升农业技术创新与支撑能力。

参考文献

史锦梅：《甘肃主要农产品流通渠道研究》，《农村经济与科技》2010 年第 21 期。

刘全喜：《甘肃农产品物流发展的实证分析与对策研究》，甘肃农业大学硕士学位论文，2006。

李晓东、阎艳飞：《我国农产品供应链模式研究》，《物流科技》2019 年第 9 期。

李丛希、谭砚文：《新冠肺炎疫情对我国农产品有效供给的主要影响及对策》，《南方农村》2020 年第 2 期。

甘肃省农牧厅：《甘肃省"十三五"农业系列规划汇编》，2016 年 12 月。

B.11
甘肃农民专业合作社质量提升调查研究

——以华亭市为例

程黎君　范　晓[*]

摘　要： 农民专业合作社作为我国新型农业经营主体的一种重要形式，已成为组织服务农民群众、激活乡村资源要素、引领乡村产业发展和维护农民权益的重要组织载体，在发展现代农业、助力脱贫攻坚、推动乡村振兴等方面发挥了重要作用。华亭市作为甘肃省最年轻的县级市，经济总量位于全平凉市领先水平。华亭市农民专业合作社在高质量发展过程中，取得了一定成效，但依然存在发展基础不牢、运营程度不高、带动能力不强、技术人才匮乏、激励机制不活等问题。要通过开展教育培训、健全监管服务机制、规范运行发展模式、加大宣传力度、落实政策激励措施等，努力培育和提升农民专业合作社质量。

关键词： 华亭市　农民专业合作社　质量提升

党的十九大报告提出实施乡村振兴战略，国家将农业农村的发展上升到战略高度。农民专业合作社作为我国新型农业经营主体的一种重要形式，在

---

* 程黎君，甘肃省社会科学院平凉分院院务委员，中共平凉市委党校（行政学院）教授、副校（院）长，平凉市社科联兼职副主席，平凉市领军人才（第一层次），研究方向为区域经济；范晓，中共华亭市委党校（行政学院）讲师，主要研究方向为农村经济、区域经济。

发展现代农业、助力脱贫攻坚、推动乡村振兴等方面发挥了重要作用，新时代要加大对农民专业合作组织的培育与发展。甘肃省针对贫困地区合作社覆盖面小、发展滞后、带贫益贫作用不明显的实际，坚持边组建、边规范、边提升。2017～2020 年，全省共下达扶持合作社资金 5.96 亿元，扶持合作社5597 家，在 1979 个没有合作社或只有 1 个合作社的贫困村扶持新建合作社2173 个，实现了贫困村合作社全覆盖。同时，为了推动合作社从"有没有"向"好不好"转变，实施合作社能力提升工程，省政府主要领导带头授课辅导，全省组建起 6500 人的市县乡三级辅导员队伍，开展了合作社领办人"万人培训"计划，及时总结推广"合作社联合控股，民营、国有企业参股组建富民公司，带动村办合作社联合发展"的"宕昌模式"，"政府主导 +国有农发公司 + 合作社发展"的"庄浪模式"，并按照"运营规范、运营较规范、运营一般、未运营、注销吊销"五种类型，对合作社进行分类规范。同时，各地按照有产业基地、有农业机械、有良种供给、有销售订单、有加工和贮藏场所等"五要素"标准办实合作社。截至目前，在全省所有贫困村成立的 3.31 万个合作社中，运营规范或较为规范的达 80% 以上，达到"五有标准"的合作社占比超过了 30%；入社成员共计 73.2 万人，其中贫困户成员 47.8 万人。全省累计建成规模种养基地 23537 个（处），带动建档立卡贫困户约 52 万户，农民专业合作社在带动贫困群众就业增收方面效果逐步显现。

作为全省最年轻的县级市，华亭市把农民专业合作社作为组织服务农民群众、激活乡村资源要素、引领乡村产业发展和维护农民权益的重要组织载体，依据《关于开展农民合作社规范提升行动的若干意见》的精神和要求，认真实施《华亭市乡村振兴战略实施规划（2018—2022 年)》，农民专业合作社蓬勃发展，已成为重要的新型农业经营主体和现代农业建设的中坚力量。截至目前，华亭市登记注册农民专业合作社 383 个，其中国家级示范社2 个、省级示范社 5 个、市级示范社 27 个、县级示范社 41 个。在农民专业合作社的带动下，全市累计流转土地 7.13 万亩，牛饲养量达 7.4 万头，核桃挂果面积 2.6 万亩，蔬菜种植面积 3 万亩，中药材种植面积 2.3 万亩。

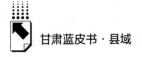

2019 年，全市城乡居民人均可支配收入分别达到 32372.3 元和 8973.8 元，农民专业合作社的组织带动能力、辐射推动能力、示范拉动能力不断增强，在发展现代农业、助力脱贫攻坚、推动乡村振兴等方面发挥了重要作用。

一 华亭市农民专业合作社发展运营现状

近年来，华亭市把培育和发展农民专业合作社作为实现农业产业化和现代化的有效抓手，专业合作社呈现蓬勃发展的态势。截至 2020 年 4 月底，全市在工商部门注册的农民专业合作社有 383 个，注册资金共计 6.78 亿元、社均注册 177 万元，实际到位资金（包括实物）3433.5 万元、社均到位资金 8.96 万元，共形成固定资产 1538 万元。

（一）从规范标准来看

按照"八有三公开"的标准，全市 383 个农民专业合作社中，运营规范的有 129 个，占所有合作社的 33.7%；运营较为规范的有 75 个，占比 19.6%；运营一般的有 84 个，占比 21.9%；未运营的有 95 个，占比 24.8%（见图 1）。全市 35 个贫困村有农民专业合作社 132 个，运营规范的有 62 个，占比 47%；运营较为规范的有 32 个，占比 24.2%；运营一般的有 11 个，占比 8.3%；未运营的有 27 个，占比 20.5%。

（二）从涉及行业产业领域来看

华亭市 383 个农民专业合作社所涉及的行业领域基本集中在第一产业，其中种植业 136 个（占比 35.5%）、养殖业 158 个（占比 41.3%）、林业 59 个（占比 15.4%）、服务业 15 个（占比 3.9%）、渔业 8 个（占比 2.1%）、休闲农业 2 个（占比 0.5%）、其他行业 5 个（占比 1.3%）（见图 2）。合作社共建成 500 亩以上种植业产业基地 16 个、100 头（只）以上养殖场 47 个。

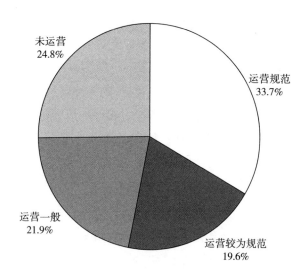

图1 华亭市农民专业合作社运营情况（截至2020年4月）

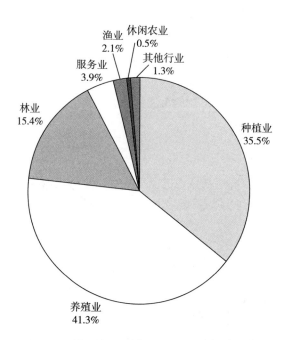

图2 华亭市农民专业合作社涉及行业领域情况

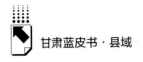
（三）从发展运行模式来看

华亭市383个农民专业合作社的发展运行模式主要有3种，其中由农户自发组织、农村能人带动，采取"合作社＋基地＋农户"运行发展模式的合作社有301个（占比78.6%），如神峪乡鑫丰种植养殖农民专业合作社、西华镇国创种养殖农民专业合作社；依托公司领办、企业带动，采取"公司＋合作社＋基地＋农户"运行发展模式的合作社有28个（占比7.3%），如砚峡乡聚利种植农民专业合作社；由村"两委"班子领办，采取"党支部＋合作社＋基地＋农户"运行发展模式的合作社有54个（占比14.1%），如安口镇朱家坡欣欣种植农民专业合作社（见图3）。

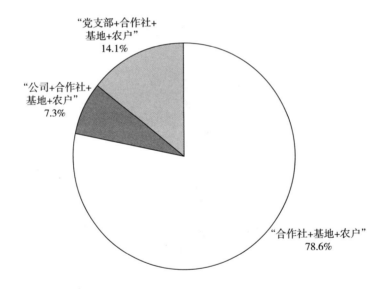

图3　华亭市农民专业合作社发展运行模式情况

（四）从带动群众成效来看

华亭市139个农民专业合作社共流转土地4850户17838亩、土地入股307户1291亩，其中涉及贫困户940户1820亩；合作社累计带动8233户农民和贫困户发展产业、进社务工，户年均增收 1300 元，对提高农民收入起到极大的带动辐射作用。

（五）从创建示范等级来看

目前共创建示范社 41 个，占合作社总数的 11%，其中国家级示范社 2个、省级（部级）示范社 5 个、市级示范社 27 个（见图 4），示范社的等级和规格均走在全市 7 县（市、区）的前列。

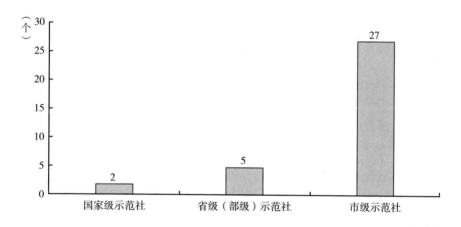

图 4　华亭市农民专业合作社创建示范等级情况

二　华亭市农民专业合作社巩固提升方面的做法

近年来，华亭市各级各部门坚持把发展、巩固、提升农民专业合作社作为加快产业培育发展、增强群众内生动力、实现稳定脱贫的有效抓手，发挥各自职能，加强协作配合，形成了齐抓共管的工作格局，全市农民专业合作社发展工作取得了明显成效。

（一）抢抓政策机遇，严格适度发展

市农业农村局、市场监管局和乡镇结合农村"三变"改革，按照"少

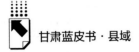

而精、少而强""能建则建、应有必有"要求和资格条件，严把注册准入关。2018年以来，在全市35个贫困村新注册发展农民专业合作社92个，非贫困村新注册发展农民专业合作社58个。

（二）重视培训教育，提升人员素质

坚持集中学习培训和现场指导培训相结合的方式，对300余名农民专业合作社负责人就《农民专业合作社法》、农村土地"三权"政策、农村"三变"制度改革、财务基础知识、农村电子商务、农村实用技术等进行了系统培训，合作社依法办社、依规管社的水平明显增强。

（三）强化监管指导，完善规章制度

认真落实省市要求，制定了《华亭市农民专业合作社规范提升的指导意见》、《华亭市贫困村农民专业合作社专项整改方案》和《华亭市农民专业合作社质量提升工作实施方案》。实行市乡干部联系农民专业合作社制度，落实市乡辅导员45名。市农经站和乡镇辅导员，按照"四个一批"整体整改提升要求和"八有三公开"规范标准，列出巩固提升、规范完善清单，逐社抓阵地建设、抓制度完善、抓日常监管，农民专业合作社巩固提升整改面达到100%。2019年注销未营运的"挂牌"社、"僵尸"社38个，2020年已注销合作社5个，正在申请注销的合作社30个。

（四）引导发挥作用，助力脱贫攻坚

围绕打赢脱贫攻坚战，紧盯全市农村经济发展定位，扶持农民专业合作社建基地、兴产业、搞加工，增强自我发展实力，不断提升农业产业化水平。引导农民专业合作社通过提供市场信息、技术服务、农产品回收服务等措施，带动392户贫困户发展家庭特色种养业，优先招用820户贫困户进社务工，稳定增加家庭收入，较好地发挥了专业合作社的引领带动作用。

（五）加大扶持力度，培育示范典型

坚持扶强扶优扶特和社社联合的思路，发展组建农民专业合作社联合社2个，各级财政、各相关部门累计为114个农民专业合作社落实各类专项扶持资金、产业发展资金、奖励补助资金825万元，培育创建了马峡顺义、砚峡中兴堂、神峪核峪淼等一批基地规模大、科技含量高、带动作用强的中药材、芍药、核桃、金银花、林麝、鸡、肉牛等特色型、效益型种养加农业产业示范合作社。

三 华亭市农民专业合作社巩固提升方面的成效

经过几年发展，已初步形成了符合政策要求、切合华亭实际、符合农民心愿的农民专业合作社"华亭模式"。概括起来，"华亭模式"主要表现在以下五方面。

（一）多元入股提高了农户收益

神峪乡鑫丰种植养殖农民专业合作社按照农村"三变"制度改革模式，挖掘闲置资源，集中闲散劳动力，整合入股资金，增加农户收入。一是按照300元/亩的价格与62户农户签订了土地流转协议，就近流转土地500亩，每年为农户创收15万元，户均收益2419元；二是吸纳当地农民长期务工100人，其中贫困农民30人，在合作社（花椒基地）务工每天可挣60~100元，全年收入在10800元至18000元。策底镇兴裕药材农民专业合作社对以土地入股的农户，每年每亩土地保底分红400元，合作社将产品销售后所得利润，再次以10%的比例分给农户；以秋葵苗入股农户以40%的比例获得分红。

（二）盘活资源壮大了村级集体经济

村集体以集体土地和村集体经济发展项目入股合作社，集体土地种植的

药材和秋葵等特色产品出售后所得利润以 10% 的比例分红给集体。村集体所得红利按照村集体积累 40%、本村贫困户 30%、其他农户 30% 的比例进行二次分红。合作社利润分红和服务提成所得资金经过二次分红，分别以村集体 5% 和合作社 5% 的比例分配，村集体将分红作为回笼资金，合作社将分红用以滚动发展。

（三）创新思路形成了多元发展模式

朱家坡欣欣种植农民专业合作社采取村集体牵头建办方式，巧借乡村振兴和农村"三变"制度改革，建立了"基地＋合作社＋农户"模式带动农户、村集体双向发展，2019 年实现增收 10 万元，预计 2020 年收入将翻一番；提出了"产业＋民俗＋旅游"模式，形成独具特色产业链条，不仅促进了合作社自身经济发展，也带动了本村乃至周边各村旅游发展；为解决资金问题，带动更多人脱贫致富，提出了"贫困户＋产业资金＋服务"模式，形成了合作社融资、带贫发展双赢局面。兴裕药材农民专业合作在实践中逐步形成"合作社＋特色种植＋电子商务＋农户"的发展模式，既提高了农户收入，又带动了村集体经济。

（四）细化举措规范了产业发展

神峪乡鑫丰种植养殖农民专业合作社始终坚持以创建规范化标准化花椒种植示范基地为目标，坚持"引进来"和"走出去"、"课堂学习"和"课后实践"相结合，通过外出考察学习、聘请专家开展专题讲座和栽植技术培训等方式，在把适宜本地的优质花椒苗木、先进花椒栽植管护技术引进来的基础上，加大了对周边群众的培训指导。同时，结合花椒产业发展现状，制定了《合作社花椒产业发展规划》，编印了《优质花椒高产栽培管理技术规程》《花椒病虫害诊断及防治手册》等管护手册，用于帮助指导种植农户发展产业、提升技术，进而达到致富增收的目的。目前，共开展花椒栽植培训 8 场次，培训社员 64 人，培训周边群众 500 余人，为产业发展提供了有力的人才支撑。

（五）积极争取拓展了销售渠道

神峪乡鑫丰种植养殖农民专业合作始终坚持以促进产业发展、帮助农民增收为出发点，在生产经营过程中突出合作社的主体地位，不断勇于探索、积极作为，先后申请注册了"神峪河"商标、二维码、条形码，同时获得了国家食品安全的相关认证。并与草窝电商、神峪电商、东大街超市、梅苑超市达成了购销协议，大力销售土鸡、土鸡蛋、荞面、杂粮等农副产品，切实解决了草窝村农副产品的销路问题，为农户增收创造了便利的条件。

四　华亭市农民专业合作社质量提升
存在的问题和不足

经过近年来不断探索，逐步完善，华亭市大部分农民专业合作社得到了较好发展，但还存在一些困难和问题，主要表现在以下五个方面。

（一）自身发展基础不牢

在实际建办运营过程中，绝大部分合作社的一些成员既没有实际注入启动资金，也没有参与合作社生产经营管理，合作社实际到位资金与注册资金差距大，理事长一人出资额占全社总出资额的95%以上，"一人社"现象较为普遍。一些合作社在组建过程中的"隐形注册"，导致集中民间资本、社会资本合作发展的功能尚未充分发挥，一些合作社发展资金紧缺、产业基础薄弱、种植养殖结构单一、基地规模较小，普遍出现经营效益不佳、兑付土地流转费和土地入股分红困难的现象。

（二）规范运营程度不高

一些农民专业合作社在注册登记时缺少实地验资审查和征求乡村组织意见环节，使其办社目的不明确、机构不够健全、入社资金不足、生产经营条件不够完备，出现了只注册不投资、只挂牌不运行的"皮包社"、"僵尸社"

和"空壳社"。部分民办合作社与所在乡村联系不够紧密，与接受监管指导脱节，严重制约了其正常的运营和生产。

（三）合作带动能力不强

一些专业合作社自我发展视野不宽，融合发展程度不高，带动农户能力意识不强。大部分合作社主要从事初级农产品的种植养殖、收购、销售等，产业链条短，合作化、产业化的种植养殖、加工、研发、销售体系还未形成，产品附加值较低，市场竞争力不强，带动贫困户发展产业的能力较弱。有些享受产业资金扶持的贫困户，"等、靠、要"思想严重，不但自身脱贫致富缺技术、少门路，而且加盟入社、合作发展意识不强，没有与合作社形成风险共担、利益共享的利益共同体。

（四）技术人才严重不足

相当一部分合作社缺乏懂经济、能经营、会管理的人才队伍，生产环节缺少技术人才，销售环节缺少营销人才，内控环节缺少管理人才。一些合作社在账务方面临时外聘人员，个别账簿设置不全，财务基础工作薄弱，按照《农民专业合作社财务会计制度》要求，规范建账的合作社不足10%。

（五）激励融资机制不活

目前大部分合作社尚处在发展初期，经济实力不强，特别是农业产业前期投资大，合作社向银行申请贷款只能以农户个人的名义得到小额抵押贷款，融资渠道狭窄；政府层面对发展经营好、管理规范、带动作用强的合作社奖励力度小，政策导向、扶持机制不健全。

五　多措并举推进华亭市农民专业合作社规范提升的思路对策

农民专业合作社作为促进农村"三变"制度改革、助推脱贫攻坚和乡村振兴的主要载体，要形成以示范促规范、以规范促发展的工作格局，要加大政策扶持力度，全面提升农民专业合作社的发展水平、服务水平和示范带动能力。华亭市要多措并举，多管齐下，形成强大工作合力。

（一）积极开展教育培训，提供人才智力支撑

组织、人社部门应定期举办专题培训班，提高各级干部特别是市直职能部门、乡村干部、辅导员对做好农民专业合作社工作重要性的认识，充实经济知识、法律知识、管理知识、科技知识，提高其指导服务的能力和水平，努力培养一支爱农村、有思路、懂经济、会管理的新型农民专业合作社经营管理队伍。继续坚持市乡干部联系农民专业合作社辅导员制度，注重选拔一批具有农林牧、财务会计等农村经济专业知识的干部，组成合作社辅导员队伍，不断明确其职责，鼓励勇于下沉一线、精心指导培训，提高包抓帮扶合作社发展的质量。政府部门要出台有关政策，鼓励、吸引广大职中、农林院校毕业生自主择业，到农民专业合作社就业创业，切实解决合作社专业人才短缺的难题。

（二）健全监管服务机制，提升办社质量

各职能部门、乡镇应从帮助制定发展规划、完善规章制度、提供技术咨询、解决发展难题、强化内部监管等方面，给予农民专业合作社全方位指导服务。要突出加强农民专业合作社资产监测审验、运营检查考核工作，对运营相对规范的合作社，引导其强强联合，打造自己的品牌，提高市场占有率，提升带动经济发展的能力；对运营水平一般的合作社，加强业务指导，健全基础台账，完善带动功能，拓宽服务领域，不断提升其运营水平；对一些办社目的不明确、运营不正常、转化提升效果差的合作社，要视具体情况予以限期整改直至注销，不断促进农民专业合作社依法办社、规范运营、健康有序发展。

（三）规范运行发展模式，发挥引领带动作用

坚持分门别类、因社施策，进一步规范"合作社＋基地＋农户""公

司+合作社+基地+农户""党支部+合作社+基地+农户"等运行发展模式,真正将合作社做实做大做强。要鼓励合作社跨乡、跨村流转土地,促进产业联合、区域联合。引导合作社将有种植、养殖意愿的农户和"五小"产业尽可能全部纳入,签订种养收服务合同,与农户建立密切的利益联结机制,实现小农户与大市场的有效对接。积极引导合作社优先招用土地入股农户、贫困户在合作社务工,增加务工收入,让贫困户在家门口就能赚钱,充分发挥合作社引领带动作用。

(四)加大政策宣传力度,引导农户主动参与

相关部门和乡镇应坚决贯彻"扶贫先扶志,扶贫必扶智"的工作思路,进一步加大政策宣传力度,提高农户和社员对产业政策、法律法规的知晓率,引导合作社成员学法、懂法、用法,熟悉国家、省、市各项惠农政策和优惠政策,领会农村"三变"制度改革的精神实质,自觉将个人利益、合作社集体利益、农户利益紧密联系起来,实现利益共享、风险共担。认真落实各项扶贫措施,适当增加产业扶持资金,发挥财政资金的撬动作用,为合作社发展壮大、带动带富农民、增加集体经济收入注入强大力量。

(五)落实政策激励措施,增强内生发展动力

金融部门应加强与职能部门的信息互通,根据有关政策,把综合效益好、带动能力强、诚信度高的农民专业合作社纳入中小微企业扶持范围,主动提供银行贷款。坚持开展示范性合作社认定评选活动,对认定的各级示范合作社积极争取省市项目扶持、产业扶持、资金扶持,实行以奖代补,不断促进其做大做强。要依托农业龙头企业,组建合作社联合社,实现社企共建、社社联合、抱团发展,培育形成农特产品分社分户种植养殖、集中收储、统一加工、统一销售的集约化、科学化、市场化经营发展体系。要积极融入农业供给侧结构性改革和乡村振兴战略,将农民专业合作社发展与推进乡村旅游、实施乡村振兴一体谋划、一体发展,通过加大投资,科学规划,改善基础设施,改善村容村貌,改善生态环境,培育特色产业,组装旅游项

目，传承农耕文化，打造一批"农"字号采摘体验园、乡村休闲旅游示范园、农特产品电商服务点等，积极探索一条农企、农商、农游深度融合，促进农民专业合作社多元化、立体式发展的新路子。

参考文献

孙启金、张荣：《我国农民专业合作社现状及对策》，《农家参谋》2020 年第 9 期。

汪海燕：《当前农民专业合作社发展中应注意的几个问题》，《农家参谋》2020 年第 9 期。

拜志芳：《乡村振兴背景下农民合作社的发展与挑战研究》，《甘肃农业》2020 年第 9 期。

董蓓蓓：《关于农民专业合作社发展的思考》，《中华合作时报》2020 年 8 月 25 日。

龚亚丽：《我国农民专业合作社高质量发展对策》，《农技服务》2020 年第 8 期。

《甘肃省农业农村厅关于对拟认定 2019 年（第五批）省级农民专业合作社示范社名单的公示》，2019 年 11 月 29 日。

《华亭市乡村振兴战略实施规划（2018—2022 年)》，2020 年 9 月 15 日。

B.12
甘肃易地搬迁实现稳定脱贫的实证调查

徐吉宏*

摘　要： 实现"稳得住、可致富、能发展"是易地扶贫搬迁的目标任
　　　　 务，也是检验实现稳定脱贫和巩固脱贫攻坚成果的有效方
　　　　 式。本报告以甘肃省西和县为例，对其易地搬迁脱贫人口进
　　　　 行多视角的实地调查，重点对易地搬迁实现稳定脱贫人口、
　　　　 影响因素以及存在问题进行实证分析，进而提出推进甘肃易
　　　　 地搬迁实现稳定脱贫对策建议：进一步推进产业发展，夯实
　　　　 稳定脱贫基础；加大补齐基础设施建设，促进高质量稳定脱
　　　　 贫；加强基层党组织建设，夯实稳定脱贫组织基础；加强农
　　　　 村教育培训，提升稳定脱贫内生动力；强化政策保障，筑牢
　　　　 稳定脱贫防线。

关键词： 稳定脱贫　实证调查　甘肃西和县　易地搬迁

易地搬迁作为我国精准扶贫"五个一批工程"的重要组成部分，也是
针对生存环境恶劣地区贫困群众彻底解决贫困问题的根本举措。易地搬迁贫
困群众实现"挪穷窝"，"稳得住、可致富、能发展"，是打赢脱贫攻坚战的
预期目标，也是检验脱贫攻坚成果及稳定脱贫成果的有效方式。

目前，针对易地搬迁实现稳定脱贫的研究大多建立在政府的医疗、教

* 徐吉宏，硕士，甘肃省社会科学院农村发展研究所副研究员，主要研究方向为农村发展及地
理信息技术。

育、养老、产业以及扶贫相关政策基础上，缺乏调研数据和实证分析。基于此，本报告以甘肃省陇南市西和县为例，对其易地搬迁脱贫人口进行多视角的实地调查，重点关注西和县易地搬迁脱贫户稳定脱贫的影响因素和存在的问题，进而提出进一步巩固易地扶贫搬迁成果的对策建议。

一 陇南市西和县基本情况

西和县位于甘肃省东南部，隶属于陇南市，地处秦巴山区。全县总人口为44.2万人，农村人口占89.37%。全县土地面积为1861平方公里，耕地面积占26.69%，林地占29.66%，荒山荒坡占20.78%。2013年西和县有建档立卡贫困人口3.51万户15.38万人，贫困发生率39.52%，是甘肃23个深度贫困县之一，也是甘肃2020年最后一批脱贫摘帽县。① 截至2019年底，剩余未脱贫人口4054户13233人，贫困发生率下降至3.43%。"十三五"期间全县共易地扶贫搬迁建档立卡户1656户7414人，共建集中安置点12个，集中安置共涉及491户1928人，插花安置1165户5486人，集中安置点配套基础设施建设和搬迁户住房建设均已完成并全部实现入住。目前，贫困人口已基本实现脱贫。

二 西和县易地搬迁脱贫户调查与分析

课题组选取西和县5个乡镇5个易地搬迁贫困村——何坝镇李子坪村、大桥镇郭坝村、姜席镇姜川村、洛峪镇关坝村、石堡镇杨麻村，采用问卷调查和访谈方式，对易地搬迁脱贫户、村干部、驻村帮扶工作队、乡镇干部等进行调查。发放问卷180份，有效150份。

调查显示，教育水平方面，易地搬迁脱贫户平均受教育程度为7.1年，其中，小学及以下文化水平占65%，初中（中专）文化水平占23.33%，

① 《攻坚克难　确保高质量脱贫》，《党建》2020年第7期。

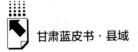

高中文化程度占 8.00%，大专及以上文化水平占 3.33%。基础设施配套方面，98% 的脱贫户认为交通改善明显，95% 的搬迁户认为子女上学条件明显改善，85% 的脱贫户认为医疗条件明显改善，94% 的脱贫户认为村庄环境卫生明显改善，70% 对文化娱乐设施表示满意。被调查户已全部实现"两不愁、三保障"目标，满意度达 99%；平均收入达 4215 元，户年人均纯收入均超过 3500 元。

对于巩固和扩大脱贫成果，48% 的脱贫户表示信心充足，而 52% 的脱贫户对稳定脱贫成果表示信心不足，主要原因是其收入主要依靠外出务工、种养业及政府资助，收入来源相对单一，内生动力不足，信心不足。

此外，结合访谈发现，部分安置点脱贫户对配套后续产业建设积极性不高，51% 的脱贫户表示并未参与建设，35% 的脱贫户表示产业建设主要以入户形式参与；14% 的脱贫户表示产业建设仅以出劳力方式参与。

三 西和县易地搬迁稳定脱贫实证分析

稳定扶贫是较高水平的扶贫，力在跳出"贫困陷阱"的关键。因此，本报告在对易地搬迁脱贫户调查的基础上，对其实现稳定脱贫的影响因素进行实证分析。

（一）变量选择

外生动力对贫困人口脱贫有积极的助推作用，但实现稳定脱贫的核心在于内生动力。基于此，本报告选择将影响农户脱贫的自身因素作为解释变量；以是否稳定脱贫作为被解释变量。

被解释变量：是否稳定脱贫，定义为 2018 年及以上年份达到"两不愁，三保障"，且收入达 3500 元以上，为稳定脱贫，赋值为 1；非稳定脱贫赋值为 0。

解释变量：家庭最高文化程度，户主政治面貌，是否有宗教信仰，是否为建档立卡户，家庭是否有患慢性病人口，家庭是否有患大病人口，是否种植、养殖，家庭是否有劳务输出，负债等指标（见表 1）。

表 1 变量选择

变量	赋值
是否稳定脱贫	1 = 是;0 = 否;
家庭最高文化程度	1 = 小学及以下;2 = 初中(中专);3 = 高中;4 = 大专及以上;
户主政治面貌	1 = 党员;2 = 群众;
是否有宗教信仰	1 = 是;0 = 否;
是否为建档立卡户	1 = 是;0 = 否;
家庭是否有患慢性病人口	1 = 是;0 = 否;
家庭是否有患大病人口	1 = 是;0 = 否;
是否种植、养殖	1 = 是;0 = 否;
家庭是否有劳务输出	1 = 是;0 = 否;
负债	1 = 0 ~ 10000 元;2 = 10000 ~ 30000 元;3 = 30000 ~ 50000 元;4 = 50000 元以上

（二）模型选择

Logistic 回归属于概率型非线性回归，是分析反应变量为独立分类资料的常用统计分析方法。[1] 根据因变量取值类别的不同，Logistic 回归可以分为 Binary Logistic regression 和 Multinomial Logistic regression。前者因变量只能取两个值 1 和 0（虚拟因变量），而后者因变量可以取多个值。[2] 根据研究的需要，被调查者只有稳定脱贫与非稳定脱贫两种行为，故选取二分类逻辑回归（Binary Logistic regression）。

其基本的逻辑：若 P 表示稳定脱贫发生的概率，则 $1 - P$ 表示未稳定脱贫的概率，那么稳定脱贫发生的概率与未稳定脱贫发生的概率（多项式关系）如下。

事件发生概率的函数为：

$$P = F(z_i) = \frac{1}{1 + e^{-z_i}} = \frac{e^{z_i}}{1 + e^{z_i}}$$

---

[1] 刘振攀：《永辉超市消费者购买行为与促销策略研究》，天津大学硕士学位论文，2012。

[2] 段绍光、孙倩倩、刘国顺：《农户参与集体林权制度改革的影响因素实证分析》，《山东农业科学》2010 年第 3 期。

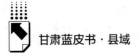
$F(z_i)$ 的密度函数是：

$$f(t) = \frac{e^{-t}}{(1 + e^{-t})^2}$$

事件不发生概率的函数为：

$$1 - p_i = 1 - \frac{e^{z_i}}{1 + e^{z_i}} = \frac{1}{1 + e^{z_i}}$$

当 $z_i \to -\infty$ 时，$e^{-z_i} \to +\infty$，从而 $p_i \to 0$；当 $z_i \to +\infty$ 时，$e^{-z_i} \to 0$，则 $p_i \to 1$。

是否稳定脱贫的 Logistic 模型为：

$$In(\frac{p_i}{1 - p_i}) = z_i = a_1 X_1 + a_2 X_2 + a_3 X_3 + \cdots + a_{10} X_{10} + C + u$$

（三）差异性分析

为比较是否稳定脱贫之间的差异性，对其变量进行卡方检验分析，结果显示：家庭最高文化程度 $P < 0.05$，是否为建档立卡户 $P < 0.05$，家庭是否有患大病人口 $P < 0.05$，家庭是否有劳务输出 $P < 0.05$，负债 $P < 0.05$，表明这 5 个变量有统计学意义，即这 5 个变量在是否稳定脱贫间存在明显的差异性。其余变量 $P < 0.05$，其间无差异性（见表 2）。

表 2 是否稳定脱贫差异性比较

变量	卡方	P
家庭最高文化程度	52.361	0.000
户主政治面貌	11.514	1.231
是否有宗教信仰	3.582	0.0721
是否为建档立卡户	15.325	0.000
家庭是否有患慢性病人口	3.185	0.079
家庭是否有患大病人口	13.158	0.000
是否种植、养殖	0.0418	0.879
家庭是否有劳务输出	71.326	0.000
负债	13.121	0.003

（四）模型计算与结果

本报告运用 SPSS 22.0，采用 Logistic 回归模型分析脱贫户是否稳定脱贫。通过卡方检验筛选变量家庭最高文化程度、是否为建档立卡户、家庭是否有患有大病人口、家庭是否有劳务输出、负债为自变量，以是否稳定脱贫为因变量，进行 Logistic 回归方程分析。

从表 3 模型的拟合优度检验结果来看，Sig = 0.000，表明模型在统计学上有意义，即模型总体有意义。结合表 4 可以看出，－2Loglikelihood 为 373.795，Cox&SnellR^2 为 0.527，说明该模型解释度达到 52.7%，进一步说明模型及回归结果有一定的解释力。

表3　模型系数检验

项目		卡方	自由度	显著性
步骤	步骤	72.380	5	0.000
	块	72.380	5	0.000
	模型	72.380	5	0.000

表4　模型汇总

－2Loglikelihood	Cox&SnellR^2	NagelkerkeR^2
373.795	0.527	0.157

从模型运行结果来看（见表5），通过卡方检验筛选后的变量有家庭最高文化程度、是否为建档立卡户、家庭是否有患大病人口、家庭是否有劳务输出、负债，对其是否稳定脱贫进行 Logistic 模型运行，其 Sig 值均小于 0.05，说明这些因素对是否稳定脱贫有显著的影响。

（五）实证结果与分析

（1）被调查家庭最高文化程度对是否稳定脱贫的影响系数为正值，其回归系数为 1.313，对应的 P 值为 0.003。说明家庭高文化水平对稳定脱贫

表5 Logistic 模型运行结果

变量	B	SE	Wald	f	Sig	Exp(B)
家庭最高文化程度	1.313	0.063	0.794	1	0.003	3.213
是否为建档立卡户	0.654	0.229	7.181	1	0.004	2.123
家庭是否有患大病人口	-0.991	0.231	15.009	1	0.000	1.837
家庭是否劳务输出	0.387	0.103	14.166	1	0.000	1.475
负债	-0.205	0.069	9.296	1	0.002	0.415
常量	0.767	0.345	4.228	1	0.004	2.11

有正向的影响。由模型结果可以看出，家庭文化程度高其稳定脱贫率提升
21.3%，在一定程度反映了文化程度越高，其接受新事物和新知识的能力就
越强，实现稳定脱贫能力越强。

（2）被调查家庭是否为建档立卡户对是否稳定脱贫的影响系数为正值，
其回归系数为0.654，对应的 P 值为0.004。说明是否建档立卡户对是否稳
定脱贫有正向的影响，也从侧面反映了已脱贫户对精准扶贫具有一定的
依赖性。

（3）被调查家庭是否有患大病人口对是否稳定脱贫的影响系数为负值，
其回归系数为-0.991，对应的 P 值为0.000。说明家庭有患大病人口对是
否稳定脱贫有显著的负影响，结合模型结果可以看出，家庭有患大病人口其
稳定脱贫率下降83.7%。

（4）被调查家庭是否有劳务输出对是否稳定脱贫的影响系数为正值，
其回归系数为0.387，对应的 P 值为0.000。说明家庭劳务输出对稳定脱贫
具有显著的作用，家庭外出务工人员越多，其实现稳定脱贫概率越大。

（5）被调查家庭负债对是否稳定脱贫的影响系数为负值，其回归系数
为-0.205，对应的 P 值为0.002。说明家庭负债越多，稳定脱贫概率越小，
结合模型结果可以看出，负债家庭其稳定脱贫率下降41.5%。

四 易地搬迁实现稳定脱贫中存在的问题

基于调查，易地搬迁实现稳定脱贫中还存在以下几方面的问题。

（一）扶贫产业可持续发展基础不稳固

易地搬迁扶贫产业发展是稳定脱贫的重点所在。扶贫产业要为易地搬迁群众提供稳定就业，也是基本收入的来源。调查发现，农业产业回报期长，易受自然灾害、市场波动、技术指导、疫病防控等方面因素的影响，易地搬迁地区发展的种植、养殖等产业，大部分属产业初级阶段；农产品销售仍以初产品为主，无深加工产业链支撑；宣传、营销等力度不够，品牌意识不足。致使农产品市场竞争力不足，群众信心不足，发展后劲不足，无法形成规模效应和品牌效应。

（二）基础设施建设水平还需进一步提升

基础设施建设滞后是甘肃深度贫困的重要原因。虽然近年来取得了长足的进步，但调查发现，一是基础设施建设标准不能满足稳定脱贫需求。当前交通脱贫标准相对偏低，路面偏窄，排水管道等配套设施不能满足群众长期发展需要。二是基础设施的维护和管理欠缺。据了解，在易地搬迁基础设施规划中，大部分投资由省市县计划安排，群众自筹资金较少；地处山大、沟深的深度贫困区，自然灾害严重，导致农村基础设施维护管理不到位。

（三）基层党组织"战斗堡垒"作用还需进一步提升

基层党组织是脱贫攻坚战、乡村振兴的主要组织者、实践者，更是群众脱贫致富的"领头雁""排头兵"。根据对村级党组织在稳定脱贫工作中的满意度调查，"非常满意度"仅占19%，"较满意"占"24"，"一般"占44%，"不满意"占13%。结合访谈，了解到部分基层党组织在扶贫产业选择、发展产业、领头致富等方面能力不足；部分村依然存在涣散问题。分析其因：一是农村基层党组织成员文化水平较低，大部分属小学或初中文化水平，高中及以上文化水平较少，综合素质、能力有待进一步提高；二是由于大部分农村青壮年劳动力外出务工，留守的属"老、弱、病、残"，发展有能力的优秀青年困难，甚至部分易地搬迁贫困村多年没有发展党员；三是党

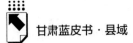

员模范作用带动不足，部分党员在推进巩固和稳定脱贫工作中，表率、模范带头作用发挥不足。因此，村级党员队伍整体素质需要进一步提升，队伍建设更需加强。

（四）扶贫攻坚战后续扶贫政策不确定

据调查，42%的脱贫户对稳定脱贫成果表示信心不足，其根究在于部分脱贫户对政府的扶贫、教育、社会保障等政策存在很强的依赖性。虽然国家已明确表示，在脱贫攻坚期内脱贫不脱政策，但2020年扶贫攻坚战后续扶贫政策还不明确，依赖扶贫政策和帮扶的脱贫户，本身自我发展能力弱，内生动力不足，取消其扶持政策，特别对于易地搬迁的群众来说，无疑会形成"断崖式贫困"。

五　易地搬迁实现稳定脱贫长效机制构建的对策建议

（一）进一步推进产业发展，夯实稳定脱贫基础

产业发展是实现易地搬迁稳定脱贫的必由之路和根本之策。一是要始终把产业扶贫作为重中之重，尊重产业发展客观规律，明晰产业发展路线方向，创新产业发展思路举措，根据易地搬迁地区集体资源、脱贫户自身条件和需求，因村因户因人施策，制定个体化、有针对性的产业帮扶措施，推动贫困群众持续稳定增收。二是应遵循市场规律，根据各地的资源禀赋以及贫困户的经营能力，引进适宜的发展项目，提高产业发展的持续性和有效性。三是因地制宜地培育新型农业经营主体，发挥其引领、带动作用。四是针对深度贫困易地搬迁实际，加大品牌培育力度，提升农产品竞争力。五是不断完善产业发展与脱贫人口利益联结机制，确保脱贫人口精准受益。六是要让脱贫农户参与到产业扶贫项目中，激发农户积极性、提高其参与度，在参与中提高积极性。

（二）加快补齐基础设施建设，促进高质量稳定脱贫

一是积极开展农村基础设施改造提升工程。推动农村通村、通组道路的升级和建设工程，推动电力入户改造升级，推动农村安全饮水工程巩固提升，开展农村网络基础设施改造升级。二是加强基础设施的管理和维护。建议甘肃尽快出台农村基础设施后续管理机制，针对已修建或在建的基础设施，探索共享管理、共享管护、义工管护等不同管理机制。三是加大对农村基础设施投资力度，建立健全基础设施养护资金与经济发展相适应的协调增长机制。根据深度地区实际，建议取消移民搬迁中县级财政、群众在规划项目中的财政配套资金和自筹资金。四是着力改善农村人居环境。有重点地推动易地搬迁安置点污水管网建设，改进农村生活垃圾处理设施，完善村庄卫生环境保洁制度，提升农村环境颜值。

（三）加强基层党组织建设，夯实稳定脱贫组织基础

一是加强村党组织队伍建设。多方揽才，从致富带头人、返乡创业人员、大学生村官等中选拔人才，补充到村党组织队伍中；呼吁县、乡优秀干部服务农村党组织建设，将优秀退休干部推选为村党组织书记，加强村党组织"领头雁""带头人"作用。二是加强党员队员建设。着力培养党员的致富能力，力使所有党员都能成为致富带头人；大力发展青年党员，壮大组织队伍；对于村支部班子后继乏人的村，建议借鉴"留"（选优留下第一书记）、"选"（本地选择）、"引"（联系引进）、"派"（上级组织选派）、"任"（培养选拔任职）的办法。三是大力推进党组织标准化建设。实施村级党组织提升行动，以"挂图作战""挂牌督战"形式，倒逼干部实干。四是充分发挥村级党组织"领头雁""带头人"引领作用，大力发展村级集体经济。深入以"党支部+三变改革+企业+基地（集体经济）+入股"发展模式，盘活村内各种资源，大力发展村集体经济，为实现和巩固稳定脱贫奠定基础。

（四）加强农村教育培训，提升稳定脱贫内生动力

一是进一步加强扶志教育工作。引导脱贫人口转变思想观念，增强稳定脱贫信心。开展面向农村脱贫人口的宣讲活动，大力宣传社会主义核心价值观进行励志教育等，激发脱贫人口自强意识。二是健全农业技术培训体系。采取科技专家下乡、专题讲座、现场指导、"一对一"等多种形式，有针对性地开展果树栽培、养护、管理以及养殖技术等培训，确保脱贫群众能够掌握相关技能，培养新时代实用型农民，增强其致富本领。三是开展职业技能培训。结合企业需要，参照"政府＋企业（合作社）＋脱贫户"等模式，开展定向、订单等形式的技能培训；同时依据市场需求，推行"短平快"技能培训，增强脱贫人口职业技能。四是针对政策托底以及年龄较大群众，开展道路保洁、生态护林等公益性培训。此外，有条件的易地搬迁地区开办农民学校，扶志扶智扶技，提高脱贫群众综合素质，提升稳定脱贫内生动力。

（五）强化政策保障，筑牢稳定脱贫防线

一是建立健全稳定脱贫与医疗保障机制。进一步扩大医疗保险用药范围、提高医疗报销比例，减轻脱贫群众就医负担；健全乡村医疗卫生服务体系，改善乡村卫生和医疗条件；鼓励县级以上医院与农村卫生所结对帮扶，定期选派医生到村巡回医疗。二是建立健全稳定脱贫群众养老保障。推进易地搬迁地区农村幸福院、养老所建设，优先为脱贫老人提供服务；鼓励社会资本投资农村医养设施建设；提高养老补助，增强脱贫人口养老幸福感。三是健全政策兜底群体保障机制。持续完善社会保障和社会救济政策，完善自然灾害救济、失业救济、孤寡病残救济等各类救助机制，适当加大低保、医保、养老保险、特困人员救助供养、临时救助等综合社会保障政策对特殊群体的投入。四是构建社会保障合力机制。推进社会保障政策间衔接，成立由县级领导任组长，以扶贫、民政、财政等社会保障负责人为成员，组成的领导协调机构，推动制定统一认定标准，联合识别认定，实现信息共享，提高

群众办理效率。

此外，建立稳定脱贫与乡村振兴战略融合机制，实施以基本公共服务均等化为基础的稳定脱贫政策体系；探索建立健全稳定脱贫防返机制，为不稳定的脱贫户及政策保障群体购买防返贫保险，由政府设立救助资金，确保易地搬迁地区巩固稳定脱贫成果。

皮 书

智库报告的主要形式
同一主题智库报告的聚合

✤ 皮书定义 ✤

皮书是对中国与世界发展状况和热点问题进行年度监测，以专业的角度、专家的视野和实证研究方法，针对某一领域或区域现状与发展态势展开分析和预测，具备前沿性、原创性、实证性、连续性、时效性等特点的公开出版物，由一系列权威研究报告组成。

✤ 皮书作者 ✤

皮书系列报告作者以国内外一流研究机构、知名高校等重点智库的研究人员为主，多为相关领域一流专家学者，他们的观点代表了当下学界对中国与世界的现实和未来最高水平的解读与分析。截至2021年，皮书研创机构有近千家，报告作者累计超过7万人。

✤ 皮书荣誉 ✤

皮书系列已成为社会科学文献出版社的著名图书品牌和中国社会科学院的知名学术品牌。2016年皮书系列正式列入"十三五"国家重点出版规划项目；2013~2021年，重点皮书列入中国社会科学院承担的国家哲学社会科学创新工程项目。

中国皮书网

（网址：www.pishu.cn）

发布皮书研创资讯，传播皮书精彩内容
引领皮书出版潮流，打造皮书服务平台

栏目设置

◆关于皮书
何谓皮书、皮书分类、皮书大事记、
皮书荣誉、皮书出版第一人、皮书编辑部

◆最新资讯
通知公告、新闻动态、媒体聚焦、
网站专题、视频直播、下载专区

◆皮书研创
皮书规范、皮书选题、皮书出版、
皮书研究、研创团队

◆皮书评奖评价
指标体系、皮书评价、皮书评奖

◆皮书研究院理事会
理事会章程、理事单位、个人理事、高级
研究员、理事会秘书处、入会指南

◆互动专区
皮书说、社科数托邦、皮书微博、留言板

所获荣誉

◆2008 年、2011 年、2014 年，中国皮书
网均在全国新闻出版业网站荣誉评选中
获得"最具商业价值网站"称号；
◆2012 年，获得"出版业网站百强"称号。

网库合一

2014年，中国皮书网与皮书数据库端口
合一，实现资源共享。

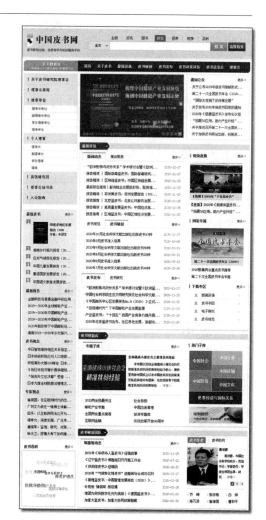

中国皮书网

权威报告・一手数据・特色资源

皮书数据库
ANNUAL REPORT(YEARBOOK)
DATABASE

分析解读当下中国发展变迁的高端智库平台

所获荣誉

- 2019年，入围国家新闻出版署数字出版精品遴选推荐计划项目
- 2016年，入选"'十三五'国家重点电子出版物出版规划骨干工程"
- 2015年，荣获"搜索中国正能量 点赞2015""创新中国科技创新奖"
- 2013年，荣获"中国出版政府奖・网络出版物奖"提名奖
- 连续多年荣获中国数字出版博览会"数字出版・优秀品牌"奖

成为会员

　　通过网址www.pishu.com.cn访问皮书数据库网站或下载皮书数据库APP，进行手机号码验证或邮箱验证即可成为皮书数据库会员。

会员福利

- 已注册用户购书后可免费获赠100元皮书数据库充值卡。刮开充值卡涂层获取充值密码，登录并进入"会员中心"—"在线充值"—"充值卡充值"，充值成功即可购买和查看数据库内容。
- 会员福利最终解释权归社会科学文献出版社所有。

社会科学文献出版社 皮书系列
SOCIAL SCIENCES ACADEMIC PRESS (CHINA)

卡号：265767682738
密码：

数据库服务热线：400-008-6695
数据库服务QQ：2475522410
数据库服务邮箱：database@ssap.cn
图书销售热线：010-59367070/7028
图书服务QQ：1265056568
图书服务邮箱：duzhe@ssap.cn

S 基本子库
SUB DATABASE

中国社会发展数据库（下设 12 个子库）

整合国内外中国社会发展研究成果，汇聚独家统计数据、深度分析报告，涉及社会、人口、政治、教育、法律等 12 个领域，为了解中国社会发展动态、跟踪社会核心热点、分析社会发展趋势提供一站式资源搜索和数据服务。

中国经济发展数据库（下设 12 个子库）

围绕国内外中国经济发展主题研究报告、学术资讯、基础数据等资料构建，内容涵盖宏观经济、农业经济、工业经济、产业经济等 12 个重点经济领域，为实时掌控经济运行态势、把握经济发展规律、洞察经济形势、进行经济决策提供参考和依据。

中国行业发展数据库（下设 17 个子库）

以中国国民经济行业分类为依据，覆盖金融业、旅游、医疗卫生、交通运输、能源矿产等 100 多个行业，跟踪分析国民经济相关行业市场运行状况和政策导向，汇集行业发展前沿资讯，为投资、从业及各种经济决策提供理论基础和实践指导。

中国区域发展数据库（下设 6 个子库）

对中国特定区域内的经济、社会、文化等领域现状与发展情况进行深度分析和预测，研究层级至县及县以下行政区，涉及省份、区域经济体、城市、农村等不同维度，为地方经济社会宏观态势研究、发展经验研究、案例分析提供数据服务。

中国文化传媒数据库（下设 18 个子库）

汇聚文化传媒领域专家观点、热点资讯，梳理国内外中国文化发展相关学术研究成果、一手统计数据，涵盖文化产业、新闻传播、电影娱乐、文学艺术、群众文化等 18 个重点研究领域。为文化传媒研究提供相关数据、研究报告和综合分析服务。

世界经济与国际关系数据库（下设 6 个子库）

立足"皮书系列"世界经济、国际关系相关学术资源，整合世界经济、国际政治、世界文化与科技、全球性问题、国际组织与国际法、区域研究 6 大领域研究成果，为世界经济与国际关系研究提供全方位数据分析，为决策和形势研判提供参考。

法律声明

  "皮书系列"（含蓝皮书、绿皮书、黄皮书）之品牌由社会科学文献出版社最早使用并持续至今，现已被中国图书市场所熟知。"皮书系列"的相关商标已在中华人民共和国国家工商行政管理总局商标局注册，如LOGO（▨）、皮书、Pishu、经济蓝皮书、社会蓝皮书等。"皮书系列"图书的注册商标专用权及封面设计、版式设计的著作权均为社会科学文献出版社所有。未经社会科学文献出版社书面授权许可，任何使用与"皮书系列"图书注册商标、封面设计、版式设计相同或者近似的文字、图形或其组合的行为均系侵权行为。

  经作者授权，本书的专有出版权及信息网络传播权等为社会科学文献出版社享有。未经社会科学文献出版社书面授权许可，任何就本书内容的复制、发行或以数字形式进行网络传播的行为均系侵权行为。

  社会科学文献出版社将通过法律途径追究上述侵权行为的法律责任，维护自身合法权益。

  欢迎社会各界人士对侵犯社会科学文献出版社上述权利的侵权行为进行举报。电话：010-59367121，电子邮箱：fawubu@ssap.cn。

社会科学文献出版社